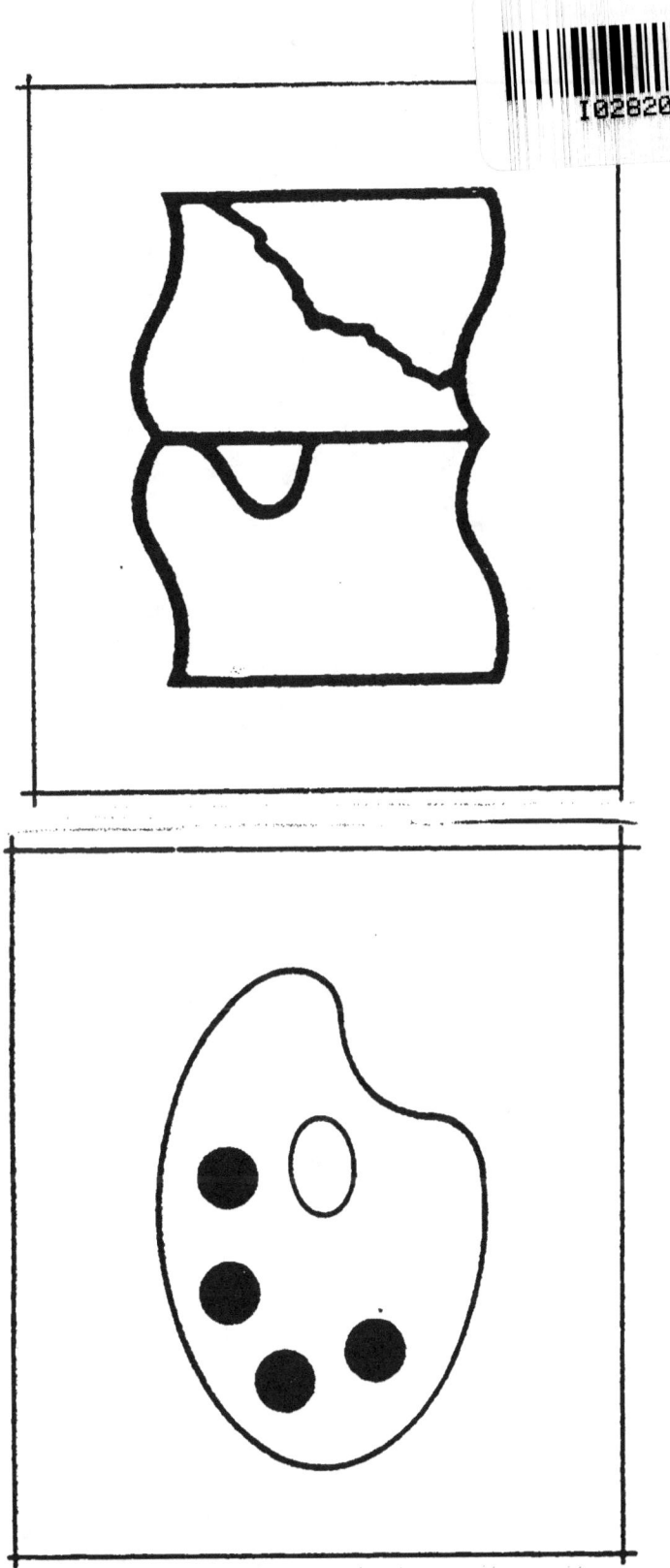

ESSAIS
DE
CRITIQUE DRAMATIQUE

GEORGE SAND — MUSSET — FEUILLET
AUGIER — DUMAS FILS

PAR

ANTOINE BENOIST

Professeur de littérature française à l'Université de Toulouse

PARIS
LIBRAIRIE HACHETTE ET Cie
79, BOULEVARD SAINT-GERMAIN, 79

1898

ESSAIS

DE

CRITIQUE DRAMATIQUE

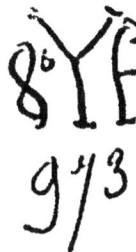

TOULOUSE. — IMP. A. CHAUVIN ET FILS, RUE DES SALENQUES, 28.

ESSAIS

DE

CRITIQUE DRAMATIQUE

GEORGE SAND — MUSSET — FEUILLET
AUGIER — DUMAS FILS

PAR

Antoine BENOIST

Professeur de littérature française à l'Université de Toulouse

PARIS

LIBRAIRIE HACHETTE ET Cie

79, BOULEVARD SAINT-GERMAIN, 79

1898

A MONSIEUR FRANCISQUE SARCEY

Monsieur,

En vous dédiant ces Essais de critique dramatique, *je ne fais que m'acquitter d'une dette. A chaque page de ce livre vous retrouverez la trace de vos idées, et je suis heureux de reconnaître ici tout ce que je vous dois.*

LE THÉATRE DE GEORGE SAND

I

LA MÉTHODE DRAMATIQUE CHEZ GEORGE SAND.

Si George Sand n'était pas un romancier de génie, on n'aurait sans doute pas l'idée d'étudier son théâtre, et il faut avouer que sur les vingt ou vingt-cinq pièces dont il se compose, il n'y en a guère plus de trois qui aient une valeur dramatique; ce sont celles qui se sont maintenues au répertoire, ou du moins qui ont été plusieurs fois reprises: *Claudie, Le Mariage de Victorine, Le Marquis de Villemer*. Mais ce qui rend intéressantes des pièces de valeur moindre ou même complètement manquées, c'est qu'on y retrouve l'auteur avec son génie propre; c'est aussi que cette étude du théâtre d'un grand romancier nous fournit des documents précieux pour éclaircir une question générale d'esthétique. En quoi le théâtre et le roman diffèrent-ils l'un de l'autre? Ont-ils leurs lois propres, et peut-on essayer de déterminer ces lois?

Cette question, George Sand elle-même se l'était

posée, et elle avait été naturellement amenée à le faire en essayant de mettre sous forme dramatique certains de ses romans. Elle écrit dans la préface de son drame de *Mauprat :* « Le roman nous donne toutes nos aises. On nous y permet tous les développements nécessaires à notre pensée. Le lecteur nous quitte quand nous le fatiguons; mais il nous revient si, à travers nos longueurs, il a saisi un type ou une situation qui l'intéresse. Le spectateur est moins patient... Il se trouve dans les romans des situations infiniment prolongées qui plaisent au lecteur justement parce qu'elles l'impatientent, et qui ennuieraient le spectateur... Un personnage de roman peut rester pendant tout un volume à l'état d'énigme; c'est un des *moyens* du roman que de ne pas se révéler trop vite. A la scène, on se dégoûte vite d'un personnage en chair et en os qui tarde à se faire comprendre. » On ne saurait mieux dire, ni surtout mieux mettre le doigt sur les défauts, — les qualités, si on veut, — qui ont empêché George Sand de réussir complètement à la scène. Elle aimait le théâtre, elle l'aimait passionnément et naïvement, comme les jeunes gens, comme les gamins de Paris qui allaient jadis faire la queue, avant six heures, à l'ancien boulevard du Crime, comme les bonnes gens de province à qui on joue le dimanche soir une opérette en trois actes et un mélodrame en douze tableaux. Elle dit quelque part que, lorsque après avoir passé quelque mois à Nohant elle venait faire un tour à Paris, son grand plaisir était de prendre une loge dans un théâtre quelconque, dès le lendemain de son arrivée, d'y courir en sortant de table, à l'ouverture des bureaux, et de s'abandonner pendant quelques heures au plaisir d'écouter un drame qu'elle ne connaissait pas, de s'intéresser aux aventures de l'héroïne, de rire des *lazzi* des personnages comiques, d'applaudir de tout son cœur et de toutes ses forces. En même temps qu'elle aimait le théâtre avec cette naïveté d'enfant, elle avait beaucoup réfléchi sur les différentes parties de l'art dramatique. Elle avait lu ou vu jouer un grand nombre de pièces; elle était liée avec plusieurs artistes illustres, Mme Viardot, Marie Dorval, Bocage, Berton, Mme Arnould-Plessy; elle s'intéressait vivement, comme cela se voit dans plusieurs de ses romans, à la vie des comédiens, cette vie particulière, en marge de la société bourgeoise, qui plaisait à ses instincts de bohême, et elle se passionnait pour les questions difficiles d'esthétique générale que le théâtre soulève. Mais quand elle voulait passer de la théorie à la pratique et se mettre à son tour à ce que Voltaire appelle si bien « une œuvre du démon, » elle se sentait déconcertée et dépaysée, et on en voit aisément les raisons. Elle déclare, dans l'*Histoire de ma vie*, qu'elle a toujours été incapable de faire un plan, et, quand elle ne l'aurait pas avoué, on s'en apercevrait sans peine en lisant la plupart de ses romans. Au rebours de ceux de Balzac, dont les débuts sont pénibles, mais dont les dénouements font un grand effet parce qu'ils sont la condensation puissante et l'aboutissement nécessaire de tout ce qui précède, les romans de George Sand commencent en général d'une façon charmante, à la fois simple et originale, naturelle et imprévue; mais ils languissent vers la fin. Ils ressemblent à ces grands fleuves dont parle Montesquieu, qui, divisés près de leur embouchure en une infinité de canaux, ne sont plus que des ruisseaux quand ils vont se perdre dans la mer.

George Sand est restée toute sa vie la petite fille qui se racontait à elle-même de si belles histoires, ou qui en inventait pour ses camarades, les petits paysans de Nohant, et plus tard pour ses compagnes du couvent des Anglaises. Au début, tout va à merveille : l'idée naît et se développe avec une facilité admirable; c'est comme une fleur qui s'épanouirait sous nos yeux. A mesure que le récit avance, l'auteur se fatigue de suivre la ligne droite et de marcher sur la grande route; il s'engage dans un des chemins de traverse qu'il aperçoit à droite et à gauche et qui tentent sa fantaisie. Il ne s'est pas demandé, avant de le prendre, s'il le ramènerait par un détour à la grande route, qui doit le conduire au but de son voyage; il s'aperçoit un peu tard qu'il s'est égaré, et qu'il arrive autre part que là où il s'était proposé d'aller. Il n'y a pas grand mal après tout, si la route a été agréable, et si on rapporte à la maison des gerbes de fleurs odorantes. Mais si cette méthode, ou ce manque de méthode, peut réussir à un romancier qui a du génie, elle est tout à fait incompatible avec les conditions nécessaires dans lesquelles se produit une œuvre dramatique. En commençant à écrire une pièce de théâtre, l'auteur doit savoir où il va et par où il veut y aller; ses étapes sont fixées à l'avance; le spectateur le sent, et l'imprévu lui-même ne lui plaît que parce qu'il l'a prévu à demi. La clarté et la logique sont donc les qualités maîtresses d'une œuvre de théâtre, et les écarts apparents de la fantaisie y sont eux-mêmes secrètement réglés par la raison.

Il y avait incompatibilité entre cette méthode rigoureuse de composition qui s'impose à l'auteur dramatique et les libres allures du génie de George Sand; et, tandis que pour écrire ses romans elle n'avait qu'à suivre sa nature et à écouter son instinct, pour composer une pièce elle devait se contraindre, se surveiller sans cesse, s'assujettir à des règles, se modeler, non pas sur un idéal intérieur qu'elle trouvait en elle-même, mais sur un idéal extérieur et artificiel; c'était une tâche qu'elle s'imposait, ce n'était plus l'éclosion spontanée de ses facultés d'invention. Mais elle a beau vouloir s'astreindre à des règles sévères et couper les ailes à sa fantaisie : sa vraie nature reparaît toujours, et son imagination fait des siennes. Au fond, elle n'arrive guère à prendre son œuvre tout à fait au sérieux; elle s'amuse de ses propres créations comme elle le faisait à Nohant en improvisant des pièces pour les marionnettes. Ce *Théâtre de Nohant*, qui occupe un volume sur cinq de son théâtre complet, est un document essentiel pour bien comprendre son vrai tempérament dramatique. Elle est née improvisatrice, et en étudiant avec son fils l'histoire de la *commedia dell'arte*, elle s'est passionnée, non seulement pour ces grands artistes, les Andreini, Tiberio Fiurelli, Sylvia, dont l'un a servi de modèle à Molière, l'autre d'interprète à Marivaux, mais aussi pour cette forme dramatique si souple, si commode pour le caprice de l'auteur et celui de l'acteur, qui dans la comédie italienne ne font guère qu'un. On a peu à s'y occuper de l'action, car d'une part on se sert de cadres traditionnels et à peu près immuables, sans lesquels l'improvisation ne serait pas possible, et d'autre part les *lazzi* des principaux acteurs sont un élément essentiel de la pièce et en dissimulent les trous. Il n'est pas davantage question d'études de caractères : les personnages sont toujours les mêmes, le Docteur, l'Amoureux, le Pantalon, le Zanni; ce sont des types généraux, vrais et fantaisistes à la fois, que l'acteur varie et renouvelle au gré de sa verve et suivant la mesure de son talent; il les crée véritablement chaque fois qu'il les joue, et c'est à lui d'y mettre la finesse d'observation, la justesse d'accent, la profondeur et les nuances dont l'auteur du *scenario* n'a pas à se préoccuper. De pareilles représentations ont une valeur artistique très réelle, mais qui tient uniquement au talent des interprètes ; ce sont choses éphémères et charmantes, dont la grâce ne peut se fixer, et qui ne vivent que dans la mémoire des spectateurs. George Sand, avec son imagination ardente et prompte, s'en était vivement représenté le charme, et elle essayait de s'en donner l'illusion dans les pièces qu'elle improvisait avec ses enfants et ses hôtes pendant les longues veillées de Nohant. Elle en avait tellement subi la séduction, qu'elle en arrivait à prendre au sérieux ces bagatelles, à confondre un procédé commode d'improvisation avec une méthode de composition, et, quand elle écrivait pour un vrai théâtre, à y porter les habitudes d'imagination capricieuse et de développement trop facile qu'elle avait prises en composant pour les marionnettes. Ou plutôt elle suivait la pente naturelle de son esprit, et, qu'elle écrivît des romans ou des pièces de théâtre, elle partait à l'aventure, et laissait à sa plume la bride sur le cou. Quoiqu'elle ait lu ou vu beaucoup de pièces de théâtre, quoiqu'elle ait beaucoup vécu avec les acteurs et les comédiens, quoiqu'elle ait fait des efforts méritoires pour apprendre le *métier*, elle ne l'a jamais bien su, et elle a toujours été sur la scène comme dans un pays étranger dont elle ne parlait pas couramment la langue.

Chose bizarre, elle a assez bien réussi dans une des besognes qui demandent justement le plus de sentiment dramatique et de connaissance des procédés. C'est presque une loi littéraire qu'une pièce dont le sujet est emprunté à un roman est très inférieure à l'œuvre originale. Il suffit de rappeler l'exemple d'Alphonse Daudet. Quelle différence entre *Le Nabab*, *Numa Roumestan*, *Sapho*, et les pièces qu'on en a tirées! *La Dame aux Camélias*, chef-d'œuvre dramatique supérieur peut-être au roman qui l'a inspiré, est une exception unique dans l'histoire du théâtre. Eh bien! malgré cette vérité d'expérience, les pièces dont George Sand a pris le sujet dans ses romans sont parmi ses meilleures. Je ne parle pas seulement du *Marquis de Villemer*, pour lequel elle a eu la collaboration d'Alexandre Dumas fils, et où l'on sent la main d'un homme du métier; mais *François le Champi* et *Mauprat* sont des drames assez intéressants et adroitement faits. Je veux bien que pour *François le Champi* George Sand ait eu les conseils de Bocage, qui a monté la pièce et qui l'a mise en scène; mais dans *Mauprat*, qui est presque son début au théâtre, et qu'elle a écrit toute seule, il y a déjà une habileté véritable. On ne pouvait espérer qu'elle fît passer dans son drame ni la grandeur tragique de certaines scènes de son roman, ni le charme exquis de quelques autres; c'est déjà beaucoup qu'ayant à traiter un sujet si difficile, où l'analyse minutieuse des sentiments du héros tenait tant de place et qui semblait peu fait pour le théâtre, elle ait su en tirer les trois premiers actes de sa pièce, où rien d'essentiel n'est omis et où les degrés successifs de la conversion, de l'*humanisation* de Bernard, le jeune louveteau féroce apprivoisé par sa cousine Edmée, sont marqués avec tant de clarté. George Sand, avec un instinct dramatique très juste, a substitué aux procédés du roman ceux du théâtre. Tandis que dans le roman les progrès de l'éducation de Bernard sont indiqués par la continuité, sur la scène ils le sont par le contraste : les étapes intermédiaires sont supprimées, et l'auteur nous fait assister aux changements qui se produisent sans analyser en détail les causes de ces changements.

De même la pièce de *François le Champi* ne nous entraîne pas, à la façon du roman, dans le courant lent et continu d'une action qu'on peut à peine appeler de ce nom, tant elle se confond avec l'évolution insensible qui se produit dans l'âme de l'humble héros. A quel moment de cette simple histoire commençons-nous à soupçonner que François aime Madeleine autrement que comme une mère adoptive? Il nous serait impossible de le dire, tout comme cela est impossible à François lui-même. On ne pouvait songer à reproduire cet effet au théâtre, qui vit d'action, et où la multitude des petits détails qui indiquent la progression des sentiments du héros ne pouvait trouver place. George Sand a très bien compris qu'il fallait prendre un grand parti, sacrifier résolument plus de la moitié de cette charmante histoire, et, en se contentant de rappeler sous forme d'allusions les dix années écoulées, limiter l'action aux trois derniers mois qui précèdent et amènent la scène finale, l'aveu du Champi à Madeleine. D'autres changements étaient nécessaires pour qu'il y eût vraiment une pièce, et non un récit dialogué. Mariette Blanchet, la belle-sœur de Madeleine, qui n'était qu'esquissée dans le roman, est devenue un personnage essentiel. Il faut que l'inclination de cette jolie fille pour ce beau gars de François soit nettement indiquée, afin que l'indifférence avec laquelle celui-ci reçoit ses avances nous fasse comprendre que c'est une autre femme qui remplit son cœur; il faut que Mariette, dépitée d'être rebutée par François, se venge de sa rivale involontaire par de méchantes paroles, afin que Madeleine comprenne que, bien qu'elle ait huit ou dix ans de plus que François, il peut avoir pour elle un autre amour qu'un amour filial. Enfin l'importance donnée au rôle de Mariette et la nécessité de ne pas trop la sacrifier à la fin de la pièce, pour éviter de jeter de l'odieux sur la douce Madeleine, obligeait l'auteur à inventer un personnage d'amoureux qui fût tout heureux d'épouser celle que le beau François avait dédaignée. Cette nécessité dramatique a suggéré à George Sand une création très heureuse, celle de Jean Bonnin, le paysan naïf à la fois et madré, amoureux mais positif, à qui les beaux yeux de Mariette ne font pas oublier la dot assez ronde qu'il touchera le jour du mariage, et qui, tout en voyant bien qu'elle lui a préféré François, l'épouse sans hésiter, se fiant à l'avenir pour effacer les traces du passé.

C'est ainsi que, de changements en changements, l'œuvre s'est constituée. Et sans doute elle ne vaut pas le délicieux récit qui l'a inspirée. On ne retrouve plus guère dans la pièce ce qui fait l'âme même du roman, cet attachement du Champi à la douce et charmante femme qui l'a recueilli, quand il était petit et abandonné, qui non seulement lui a donné du pain, mais qui lui a fait une aumône plus précieuse au cœur d'un petit bâtard, celle d'un baiser maternel. Il a longtemps vécu de ce souvenir, et sa vie appartient pour toujours à celle qui seule a été bonne pour le pauvre enfant. Le drame ne nous fait assister qu'à la dernière transformation des sentiments de François, et nous ne pouvons nous en plaindre, puisque là seulement il y avait un élément proprement dramatique; mais ceux qui auront lu *François le Champi* avant de le voir jouer ne pourront s'empêcher de penser à mille détails qui ont disparu de la pièce, et qui donnaient au roman son charme et sa couleur. Ils regretteront ce dialogue naïf du début où le Champi dit son nom à Madeleine, et le récit de ces veillées d'hiver où tous deux épèlent lentement une vieille *Vie des Saints*, le seul livre de leur bibliothèque, et ce départ de François, aux premières lueurs de l'aube, lorsque chassé par Cadet Blanchet il quitte, après de longues années, la chère maison du Cormouër, et son émotion au retour, lorsqu'au dernier détour du chemin il revoit avec joie les arbres et le ruisseau, amis de son enfance, et avec une tristesse inquiète les roues du moulin qui ne tournent plus. Il faudra qu'un décorateur soit bien habile pour égaler le souvenir que nous ont laissé les discrètes peintures de George Sand, qui s'insinuent dans notre esprit sans que nous y prenions garde, et qui nous font croire que nous avons vécu dans les lieux dont elle nous parle.

On se laisse aller malgré soi au plaisir de parler d'un si pur chef-d'œuvre. Il s'agissait pour le moment non pas d'en faire un éloge assez inutile, mais de faire remarquer qu'il ne paraissait guère propre à être mis au théâtre, et que George Sand s'est tirée de cette difficulté à son honneur. Ce développement un peu long sur *François le Champi* nous dispensera d'insister sur le *Marquis de Villemer*, d'autant qu'ici il y a une question délicate à résoudre, et qu'il n'est pas facile de discerner la part qu'il faut faire à chacun des deux collaborateurs, ce qui est de George Sand, et ce qui doit revenir à Alexandre Dumas fils. On croirait volontiers que c'est la main experte de Dumas qui a élagué résolument toute la dernière partie du roman, si intéressante dans sa couleur romanesque, d'un pittoresque si vrai, d'une poésie si profonde, mais malheureusement impossible à transporter au théâtre. On peut croire aussi que c'est lui qui, dans les éléments d'action assez pauvres que lui offrait le roman, a aperçu celui qui pouvait servir de centre au sujet, à savoir le mariage du duc d'Aléria avec la belle Diane de Xaintrailles. Il en est question dès la première scène de la pièce, et c'est autour de ce mariage que sont groupés les principaux incidents, les péripéties, les conflits de caractères et les luttes de sentiments qui sont le fond du drame. Mais si c'est Dumas qui avec son coup d'œil habituel a discerné ce qu'il fallait élaguer et a indiqué ce qui devait être nécessairement le nœud du sujet, s'il a en un mot donné à l'action l'unité et la concentration, c'est lui qui, au point de vue qui nous occupe en ce moment, est le véritable auteur de la pièce. George Sand reste l'auteur du roman, ce qui est bien quelque chose, car ce roman est un chef-d'œuvre; mais on pourrait craindre de la louer à faux, en lui attribuant l'honneur d'avoir elle-même tiré de ce roman une œuvre dramatique vivante.

Tout roman ne contient pas un sujet de pièce, cela va sans dire; mais il n'est pas facile, après avoir lu un roman, de deviner s'il pourra réussir au théâtre, et les plus habiles s'y trompent quelquefois. Il peut nous paraître étrange qu'on ait songé à tirer un drame du *Comte Kostia* ou du *Ventre de Paris;* cependant ceux qui ont essayé de le faire étaient des gens d'esprit et qui avaient l'expérience du théâtre et du public. Mais il faut avouer que, lorsque George Sand voulut donner une suite sous forme dramatique à son étrange et charmant récit de *Teverino*, elle dépassa un peu les bornes de l'illusion permise. Lorsque nous lisons le roman, nous consentons à en admettre la donnée poétique et paradoxale. Cet aventurier demi-artiste, demi-vagabond, beau comme un dieu, éloquent, poète, musicien, capable de séduire toutes les femmes et de résister au besoin à leurs séductions, n'appartient pas au même monde que nous, humbles mortels, faibles et bornés; on ne rencontre ses pareils que dans les songes des nuits d'été. Pourtant dans le roman nous l'acceptons tel que l'auteur nous le présente; son imagination est contagieuse, et nous nous laissons aller à prendre le rêve pour la réalité. Mais au théâtre, à côté de personnages réels qui ont un nom, un état civil, qui vivent et s'habillent comme tout le monde, Teverino devenu Flaminio nous fait l'effet d'un fantôme qu'on rencontrerait sur le boulevard. Il ne reste plus rien de cette figure poétique qui vivait et marchait dans un rêve, plus rien qu'un être piteux et ridicule, comme le Valmajour de Daudet, dans son costume de *tambourinaire*, devant la rampe d'un café chantant.

Ce n'est pas la seule fois que George Sand se soit

trompée de la sorte et ait cru voir un sujet dramatique où il n'y en avait pas. Dans *Maître Favilla*, dans *Marguerite de Sainte-Gemme*, elle a été victime du même mirage. Ce pourrait être dans une courte nouvelle une situation piquante que celle du noble artiste maître Favilla en face du bourgeois Keller. Favilla a brûlé le testament par lequel le baron de Muhldorf l'instituait son héritier; il veut rendre l'héritage à ses légitimes possesseurs, les Keller; mais lorsque ceux-ci arrivent au château pour en prendre possession, par une aberration bizarre, il oublie sa situation véritable, il leur fait les honneurs du logis comme s'il en était le propriétaire, et Keller ne sait comment s'y prendre pour le rappeler à la réalité. Si originale que soit la situation, elle ne peut donner lieu à aucun développement dramatique, et l'auteur se bat les flancs inutilement pour en tirer quelque chose qui ressemble à une pièce. C'est pis encore dans *Marguerite de Sainte-Gemme*; George Sand a si bien oublié d'éclairer sa lanterne qu'il nous est impossible de deviner quelle a bien pu être son intention en écrivant sa comédie. Il semble qu'on aperçoive çà et là quelques ombrés d'idées vagues et flottantes auxquelles on aurait pu essayer de donner un corps; mais on a beau chercher, on ne rencontre que le vide. Dans sa comédie de *Françoise*, elle nous dit qu'elle a voulu peindre un caractère faible « aux prises avec les vives tentations du siècle et les charmes paisibles du devoir. » Cela est bel et bon; mais le vague de cette formule se retrouve dans l'exécution de la pièce, où l'auteur hésite entre deux ou trois conceptions différentes sans se décider pour aucune.

Cette incertitude et cette mollesse dans la conception qui nous frappent souvent en lisant le Théâtre de George Sand tiennent à la nature même de son imagination, à ses procédés habituels de travail, et on en retrouve la trace dans beaucoup de ses romans. Elle prenait ses sujets *à la pipée*, comme Regnier faisait ses vers; elle s'inquiétait peu, en commençant un livre, de savoir comment elle le finirait. Il en résulte que plusieurs de ses romans sont composés à la diable. Si un jour, après bien des siècles écoulés, quelque Wolf de l'avenir veut prouver que l'existence de George Sand n'est qu'un mythe et que son œuvre n'est qu'une collection de rapsodies, un roman comme *Consuelo* pourra lui fournir d'admirables arguments. Il sera peut-être embarrassé de retrouver le *noyau* primitif de l'œuvre : sont-ce les amours enfantines de Consuelo et d'Anzoleto? est-ce la passion mystique du comte Albert? Dans le caractère de Consuelo tel que l'auteur l'avait originairement conçu, est-ce l'artiste qui devait dominer, ou la femme au cœur ardent et sympathique, celle qui, dans *La Comtesse de Rudolstadt*, affronte de terribles et mystérieuses épreuves avant d'être unie à son bien-aimé? La peinture de la Bohême, avec les souvenirs des guerres hussites, celle de la cour de Marie-Thérèse, appartiennent-elles à la conception première, ou sont-ce des épisodes ajoutés après coup? Notre érudit trouvera matière à exercer sur toutes ces questions la subtilité de sa critique. Quant au passage de sa *Préface* où George Sand avoue que son roman a été écrit au jour le jour pour une Revue, qu'après avoir livré sa copie pour un numéro elle ne savait pas ce qu'elle mettrait dans le numéro suivant, et qu'après avoir voulu composer une courte histoire de mœurs vénitiennes, elle a fini par en faire trois, puis cinq volumes, notre critique établira sans peine qu'il ne faut attacher à ces prétendus aveux aucune importance. Ce peut être une interpolation pure et simple due à un écrivain postérieur; et l'authenticité de la Préface est d'ailleurs plus que discutable, car elle est signée du faux nom de George Sand, inventé évidemment pour donner une unité factice à des fragments d'époques différentes, dont l'ajustement imparfait indique clairement l'origine hétérogène. Ce que je dis de *Consuelo*, on pourrait le dire de la plupart des romans de George Sand, et je ne sais si, en dehors des romans champêtres, où M. Faguet a vanté avec raison la simplicité savante de la composition, un seul de ses chefs-d'œuvre résisterait à l'analyse de la critique moderne. Encore dans *Les Maîtres Sonneurs* pourrait-on relever des longueurs, bien des détails plus curieux qu'utiles, des épisodes qui ne se rattachent pas directement au sujet.

George Sand nous l'avoue elle-même : elle n'a jamais su *composer*, mettre de l'ordre dans ses idées, choisir parmi les thèmes de développement qui s'offraient en foule à son imagination inventive. Elle avait, comme Corneille, son *démon* intérieur qui lui soufflait ses belles pages, ses débuts pleins d'une grâce non apprise et d'un charme imprévu, ses descriptions discrètes et pénétrantes ; puis tout à coup la voix de son génie familier cessait de se faire entendre, et l'*individu nommé George Sand*, comme elle dit dans une lettre à Flaubert, se trouvait fort embarrassé. Comme elle s'était imposé d'écrire ses douze pages avant de se mettre au lit, elle remplaçait l'inspiration par le métier ; et alors les tirades de morale banale, les développements d'un mysticisme nuageux, les analyses quintessenciées de sentiments invraisemblables, les peintures déclamatoires de héros boursouflés, le satanisme byronien ou les fades berquinades, toutes ces ressources d'une imagination surmenée et impuissante arrivaient à la rescousse. C'était un fleuve encore, mais dont les eaux troubles roulaient des débris informes ou grotesques. Ce qu'il y a de plus curieux, c'est que ces symptômes de fatigue ne se produisent pas seulement vers la fin de ses romans ; plusieurs paraissent avoir été écrits depuis le commencement jusqu'à la fin dans ces moments de vide et d'impuissance que connaissent tous les artistes. Il y a des auteurs qui, dans ces moments, ont la sagesse de se reposer et d'attendre que l'inspiration revienne : George Sand n'était point de ceux-là. Quand même la nécessité de vivre de sa plume ne l'eût pas obligée de produire à jet continu, il est peu probable qu'elle se fût résignée à se taire et à suspendre cet exercice incessant de ses facultés créatrices qui était sa vie même. Elle continuait donc à entasser volumes sur volumes, sans se demander si les rêves qui flottaient dans son esprit pouvaient prendre corps, si les êtres vagues qui traversaient son imagination pouvaient se préciser, s'animer, pour devenir des créatures vivantes. Que de sujets de romans elle a ainsi traités, qui n'étaient pas des sujets possibles, et dont on s'étonne qu'elle ait cru pouvoir tirer quelque chose! Passe encore pour *Evenor et Leucippe*, quoique la conception de cette œuvre, agréablement raillée par M. Caro, soit singulièrement nuageuse. Il y avait là du moins une idée, et si essayer de nous intéresser aux amours des hommes préhistoriques était une entreprise aventureuse, elle était du moins hardie, point banale, et pas si absurde après tout, puisqu'elle a tenté de nouveau M. Rosny et lui a inspiré son livre curieux de *Vamireh*. Mais quel sujet pouvait-on bien découvrir dans *Constance Verrier* ou dans la *Confession d'une jeune fille*? Dans *Tamaris*, on ne sait ce qu'on doit le plus admirer, de l'invraisemblance ridicule d'une des données ou de la rare banalité de l'autre; ce serait à peu près illisible si des descriptions faites d'après nature, des souvenirs rapportés par George Sand du coin de la Provence où elle a situé son action et où elle avait passé un hiver en compagnie de son fils, ne venaient nous reposer de temps à autre et nous aider à supporter les puérilités compliquées du récit principal. Quel est le sujet de *La Ville Noire*? et une fois que George Sand a mis sous nos yeux, avec son talent ordinaire, la petite ville industrielle de Thiers, avec ses coutelleries étagées aux différents ressauts de ses gorges pittoresques, que lui reste-t-il encore à nous dire? Et pourtant il faut qu'elle livre à Michel Lévy les trois cents pages nécessaires pour remplir le volume, et c'est pitié de voir quelle peine elle se donne, quelles fantaisies incohérentes elle accumule pour finir sa tâche et gâter l'impression que nous avait laissée le début du livre !

Il lui arrive donc ce qui arrive à tous ceux qui écrivent au hasard et qui, au mépris des préceptes de Buffon, laissent courir leur plume sans s'être fixé à l'avance le point où ils veulent aboutir et la route qu'ils doivent suivre. Comme dans plus de la moitié de ses romans elle ne sait pas en commençant ce qu'elle va dire et surtout comment elle veut conclure, il en résulte que, malgré ses dons merveilleux, ses livres nous laissent rarement une impression complète et franche, et que le souvenir que nous en gardons a presque toujours quelque chose d'un peu flottant. Si donc nous constatons le même défaut, beaucoup plus saillant, dans la plupart de ses pièces, nous pourrons dire, ce qui est vrai, qu'elle a moins le sens du théâtre que celui du roman, mais cette explication n'est pas suffisante ; il y a une cause plus générale et plus profonde, qui n'est autre que la nature même de son imagination, d'où est sortie sa méthode de travail.

II

APPLICATIONS DE LA MÉTHODE.

Étant ainsi faite, il n'est pas surprenant qu'elle réussisse mieux la plupart du temps lorsqu'au lieu d'avoir à créer de toutes pièces une comédie ou un drame, elle se sent soutenue et guidée soit par un de ses propres romans, comme c'est le cas pour *François le Champi* et pour le *Marquis de Villemer*, soit par le chef-d'œuvre d'un autre écrivain, comme dans le *Mariage de Victorine*, où elle s'est proposé de donner une suite au drame de Sedaine, *Le Philosophe sans le savoir*. Un de ses principaux mérites, en composant cette aimable comédie, a été de sentir avec autant de justesse que de vivacité ce qui fait le charme de l'œuvre de son devancier, d'oublier le plus possible George Sand pour ne songer qu'à Sedaine, et de chercher l'originalité dans une fidélité scrupuleuse au modèle qu'elle avait choisi. Entendons-nous : l'intrigue dans *Le Mariage de Victorine* ne ressemble nullement à celle du *Philosophe sans le savoir*. George Sand n'a pas songé et ne pouvait pas songer à copier son prédécesseur, mais seulement à entrer dans l'esprit de son œuvre, à conserver aux personnages qu'elle met en scène après lui la couleur qu'il leur avait donnée. Ce n'est pas un pastiche qu'elle a essayé de faire, car le pastiche suppose l'intention de faire illusion aux lecteurs, et par suite il exige une imitation minutieuse du détail; il s'attache surtout à la lettre, tandis que c'est de l'esprit de Sedaine que George Sand a voulu s'inspirer. Ce qui l'avait charmée dans *Le Philosophe sans le savoir*, ce sont moins les qualités proprement dramatiques, qui excitaient l'enthousiasme de Diderot, que l'honnêteté des sentiments, la simplicité candide des pensées, la bonhomie des mœurs, cette sentimentalité qui s'arrête juste en deçà de la sensiblerie, tous ces traits qui peignent à la fois l'âme de Sedaine et l'esprit de l'époque, cette première aurore de la Révolution française, ce temps fugitif et charmant où l'on a connu, comme disait Talleyrand, « la douceur de vivre », et où, après quarante années de Louis XV, au lendemain de Rosbach, entre le règne de la Pompadour et celui de la du Barry, on a cru à la bonté native des hommes et au prochain avènement de la vertu. C'est l'âme de ce temps qui revit dans le drame de Sedaine, et la peinture de cet intérieur patriarcal des Vanderk a ainsi à la fois une portée morale et une valeur historique que George Sand avait très bien aperçues. La difficulté était, non pas tant d'encadrer ce tableau de mœurs bourgeoises dans une action appropriée, que de rendre exactement la nuance particulière de l'esprit d'alors, de rester dans le ton, sans faire de fausse note. Supposez qu'on eût demandé à Meyerbeer de donner une suite à *La Flûte enchantée*; avec tout son génie, il eût peut-être été embarrassé. Une originalité artistique bien marquée semble incompatible avec la souplesse nécessaire pour se plier à faire revivre la pensée d'autrui au lieu d'exprimer la sienne. Eh bien! cette souplesse, George Sand l'a eue. Le personnage principal de sa comédie, Victorine, n'est que le développement très fidèle et très heureux d'une simple indication de Sedaine : la grâce mutine de la jeune fille, son amour discret et profond pour le fils de son maître, pour cet Alexis Vanderk qui est son camarade d'enfance, mais qui est placé tellement au-dessus d'elle dans la hiérarchie sociale que tout en se sentant aimée de lui, elle ose à peine caresser par moments, au fond du cœur, la folle espérance qu'il pourra l'épouser ; ces traits essentiels sont indiqués, si l'on veut, dans l'esquisse rapide que Sedaine a faite de cette délicieuse figure, mais il fallait les préciser, et il était à craindre que le charme de l'esquisse ne s'évanouît dans le tableau. Il a fallu une main délicate, une vraie main de femme, pour agrandir ce pastel sans rien lui faire perdre de sa fraîcheur et de sa finesse. Pour les autres caractères, celui du vieil Antoine, ceux de M. Vanderk et de son fils, la tâche était plus aisée, car ils étaient nettement dessinés dans la pièce de Sedaine. Il ne s'agissait plus ici d'interpréter et de créer dans une certaine mesure un personnage, mais de reproduire et d'adapter à une action nouvelle des personnages très clairs et bien vivants. La seule innovation véritable de George Sand, et elle est très heureuse, consiste dans l'invention du caractère de Fulgence, le fiancé de Victorine. On dira peut-être qu'il sortait tout naturellement de l'action telle que George Sand l'a conçue. En effet, puisque le fond de la pièce c'est le mariage de Victorine et d'Alexis Vanderk, avec les obstacles que lui opposent soit la volonté du vieil Antoine, soit les circonstances extérieures, le personnage de Fulgence était nécessaire, et il devait nécessairement avoir quelques-uns des traits que l'auteur lui a donnés. Le trait essentiel, c'était la jalousie. Fulgence est officiellement fiancé à Victorine ; mais il sent bien qu'en l'acceptant la jeune fille n'a fait qu'obéir à son père, et qu'au fond du cœur elle aime Alexis Vanderk. Il sait aussi qu'elle n'est pas moins honnête que le vieil Antoine, et qu'une fois mariée elle sera une femme fidèle. Il persiste donc à l'épouser, malgré ses craintes; mais il exige qu'elle quitte avec lui la maison Vanderk; il a beau avoir confiance en elle, il ne sera pas rassuré tant qu'il saura que son rival est là tout près, ce rival qu'il hait malgré lui, non seulement parce qu'il le sent aimé de Victorine, mais parce qu'il est jeune, beau, noble, charmant, et qu'il inspire l'amour aussi naturellement que lui, Fulgence, inspire l'indifférence ou l'aversion. On peut dire que le caractère de Fulgence ainsi tracé était, en effet, imposé par la conception même de l'action; mais cette remarque ne diminue en rien le mérite de l'auteur. Au contraire, il faut louer George Sand, puisqu'elle devait introduire dans sa pièce un personnage qui n'était pas dans celle de Sedaine, d'avoir si exactement adapté son caractère à l'action, qu'il semble qu'on ne puisse concevoir l'un sans l'autre. Mais la vraie difficulté n'était pas d'imaginer le personnage de Fulgence, c'était de le faire accepter, de rendre presque sympathique une figure naturellement si ingrate. Si l'on veut se rendre compte de cette difficulté, on n'a qu'à lire une comédie rustique de George Sand, *Le Pressoir*, où l'un des personnages principaux, celui de Pierre Bienvenu, semble au premier abord n'être qu'une seconde édition de celui de Fulgence. En réalité, la différence est grande. Pierre a un caractère sombre et jaloux, et cette jalousie, poussée jusqu'à la fureur, va presque jusqu'à lui faire commettre un crime : dans un accès de rage, il est sur le point de blesser mortellement Valentin, son meilleur ami, qui, à ce moment même, sans qu'il le sache, renonce à épouser celle qui l'aime et qui est aimée de Pierre, ne voulant pas acheter son bonheur au prix du malheur de son ami. Eh bien! rien ne contribue plus que ce caractère de Pierre à gâter cette comédie du *Pressoir*, où il y a pourtant des scènes charmantes et des situations fortes. Ce n'est pas que le caractère soit faux ou mal rendu; c'est un personnage ingrat, voilà tout, et la raison principale, je crois, c'est qu'il n'est pas assez expliqué. On peut tout faire accepter au théâtre, même des monstres comme Iago, à condition d'être clair, j'entends d'une clarté dramatique, celle qui vous illumine tout de suite et qui vous fait vous écrier, avant même qu'on ait pu raisonner et réfléchir : « Voilà qui est vrai. » Cette clarté supérieure, on la trouve au plus haut degré dans le caractère de Fulgence. Pour comprendre qu'il soit inquiet et jaloux, il suffit de comparer l'attitude de Victorine en face de lui et en face d'Alexis Vanderk. On s'explique très bien qu'il enrage, non seulement de voir qu'il n'est pas aimé, mais de sentir que Victorine a mille fois raison de lui préférer son rival. Cette jalousie féroce, et d'autant plus exaspérée qu'il s'efforce de la dissimuler, finit par le rendre méchant autant que malheureux. Il en veut non seulement à Victorine et à Alexis, qui s'aiment plus que jamais au moment où ils croient renoncer l'un à l'autre, mais à M. Vanderk dont les bienfaits lui semblent des chaînes, mais au vieil Antoine lui-même qui s'obstine à lui donner sa fille, et qu'il accuse au fond de son cœur de sottise et d'aveuglement parce qu'il le voit prendre son parti contre le fils de son maître. Il s'en prendrait volontiers à tout le genre humain, et peut-être, en peignant ce caractère de fiancé jaloux, George Sand a-t-elle pensé plus ou moins vaguement à ces générations de bourgeois qui grandissaient sous Louis XVI, à ces révolutionnaires sans le savoir qui avaient sucé avec le lait la haine de l'ancien régime, et qui, sans distinguer entre ce régime justement condamné et les hommes presque toujours excusables, parfois admirables, qui le servaient, avaient déjà à leur insu, à la veille de 1789, l'âme de 1793.

Si l'action, dans *Le Mariage de Victorine*, était aussi fortement conçue que les caractères, et que celui de Fulgence en particulier, la pièce serait un chef-d'œuvre. Mais c'est ici qu'on sent la différence entre un homme né pour le théâtre, comme Sedaine, et un grand écrivain, comme George Sand, qui applique au théâtre ses facultés de romancier. *Le Philosophe sans le savoir* n'est pas seulement une œuvre charmante, c'est aussi une pièce bien faite, et la situation capitale, celle de M. Vanderk, obligé de sourire et de jouer son rôle de maître de maison un jour de noces, pendant qu'il a la mort dans le cœur et qu'il attend le signal qui doit lui annoncer si son fils est mort ou vivant, est dans son genre une trouvaille de génie. Il n'y a rien de comparable dans la pièce de George Sand. L'action y est claire, mais un peu languissante, et lorsque, au dernier acte, elle essaye de la ranimer au moyen d'une situation qui sent le mélodrame, elle fait tout le contraire de ce que font les vrais auteurs dramatiques. Ils obtiennent de grands effets par des moyens très simples, tandis qu'elle se trémousse beaucoup pour nous émouvoir assez peu. Sa pièce demeure une tentative d'art très distinguée et très intéressante, un tableau d'un coloris fin et juste, une délicate étude de caractères et de mœurs, qu'on peut lire avec plaisir après le drame de Sedaine, mais qu'il ne faut pas songer à lui comparer.

Jusqu'ici nous n'avons étudié, dans le théâtre de George Sand, que les adaptations qu'elle a données, sous forme dramatique, de sa propre pensée ou de celle d'autrui. Nous ne prétendons pas avoir épuisé le sujet. Par exemple, nous n'avons pas parlé de deux imitations, l'une du *Plutus* d'Aristophane, l'autre de *Comme il vous plaira* de Shakspeare, qui ont été insérées dans le *Théâtre de Nohant*. C'est que l'étude de ces deux pièces ne nous apprendrait rien que nous ne sachions déjà. Sans doute, il est intéressant de constater combien la curiosité de George Sand était éveillée, combien son imagination était ouverte et naturellement hospitalière. Il pourrait être curieux aussi de rechercher comment elle a traduit et modifié, volontairement ou à son insu, des génies aussi différents du sien que ceux de Shakspeare et d'Aristophane. Mais, avant même d'avoir lu ces deux pièces, on pouvait, sans se tromper, prévoir quelles seraient en gros ces modifications. Une imagination aussi délicate que celle de George Sand, qui répugne aux gros mots et que les *Contes drôlatiques* de Balzac choquaient par leur indécence, ne pouvait accepter les grossièretés d'Aristophane; elle les a purement et simplement supprimées; elle a de plus accommodé toute la pièce à une sauce un peu plus morale que celle de l'écrivain grec, et elle n'a pas su se défendre du plaisir de prêcher un peu. Tout en reconnaissant que dans le détail l'imitation est assez souvent fidèle, Aristophane aurait été étrangement surpris de se voir traduit dans un esprit si différent du sien; l'ennemi d'Euripide aurait frémi d'*euripidiser* ainsi malgré lui. En ce qui concerne *Comme il vous plaira*, de Shakspeare, l'adaptation qu'en a faite George Sand lui a été inspirée par une naïve admiration pour la pièce originale. Comme toute la génération de 1830, elle avait le culte de Shakspeare, et si elle le professait moins bruyamment que certains autres, il n'en était pas pour cela moins sincère. De l'admiration naît presque invinciblement le désir d'imiter ce qu'on admire. Moins imprudente qu'Alexandre Dumas, George Sand n'ose pas s'attaquer à un chef-d'œuvre comme *Hamlet;* il y avait dans *As you like it* moins de quoi la décourager, sans compter que, par le décousu de l'action, par la liberté et la fantaisie de l'inspiration, la pièce répondait à ses instincts les plus intimes, et la flattait dans ses plus chers défauts. Les divagations au moins apparentes de Shakspeare paraissaient justifier les siennes. L'idéal dramatique un peu vague qui a toujours flotté devant son imagination lui semblait prendre un corps et vivre dans la pièce inégale et admirable qu'elle imitait. Il n'y a pas lieu, d'ailleurs, d'insister sur cette adaptation souvent plus fidèle à la lettre qu'à l'esprit du texte. Un écrivain de génie est, par définition, incapable d'en traduire parfaitement un autre, et si George Sand eût réussi à calquer fidèlement Shakspeare, elle n'aurait plus été George Sand.

Il est temps d'en venir aux pièces où elle a été réellement elle-même, où elle n'a ni transposé ses romans, ni imité les œuvres des autres. Parmi celles-là il en est une, *Claudie*, qui présente un intérêt particulier, et cela pour deux raisons. D'abord, c'est ce que George Sand a fait de mieux pour le théâtre. La pièce a réussi dans sa nouveauté, et les reprises qu'on en a faites ont obtenu un succès honorable. George Sand était là sur son terrain : elle avait à faire parler ces héros rustiques qu'elle a tant aimés, et qu'elle a si bien peints dans quelques-uns de ses chefs-d'œuvre. Ensuite la pièce a une portée sociale, et la question qui y est posée a été deux fois depuis traitée par Alexandre Dumas fils, dans *Denise* et dans *Les Idées de Madame Aubray*. Nous avons donc la rare bonne fortune de voir, en comparant les pièces de Dumas à celle de George Sand, quel parti un homme de théâtre et un romancier, écrivant tous deux pour la scène, ont tiré d'un même sujet.

Voici en deux mots celui de *Claudie*. Une jeune

fille a été séduite, puis abandonnée par son séducteur. Un jeune homme s'éprend d'elle : il ignore d'abord sa faute; mais, lorsqu'il vient à en être instruit, il continue à l'aimer et finit par l'épouser. C'est à peu près le même sujet que dans *Les Idées de Madame Aubray*, et c'est tout à fait le même que celui de *Denise*. Pourquoi donc l'impression que nous laisse chacune de ces trois pièces est-elle si différente ? Dans *Les Idées de Madame Aubray*, voici comment la thèse est posée. Mme Aubray est une chrétienne sincère : elle estime que ce n'est pas assez d'avoir dans la bouche les préceptes de l'Evangile, qu'il faut les faire passer dans sa conduite. Réhabiliter une femme tombée, au lieu de la faire tomber plus bas, lui paraît une noble tâche, presque un devoir. C'est pour cela qu'elle conseille à Valmoreau d'épouser Jeannine, la fille séduite. Mais lorsqu'elle apprend que ce n'est pas Valmoreau, que c'est son propre fils qui aime Jeannine et qui veut l'épouser, elle fait ce que toute autre mère aurait fait à sa place, elle refuse son consentement. Seulement elle souffre, d'abord de voir souffrir son fils, ardemment épris, et plus encore peut-être, après avoir prêché une doctrine, de s'être dérobée à la première occasion de la mettre en pratique. De la façon dont l'auteur avait conçu le personnage de Mme Aubray, le dénouement s'imposait : elle finit par accorder le consentement qu'elle avait refusé d'abord. Dans une pièce ainsi construite, quelque intéressant que soit le caractère de l'amoureux, ce n'est pas dans son cœur, c'est dans celui de sa mère, que se joue le véritable drame. Il ne s'agit pas ici de lutte entre la passion et le devoir. Ce n'est pas pour son propre bonheur que combat Mme Aubray, c'est pour le bonheur de son fils, et aussi pour son honneur; aura-t-elle assez de foi dans ses principes pour risquer un pareil enjeu?

Dans *Denise* le fond du sujet est analogue, le dénouement est le même, mais les circonstances sont différentes, et la question se pose d'une tout autre façon. Denise Brissot a été séduite et abandonnée par Fernand de Thauzette; André de Bardannes, qui aime passionnément Denise et qui ignore sa faute, l'apprend de sa propre bouche. Fernand, sur les menaces du père de Denise, lui offre de l'épouser, et elle accepte : mais, au moment où ce mariage va se faire, André sent le courage lui manquer, et il tend les bras à Denise. Ce qu'il s'agissait cette fois de mettre en lumière, ce n'était pas l'opposition entre la morale courante et la morale évangélique. Ce n'est pas au nom d'un principe, c'est par amour qu'André épouse Denise, et ce n'est pas au nom d'une doctrine, c'est par respect humain, par crainte de l'opinion du monde, qu'il hésite avant de l'épouser. C'est ce que lui dit très nettement le raisonneur de la pièce, Thouvenin, qui est le porte-parole de l'auteur, et qui prend parti pour l'amour sincère contre les préjugés.

Comme Alexandre Dumas l'a remarqué lui-même, ce qui fait la vraie différence entre sa pièce et celle de George Sand, c'est la différence du milieu social où l'un et l'autre ont placé leurs personnages. Cette différence ici est capitale. Une fille séduite et qui épouse un autre homme que son amant, ce n'est pas chose rare à la campagne, ni qui fasse scandale ; ce n'est donc pas le point d'honneur ni l'opinion du monde qui pourront empêcher celui qui l'aime de l'épouser. Ici les obstacles naîtront d'autres circonstances, et surtout du caractère des deux jeunes gens. Sylvain Fauveau est un beau garçon, sérieux, fier, réservé, un peu ombrageux; il aime Claudie avec toute l'ardeur de sa jeunesse, mais il est inquiet du silence qu'elle garde sur son passé, et au lieu de lui avouer son amour, il la tourmente de ses soupçons. De son côté, Claudie, qui est naturellement fière, se croit obligée de l'être d'autant plus qu'elle a commis une faute, et qu'elle craint toujours de paraître mendier son pardon. Elle exagère cette fierté en présence de Sylvain, dont elle se sent aimée : si elle acceptait son amour, elle se croirait comptable envers lui de son passé; mais comme elle le repousse, elle croit avoir le droit de se retrancher dans le silence. Elle a encore d'autres raisons pour se renfermer dans sa dignité fière et farouche : elle est très pauvre, tandis que Sylvain est le fils d'un métayer à son aise, et il pourrait devenir riche s'il lui plaisait d'épouser la propriétaire de la métairie, Madame Rose, qui a de l'inclination pour lui.

Les incidents de la pièce sont combinés pour rapprocher les deux amoureux, et en même temps pour empêcher leur mariage. Le dernier soir de la moisson, le grand-père de Claudie, le père Rémy, est tombé malade, et ils ont dû accepter l'hospitalité du ménage Fauveau. La passion grandit dans le cœur de Sylvain, qui voit Claudie à toute heure. Mais son père, averti de cette belle passion, son père, qui ne veut pas entendre parler d'un tel mariage, complote avec Madame Rose, qui, dans un moment de dépit, chasse Claudie et son grand-père; Sylvain, désespéré, veut se jeter sous les roues de la charrette qui les emmène. Lorsque Madame Rose, cédant à son cœur généreux, a ramené elle-même sa rivale, et qu'elle travaille à vaincre la résistance du père Fauveau, voilà qu'un nouvel obstacle va séparer les deux amants. Denis Ronciat, le séducteur de Claudie, lui offre de réparer sa faute en l'épousant. Claudie refuse; mais elle refuse aussi, lorsque Sylvain, à bout de forces, lui avoue publiquement son amour. C'est le père Rémy qui triomphe de la résistance de sa petite-fille, qui lui ordonne d'épouser Sylvain, et qui annonce à celui-ci qu'il est depuis longtemps aimé.

L'écueil du sujet tel que George Sand l'avait conçu, c'était le manque d'action. Le centre du sujet, c'est l'amour de Sylvain, et dans cette âme de jeune paysan fier et têtu, les sentiments ont plus de fixité et de force que de nuances et de variété. Il s'agissait donc de dissimuler cet inconvénient en créant des incidents qui, à défaut d'une progression véritablement marquée, pussent donner au moins l'illusion du mouvement. C'est ainsi qu'à la fin du premier acte George Sand a rassemblé tous les acteurs dans une grande fête villageoise, la fête de la *Gerbaude*, où l'on célèbre le dernier jour de la moisson.

C'est dans cette fête que le père Rémy, apercevant tout d'un coup Denis Ronciat, le séducteur de sa petite-fille, s'exalte et tombe foudroyé par une crise soudaine. Au second acte, le vieillard, qui depuis quinze jours est resté dans une sorte de silence hébété, recouvre subitement la lucidité et la parole en entendant accuser Claudie, s'emporte contre ses accusateurs, et secoue la poussière de ses souliers sur cette maison autrefois amie. Ces deux coups de théâtre qui terminent chacun des deux premiers actes raniment l'action languissante, et empêchent que des développements de sentiments qui tournent toujours à peu près dans le même cercle laissent une impression trop monotone.

L'intérêt du drame consiste en grande partie dans la beauté et la poésie des sentiments. Le rôle du père Fauveau, celui de Denis Ronciat, le *faraud* de village, ont de la réalité; certaines scènes, comme celle du premier acte où le père Fauveau discute avec les moissonneurs sur le nombre et le prix des journées qu'ils ont faites, ont été évidemment conçues en vue de fortifier cette impression et de nous donner la sensation du milieu rustique où l'action se passe. Mais dans la plupart des rôles, Sylvain, Claudie, Rose, et surtout le père Rémy, c'est l'idéal qui domine, et on ne peut le reprocher à l'auteur, car c'est sur une conception idéaliste que le drame est fondé. Si l'on suppose que Sylvain et Claudie sont des paysans ordinaires, ni l'un n'aura cette jalousie inquiète, ni l'autre cette fierté farouche, qui sont la forme même de leur amour; il faut qu'ils prennent leur aventure presque au tragique pour que nous la prenions au sérieux. Quant au père Rémy, c'est un rôle que George Sand a écrit avec complaisance en pensant au grand acteur Bocage qui devait le créer. Il rappelle un peu ces paysans à allures prophétiques, comme le bonhomme Patience de *Mauprat*. Mais heureusement il est moins bavard, et puis sa situation est si intéressante ! Il forme, avec sa petite-fille, un groupe si bien conçu en vue de l'effet scénique ! C'est un Œdipe et une Antigone de village ; c'est une faiblesse venant en aide à une autre, et notre sympathie est vite conquise à un personnage ainsi posé. Enfin ce père Rémy, qui au nom de sa vieille honnêteté condamne le pharisaïsme de ceux qui jettent la pierre à la fille tombée, ce vieux brave homme sans reproche qui a pardonné à Claudie, qui a recueilli son enfant, qui continue à travailler et à souffrir sans se plaindre, est d'une beauté morale et poétique tout à la fois. Lorsqu'à la fin du premier acte il prend la parole pour saluer la *gerbaude*, la gerbe qui nourrit le pauvre et qui parfois lui sert d'oreiller pour mourir, il y a dans ce tableau du charme et de la grandeur tout ensemble, et on pardonne à un auteur de s'élever au-dessus de la réalité, quand c'est pour nous donner de telles impressions. Le lyrisme ne fait ici que compléter et agrandir très heureusement l'effet dramatique.

Ce n'est pas seulement avec les deux pièces de Dumas, c'est avec ses propres romans qu'il faut comparer l'œuvre de George Sand pour se rendre compte de ce qui y manque. Dumas, comme Sedaine, est essentiellement un homme de théâtre. Chez lui tout prend naturellement la forme dramatique. Il abuse des tirades, et souvent ces tirades sont médiocrement écrites, mais elles sont toujours en situation, et si le raisonneur de la pièce y occupe quelquefois trop de place, ce que l'auteur lui fait développer avec complaisance, c'est l'idée même du drame, qu'on ne saurait trop rendre présente à l'esprit des spectateurs. Cet art de mettre de l'unité dans une pièce, de sacrifier le détail et de mettre en pleine lumière ce qui est essentiel, voilà ce que George Sand a toujours ignoré, et ses admirables dons de romancier lui ont nui à cet égard plus qu'ils ne lui ont servi. Elle n'étreint pas fortement son sujet, elle laisse son imagination et la nôtre se jouer autour. Elle veut dire trop de choses, et elle ne dit pas assez nettement ce qu'il faut dire. Elle ne voit pas qu'au théâtre tout doit être en relief, que l'auteur doit prendre toute la peine et épargner aux spectateurs des efforts d'esprit dont la rapidité de la représentation les rend incapables, et qu'il faut être dix fois clair pour être à peu près compris. En même temps que les dons proprement dramatiques lui manquent, ses meilleures qualités de romancier ne trouvent pas leur emploi au théâtre. L'analyse délicate des sentiments, l'art du récit, un merveilleux talent de description, autant d'objets de luxe dont la scène n'a que faire. Rien de tout cela ne remplace le don de saisir fortement et tout de suite l'esprit des spectateurs, de les tenir sans cesse en haleine sans leur donner le temps de respirer, de les conduire directement et sûrement vers le but qu'on s'est fixé d'avance.

Mais à mesure qu'on constate qu'un romancier de génie peut manquer des qualités qui sont départies à tel vaudevilliste médiocre ou à un faiseur de mélodrames à la douzaine, on se prend à regretter qu'au lieu de composer péniblement une pièce que de bien moindres écrivains auraient pu faire mieux que lui, il n'ait pas écrit sous forme de roman un chef-d'œuvre dont lui seul était capable. *Claudie* est un drame intéressant, mais combien inférieur au roman que George Sand eût pu nous donner sur le même sujet! On sent trop, en lisant sa pièce, la peine qu'elle lui a coûtée, les efforts qu'elle a dû faire pour suivre les conseils de Bocage, pour resserrer l'action dans des limites étroites, pour abréger et ajuster à la mesure du théâtre les développements de caractères et de passion, pour chercher des péripéties dramatiques et des scènes à effet. J'ai parlé plus haut des coups de théâtre par lesquels se terminent tous les actes de la pièce, et je ne prétends pas qu'au point de vue de l'effet à produire sur le gros public ils ne soient pas combinés avec une certaine habileté. Cela est théâtral, si l'on veut, mais théâtral dans le mauvais sens du mot, c'est-à-dire déclamatoire et banal, propre à secouer les nerfs pendant quelques minutes, non à laisser une impression durable.

Oh! qu'il en eût été autrement si, au lieu d'être gênée par des conventions nécessaires qu'elle subissait malgré elle, George Sand avait eu ses coudées franches, et si elle eût développé sous forme de roman ce qu'elle a résumé et écourté sous forme dramatique! Cette Claudie, cette héroïne rustique, qui n'a aucun relief dans le drame, et dont le silence seul est quelquefois éloquent, elle l'aurait peinte avec amour, comme elle a représenté dans l'admirable roman de *Jeanne* une âme sœur de la sienne. Son aventure avec Denis Ronciat, telle qu'elle est racontée dans la pièce, est une aventure quelconque que rien n'explique, un de ces *documents humains* que M. Zola et ses disciples collectionnent précieusement en se croyant des observateurs parce qu'ils étudient la nature dans les faits divers des journaux. Ce qui nous intéresserait véritablement, et ce dont George Sand ne nous dit rien de satisfaisant dans sa pièce, c'est de savoir pourquoi et comment une noble créature comme Claudie a succombé à l'attaque brutale ou sournoise d'un don Juan de village. Dans *Les Idées de Madame Aubray*, dans *Denise*, Alexandre Dumas a eu bien soin de préciser. L'aveu que Denise fait de sa faute à l'homme que cette faute va éloigner d'elle est une page admirable, une scène profondément dramatique, parce que, sans accabler son séducteur et sans s'excuser elle-même, elle plaide admirablement les circonstances atténuantes. A mesure qu'elle parle, nous nous reportons avec elle vers ce passé si triste, en même temps que nous suivons sur la figure d'André les progrès de sa souffrance, et qu'à travers les paroles entrecoupées de larmes de la jeune femme qui s'immole elle-même nous devinons l'effort héroïque qu'elle fait et le désespoir qui l'envahit.

Mais pour résumer ainsi dans une seule scène les douleurs passées et les tortures présentes d'un personnage, pour le faire s'analyser lui-même à son insu, sans obscurité et sans longueur, il faut avoir à la fois le génie dramatique et une longue expérience du théâtre ; or, l'un et l'autre faisaient défaut à George Sand. Si *Claudie* était un roman comme *Jeanne* ou comme *La Petite Fadette*, la faute commise par l'héroïne n'aurait pas été un simple postulat nécessaire pour qu'il y eût une pièce ; elle aurait été expliquée, et de telle façon que cette faute même éveillât immédiatement notre sympathie pour la pauvre fille. Il ne suffit pas que Denis Ronciat soit un beau mâle, un gars audacieux et fort pour avoir triomphé de la résistance de Claudie ; il faudrait préciser les circonstances qui ont précédé et amené la chute. Il faudrait nous raconter (et George Sand n'y eût pas manqué dans son roman) les manœuvres, savantes à leur manière, par lesquelles ce séducteur villageois a enveloppé, captivé, désarmé sa future victime. Il aurait fallu nous parler de cette complicité des « grands bois sourds » qu'a chantés Victor Hugo, nous peindre les langueurs énervantes des midis d'été dans les champs, ou encore le charme dangereux des belles soirées de juillet, à l'heure où Booz laisse la jeune Ruth se glisser à ses pieds, pendant que sur la tête des moissonneurs couchés les étoiles s'allument au ciel et qu'un souffle embrasé fait onduler les épis. Et, pour nous en tenir aux tableaux de la vie rustique que George Sand a introduits timidement dans son drame, quelle différence entre la scène intéressante, bien faite si l'on veut, mais arrangée et artificielle, où le vieux Rémy salue la *gerbaude*, et le large et simple récit qu'elle aurait pu écrire à la place ! On n'a qu'à relire, dans *Les Maîtres Sonneurs*, l'admirable tableau qu'elle a fait d'une fête au village, lorsque maître Huriel pendant toute une nuit fait danser filles et garçons, enfants et vieillards, aux sons infatigables de sa musette, jusqu'au moment où, l'aube commençant à blanchir l'horizon, il salue le verre en main le soleil levant, le soleil du bon Dieu, qui dissipe l'ivresse et rappelle les hommes à leur tâche de chaque jour.

Ce sont des scènes de ce genre qu'on aurait trouvées dans le roman de *Claudie* et qu'on regrette de ne pas trouver dans le drame. Qu'une pièce de George Sand soit tirée ou non d'un roman, c'est toujours à un roman qu'elle nous fait penser, soit à celui qui a inspiré la pièce, soit à celui qui n'a jamais été écrit, mais que nous essayons d'imaginer en nous souvenant des chefs-d'œuvre de l'auteur. Nous faisons disparaître par la pensée ce qu'il y a de gauche, d'étriqué, d'insuffisant dans la pièce de théâtre que nous lisons ou que nous voyons représenter : nous en prolongeons les lignes par l'imagination, ou nous les corrigeons suivant un idéal formé avec nos souvenirs et suggéré par l'auteur même qui nous a appris à être difficiles, et il nous semble que nous rendons à la liberté un esprit captif dans une enveloppe où il étouffe sans pouvoir s'en dégager. Il en est un peu de George Sand comme du *Drac*, ce démon, ce lutin familier des marins de Provence qu'elle a mis en scène dans une de ses pièces les plus originales. Ce pauvre Drac a quelquefois la fantaisie de se rapprocher des hommes, ces créatures inférieures, dont un esprit puissant lui permet d'emprunter la forme pour leur jouer sous ce déguisement de bons ou de méchants tours. Mais, en revêtant leur enveloppe mortelle, il se sent peu à peu gagné par la contagion de leurs faiblesses, de leurs passions, de leurs misères; et lorsque au dénouement de ce petit drame fantastique, exorcisé par les prières de deux de ses victimes, il dépouille sa forme terrestre et s'échappe vers les régions supérieures d'où il était descendu, il retrouve avec joie ses ailes d'or qu'il avait perdues pendant un jour, et il salue avec transport la lumière natale, l'air pur où il va librement reprendre son vol. George Sand est de même. Il lui plaît quelquefois de s'abaisser jusqu'au théâtre, de respirer cet air empoisonné par le gaz ou par les quinquets fumeux, de fréquenter un instant ce monde où tout est menteur, depuis le visage de l'actrice dont la fraîcheur est faite avec du fard jusqu'à la beauté des paysages qui ne sont que des toiles peintes ou des *praticables* en carton. Mais ce pays-là n'est pas fait pour elle : elle s'y sent mal à l'aise, comme un oiseau de haut vol enfermé dans une cage, ou comme un grand seigneur condamné à vivre avec des manants. Nous souffrons de la voir s'épuiser en efforts inutiles pour apprendre un langage qui n'est pas fait pour ses lèvres et pour désapprendre celui qu'elle parle naturellement.

Avec tout cela, elle était hantée par l'idée du théâtre, et cette préoccupation se fait jour aussi bien dans ses romans, depuis *Lucrezia Floriani* jusqu'à *Pierre qui roule*, depuis *Le Château des Désertes* jusqu'à *L'Homme de neige*, que dans ce qu'elle a écrit en vue de la scène. Elle admirait passionnément les grands acteurs, on le voit à la façon dont elle a parlé de Madame Dorval, de Bocage, de Pauline Garcia. Elle avait aussi le culte des grands auteurs dramatiques ; il faut voir dans les imitations qu'elle a essayées d'Aristophane et de Shakspeare, non pas l'ambition de lutter avec eux, mais un hommage rendu à leur génie. Sa comédie-drame de *Molière* est une autre preuve de cet enthousiasme naïf et sincère pour les grands hommes qui ont eu souverainement ce don de théâtre qu'elle a vainement essayé d'acquérir. Cette pièce est tout à fait caractéristique, parce que nulle part on ne touche mieux du doigt l'impuissance dramatique de George Sand ni son étrange facilité d'invention romanesque.

Si l'on dégage son drame de tous les détails accessoires dont elle l'a encombré, et si l'on essaye de retrouver parmi ces développements touffus l'idée première de la pièce, il semble bien que ce fût une idée dramatique. C'est l'amour malheureux de Molière pour sa femme, Armande Béjart, qui est l'âme du drame et qui lui donne l'unité telle quelle qu'on peut y découvrir. L'inconvénient d'un pareil sujet, c'est que c'est en partie le même que celui du *Misanthrope*, et il est dangereux de vouloir récrire un chef-d'œuvre. Mais George Sand pouvait croire qu'en faisant d'Alceste un comédien et un écrivain de génie, elle renouvelait suffisamment cette donnée qui avait l'avantage de fournir un centre à l'action. Le malheur est que d'abord elle n'a pas nettement conçu ni exposé le sujet. Ce qu'il y a d'énigmatique, je ne dis pas dans le caractère de Molière, mais dans certains incidents de sa vie, et en particulier dans son mariage, à propos duquel se posent des questions si délicates, ce mélange de bien et de mal, cette union du plus noble caractère et de mœurs assez débraillées pour que ses ennemis aient pu l'accuser d'inceste et qu'un homme comme Boileau n'ait su qu'en penser, cet assemblage de traits si différents qu'ils ne semblent pas pouvoir s'accorder, cette unité faite d'incohérences et de contrastes, tout cela faisait un sujet bien tentant pour un esprit curieux, mais aussi bien dangereux pour un esprit romanesque.

Deux choses étaient indispensables : adopter, au moins pour la circonstance et dans la mesure où cela était nécessaire pour la clarté de la pièce, une opinion nette et tranchée sur le caractère de Molière, et savoir imposer cette opinion aux spectateurs. Je ne sais si George Sand était arrivée à se faire une conviction arrêtée à cet égard, mais à coup sûr elle n'a pas réussi à nous la faire clairement comprendre en écrivant sa pièce. Rien n'est moins clair et moins satisfaisant pour l'esprit que le personnage de Molière tel qu'elle l'a représenté. A-t-elle voulu peindre la faiblesse du caractère s'alliant à la vigueur du génie? De quelle espèce d'amour aime-t-il Armande? Comment l'affection paternelle qu'il semble avoir pour elle au premier acte se change-t-elle en un sentiment tout différent? Est-ce un stoïcien, un Alceste sous les habits d'un comédien, ou un courtisan adroit, ménageant la faveur de Louis XIV? Est-ce un anachronisme vivant, un de nos contemporains égaré en plein dix-septième siècle, ou simplement un homme de son temps, s'associant sincèrement au culte des Français d'alors pour le roi qui, au sortir de la Fronde, avait donné à la France des années de paix et de splendeur incomparable? On se pose ces questions en lisant la pièce de George Sand, mais on n'y trouve de quoi en résoudre nettement aucune. Le pire, c'est que ce caractère de Molière, vague, obscur, tel qu'elle l'a représenté, n'a pas la qualité qui pourrait compenser ses défauts : il n'a pas plus de profondeur que de clarté. Ce n'est pas un personnage comme Hamlet, à propos duquel on a vainement multiplié les commentaires, mais où chacun des commentateurs découvre un caractère un et complet, où tout s'enchaîne et s'explique. Le Molière de George Sand ne vaut pas qu'on se donne tant de peine. C'est une énigme qui n'inspire pas le désir d'en chercher la solution. C'est un assemblage de traits incohérents : il a un caractère au premier acte, et un autre à l'acte suivant; ce n'est pas un personnage qui se tienne et qui existe; c'est une ombre vaine que George Sand a laissée flotter et se perdre dans le brouillard de sa rêverie.

Faute d'avoir su embrasser fortement et exposer avec clarté le sujet de drame qu'elle avait choisi, faute d'avoir mis dans sa pièce l'essentiel, George Sand s'est rabattu sur l'inutile, et elle a entassé dans son œuvre de quoi en défrayer une demi-douzaine. Au moment où elle a composé son *Molière*, elle était toute fraîche émoulue de la lecture d'un article de *La Liberté de penser*, où Eugène Despois, préludant à ses travaux futurs et préparant sans le savoir plus de vingt ans à l'avance la grande édition qu'il devait entreprendre plus tard, exposait au public les dernières découvertes de la critique sur l'histoire de la vie et des œuvres du poète. George Sand, avec la ferveur d'un néophyte, crut devoir faire une place dans sa pièce à ces nouveautés qu'elle accueillait avidement, d'abord parce qu'elles étaient ou qu'elle les croyait nouvelles, ensuite parce qu'elles cadraient bien avec l'idée qu'elle s'était faite du caractère de son héros. Mais ce qui était à sa place dans un article de critique érudite était hors de propos dans une pièce de théâtre, où il ne s'agit pas d'exactitude historique, mais de vérité humaine. Ce qu'il y a de piquant, c'est qu'au moment même où, à la suite de Despois, George Sand s'acharnait à détruire les légendes qui avaient cours sur la biographie de Molière, elle en imaginait, sans s'en apercevoir, de nouvelles beaucoup plus invraisemblables. Passe encore pour l'histoire de la servante Laforêt, qu'elle a *romancée* à sa manière! Mais quel étrange roman que celui qu'elle a imaginé entre Molière et le grand Condé! Ils se rencontrent d'abord en Limousin pendant que l'un chemine de ville en ville avec sa troupe comme dans le *Roman Comique*, et que l'autre traverse la France à franc étrier pour aller surprendre l'armée royale sur les bords de la Loire. Ils se retrouvent ensuite à Versailles, Condé rentré en grâce auprès du roi, Molière devenu le comique attitré de Louis XIV, ensuite à Paris, lors de la première représentation de *Tartufe*, puis du *Malade imaginaire*. Et cette invention médiocrement heureuse n'est pas un simple cadre destiné à grouper dans une unité factice les incidents principaux de la vie du poète; c'est surtout une occasion pour George Sand de lui faire tenir les discours les plus invraisemblables, de lui faire risquer les plus singulières prophéties. Quand on met face à face deux hommes tels que Molière et Condé, ce n'est pas pour les faire causer de la pluie et du beau temps, ni même de la dernière comédie de l'un et de la dernière campagne de l'autre. Ils traitent de plus grands sujets : ils s'entretiennent des rapports de la noblesse et du pouvoir royal, de l'avènement de la bourgeoisie, de l'avenir du peuple. On croit peut-être que George Sand, par un anachronisme à la rigueur excusable, a fait parler Molière à l'avance comme parleront Fénelon et Vauban, et tous ceux qui, à la fin du dix-septième siècle, rêvaient de réformes. Si l'on croyait cela, on serait bien loin de compte. La pièce a été faite peu après 1848, et, en l'écrivant, George Sand n'a eu garde d'oublier qu'elle a été l'amie de Pierre Leroux et de Lamennais, qu'à ce moment-là même elle correspond activement avec Barbès prisonnier et avec

Mazzini réfugié à Londres. Avec une audace et une candeur dignes d'Alexandre Dumas père, elle refait l'histoire à sa guise : elle fait parler Molière comme s'il avait lu Michelet et Louis Blanc. C'est un Molière humanitaire et jacobin qui, dès 1667, prévoit 1789 et justifie à l'avance 1793. On s'étonne d'une telle aberration de la part d'un écrivain qui le plus souvent a eu un sens si juste de la couleur historique, qui dans *Consuelo* a si bien deviné la Bohême de Jean Huss et de Jean Ziska, qui dans *Les Beaux Messieurs de Bois-Doré* a merveilleusement fait revivre le langage et l'esprit des contemporains de l'*Astrée*, qui dans *Cadio* et dans *Nanon* a si bien peint l'esprit de la Révolution. Décidément, quand elle écrivait pour le théâtre, elle perdait la meilleure partie d'elle-même.

Si, au lieu d'étudier le fond et les idées de la pièce, nous nous attachons à ce qui est art, métier, procédés dramatiques, nous sommes obligés d'avouer que George Sand n'a pas été mieux inspirée. Certes, il y a de jolies scènes, et la pièce, quoique un peu longue, est rarement ennuyeuse. Mais les défauts habituels de George Sand n'ont jamais été plus visibles. Mollesse de la conception, multiplicité de détails qui ralentissent l'action sans éclaircir les caractères, symétrie fatigante et mécanique qui consiste à faire revenir à tout propos les mêmes personnages, artificiels et monocordes, et en même temps désordre et incohérence, nul lien réel entre les scènes, point de progression, une sorte de lumière diffuse qui flotte sur tout sans que rien soit éclairé vivement : voilà quelques-uns des traits caractéristiques de cette comédie ingénieuse et mal venue. Dans une pièce écrite pour le théâtre de Nohant, *Marielle*, dont le rôle principal est calqué sur celui de Molière, il y a au moins une situation dramatique et bien mise en scène. Pendant que le comédien Marielle se prépare à jouer son personnage de Scaramouche, qu'il met du rouge, qu'il donne des conseils à ses camarades, on enlève sa jeune femme qu'il aime avec cette ardeur profonde des hommes qui ont les cheveux gris et qui s'attachent désespérément à leur dernier amour. La scène dans les coulisses, au moment où l'enlèvement a lieu à la porte du théâtre, est faite avec beaucoup d'art. Le mouvement des acteurs qui entrent et qui sortent, les vagues pressentiments de Marielle, son inquiétude lorsqu'il croit entendre un cri poussé dans la rue, son désespoir lorsqu'il a la certitude de son malheur; tout cela forme un tableau intéressant et animé. M. Paul Ferrier s'en est souvenu peut-être lorsqu'il a mis dans son *Tabarin* une scène analogue, qui faisait un grand effet, rendue par Coquelin. On chercherait inutilement dans le *Molière* de George Sand un passage de cette force. La faiblesse, ou plutôt le néant de la conception d'ensemble, se fait sentir partout : rien ne se détache, non pas parce que tout est vivant et harmonieux, mais parce que tout est également languissant.

Il n'y a guère de pièce de George Sand qui soit moins *faite* que celle-là, et il serait injuste de juger de ses qualités de métier, de son talent de facture, d'après cet échantillon. Elle a montré dans *François le Champi* et dans *Maupral* qu'elle savait se rendre compte des nécessités scéniques et qu'elle n'était pas incapable au besoin d'une certaine habileté de main. D'ailleurs la gaucherie de la facture, le défaut d'entente de la mise en scène, ne sont ni les seuls défauts ni même les défauts essentiels de son drame de *Molière*; le mal est plus profond et vient de causes générales dont les effets se font sentir non seulement dans cette pièce, mais dans la plupart des autres. Le plus souvent, lorsque George Sand, au lieu d'emprunter à un de ses romans un sujet de drame ou de comédie, le conçoit immédiatement sous forme dramatique, elle hésite, elle tâtonne et, ce qui manque le plus dans sa pièce, c'est le sujet. Sans parler de comédies absolument nulles comme *Marguerite de Sainte-Gemme*, ou d'ébauches comme *Maître Favilla*, il y a telle œuvre distinguée, comme *Françoise*, qui est pénible à lire et qui serait insupportable à voir jouer, parce que l'auteur n'a pas su choisir entre les deux ou trois sujets ou apparences de sujets qui se sont présentés tour à tour à son imagination. Il n'en est pas de même dans le *Pressoir*. La conception était heureuse et aurait pu aisément devenir dramatique. La double rivalité des deux pères et des deux fils, rivalité d'amour-propre entre maître Bienvenu et maître Valentin, rivalité d'amour entre Valentin et son ami Pierre, était un cadre excellent. C'est l'exécution qui est défectueuse : la main de l'artiste a tremblé, et au lieu d'admirer son œuvre on se prend à regretter qu'elle n'ait pas su la terminer.

S'il en est ainsi pour des pièces dont le caractère intime convenait particulièrement au talent délicat d'analyse de George Sand, et qui ne mettaient en jeu qu'un assez petit nombre de personnages, on ne doit pas s'étonner qu'elle ait échoué dans un sujet comme celui de *Molière*, où il y a jusqu'à huit rôles importants, et où elle a prétendu représenter non seulement l'âme d'un grand homme, mais celle de tout son siècle, sans compter les aperçus généraux sur l'art, sur la politique, sur la question sociale. Une œuvre aussi difficile, et que peu de génies dramatiques seraient capables d'exécuter, dépassait évidemment les forces de George Sand. Et pourtant, après être restée si au-dessous d'elle-même et de son sujet dans ce drame de *Molière*, la même femme, au bout de quinze années, qui paraissaient avoir épuisé plutôt que mûri son talent, a su mettre sur pied et faire vivre, sous forme dramatique, une œuvre de portée et de proportions analogues, l'immense épopée, tour à tour comique, tragique et lyrique, qu'elle a intitulée *Cadio*. Elle y a peint la guerre de Vendée avec sa grandeur morale et ses horreurs, la lutte de la vieille France contre la nouvelle, le fanatisme religieux aux prises avec le fanatisme révolutionnaire. La scène se passe tantôt dans les châteaux abandonnés par leurs possesseurs, pillés et incendiés par les troupes de la Révolution, tantôt dans les landes ou dans les chemins creux où s'embusquent les chouans, sur la place publique d'une petite ville prise et reprise par les deux partis, dans une ferme où des ci-devant nobles se cachent sous des vêtements de paysans, pour échapper au massacre, sur la grève de Quiberon où l'armée royaliste aux abois attend la mort. Dans cette vaste action passent les personnages les plus variés, depuis le chef des bandes vendéennes, le seigneur qui traîne après lui ses vassaux déguenillés, jusqu'à l'humble paysan qui est parti pour la guerre à la suite de son curé, emmenant avec lui femme et enfants, depuis l'officier républicain attristé de la campagne de massacres qu'il dirige avec une fermeté résignée, jusqu'au délégué de la Convention, sombre, soupçonneux, despote, jusqu'à l'officier municipal de petite ville, enrichi du pillage et songeant à se faire une fortune sérieuse pour le jour où, l'ordre étant rétabli, il criera : Vive l'Empereur! ou vive le roi! avec la même conviction qu'il crie aujourd'hui : Vive la République! Dans ce drame qui dure des années, et qui a pour théâtre deux grandes provinces, ce qui fait l'unité véritable et l'intérêt, ce sont, avec les peintures pleines de vie, les idées que George Sand a incarnées dans quelques-uns de ses personnages, Henri de Sauvières, royaliste de naissance, devenu républicain par conviction et par patriotisme, et Cadio, le pauvre joueur de biniou, élevé par des moines, mystique et exalté, que les excès commis par les siens ont jeté dans le camp opposé, et qui embrasse la cause de la Révolution avec une sorte de joie farouche et un âpre désir de vengeance et de justice inflexible. Ce sont là des personnages symboliques plus que réels, et il n'est pas surprenant que, lorsque avec la collaboration de Paul Meurice, George Sand voulut les porter sur la scène, ils aient perdu, en paraissant devant la rampe, la grandeur et la vérité poétique qu'ils avaient dans le livre. Mais à la lecture, ce qu'ils ont d'invraisemblable et de purement idéal ne choque pas. On entend volontiers, au milieu de ces tableaux de la guerre civile, au milieu de ces misères qui attristent les yeux et le cœur, des voix sincères et éloquentes nous parler de l'avenir qui s'ébauche parmi les massacres et les ruines du présent. George Sand est à son aise ici : elle peut disposer du temps et de l'espace, elle peut faire mouvoir devant nous une multitude de personnages qui nous donnent l'illusion de la vie extérieure, sans renoncer à traduire dans les tirades des acteurs principaux son jugement sur les faits et l'idéal qu'elle dégage de la réalité. Il lui faut tout cela pour que ses qualités puissent se donner carrière, et voilà pourquoi le meilleur de ses drames, celui où elle se révèle tout entière, c'est un roman sous forme dramatique.

III

CONCLUSION.

Mais quoi! dira-t-on, cela ne pouvait-il pas se deviner d'avance, et était-il nécessaire d'écrire une longue étude pour aboutir à une conclusion qu'on pouvait tirer *a priori?* Etait-il bien difficile de prévoir qu'un grand romancier vaudrait partout et toujours par les qualités qui lui sont propres, qu'un poirier n'est pas fait pour produire des pommes, que le génie de Shakspeare n'est pas celui de Walter Scott? Nous répondrons que nous n'avons eu qu'une prétention, celle de confirmer par l'étude approfondie d'un auteur en particulier une loi générale que le bon sens devrait, ce semble, suffire à établir, mais qui n'en a pas moins été souvent contestée, et qui l'est encore au moment où nous écrivons. On nie la légitimité de la distinction entre le théâtre et le roman ; on ne veut pas voir que cette distinction est fondée non pas sur une théorie contestable, mais sur la différence des conditions où se produisent l'œuvre romanesque et l'œuvre dramatique.

Une pièce de théâtre se joue en deux ou trois heures, et elle s'adresse non pas à une vingtaine de lettrés réunis dans un salon, mais à un public nombreux, de mille à quinze cents personnes, si l'on veut. Voilà les deux conditions essentielles qui déterminent la nature de la vraisemblance dramatique ; elles n'ont guère changé depuis Aristote, et on ne voit pas de raison pour qu'elles changent tant qu'il y aura un théâtre. On lit un roman dans sa chambre ou en se promenant, dans son lit ou en chemin de fer ; on le lit de suite ou bien on s'interrompt vingt fois ; il peut avoir 150 pages comme *Adolphe*, ou plusieurs volumes comme *Clarisse Harlowe*. De ces différences profondes entre les conditions où se produisent le roman et le drame, se déduisent des différences essentielles dans leur nature et leur forme, et George Sand les a très bien indiquées, du moins en partie, dans la préface de

Mauprat. Le romancier se joue à son gré dans le temps et dans l'espace; l'auteur dramatique doit produire ses effets en deux ou trois heures, et les ressources matérielles dont il dispose, même dans le théâtre le mieux outillé, sont toujours peu de chose, si on les compare aux ressources presque inépuisables de l'imagination humaine, que manie le romancier.

Il est vrai que ces ressources de l'imagination, l'auteur dramatique peut aussi en tirer parti, s'il a le génie et l'expérience du théâtre. Le spectateur est à la fois très exigeant et très facile à satisfaire, très incrédule et très facile à tromper. Il résistera à tous les prestiges de la décoration théâtrale, s'il a affaire à un maladroit; mais avec quelques oripeaux et des toiles quelconques appliquées sur un châssis, on peut le ravir au troisième ciel, pourvu qu'on sache son métier. Au fond, le principe de l'illusion est le même, qu'il s'agisse d'une pièce de théâtre ou d'un roman. Le lecteur ou le spectateur sait qu'on va le tromper, et il désire être trompé, car c'est pour cela qu'il paye 8 fr. un fauteuil de balcon, ou 3 fr. 50 un roman qu'il lira en trois ou quatre heures. Mais le lecteur doit être trompé d'une certaine façon, et le spectateur d'une autre, et le don de savoir discerner d'instinct ce qui doit faire illusion à la lecture et ce qui doit faire illusion au théâtre est ce qui constitue proprement le génie romanesque et le génie dramatique.

Ces deux formes du génie ne sont pas nécessairement incompatibles, et il y a des exemples célèbres qui le prouvent. L'auteur de *Gil Blas* est le même que celui de *Turcaret*. Celui qui a écrit *Candide* est aussi l'auteur de *Zaïre*. De nos jours, Alexandre Dumas père a été l'exemple le plus frappant d'un homme merveilleusement doué à la fois pour le théâtre et pour le roman. Mais il ne faut pas s'y tromper : ce sont là de brillantes exceptions, mais ce sont des exceptions. Si on parcourt la liste des romanciers distingués ou illustres de notre siècle, on est frappé de voir qu'au moins les deux tiers d'entre eux se sont peu ou prou essayés au théâtre, et qu'il n'y en a pas plus de quatre ou cinq qui aient, je ne dis pas glorieusement, mais honorablement réussi. Mettez à part Alexandre Dumas père, avec son prodigieux talent d'improvisateur dans tous les genres, et Victor Hugo avec son génie incomparable : que reste-t-il des essais dramatiques des autres ? Balzac a écrit *Mercadet* et *La Marâtre*, c'est vrai, et je suis prêt à reconnaître ce qu'il y a de puissance dramatique dans ces deux pièces ; mais n'est-il pas vrai aussi que la gloire du romancier a servi de passeport à son talent de dramaturge, et que *Mercadet* aurait moins de réputation si son auteur n'était pas en même temps celui du *Père Goriot*, des *Parents pauvres*, et de dix autres chefs-d'œuvre ? Octave Feuillet a eu à la scène de gros succès d'argent, mais je doute que ses drames, excepté peut-être *Dalila*, l'aident beaucoup à passer à la postérité. Flaubert, les Goncourt, Zola, ont eu au théâtre des échecs mémorables. Flaubert s'en est vengé en pestant contre les directeurs ; M. Edmond de Goncourt et M. Emile Zola ont essayé de prouver que c'était le public qui avait tort; mais le public s'en moque, et s'obstine à ne pas payer pour s'ennuyer littérairement. Alphonse Daudet a écrit des pièces où il y a des parties distinguées et intéressantes; une seule fois, dans *La Lutte pour la vie*, il a produit une œuvre vraiment dramatique. Peut-être Maupassant, avec son talent sobre et nerveux, avec ses dons d'observation à la fois comique et cruelle, eût-il réussi au théâtre s'il avait continué à se tourner de ce côté. Les deux pièces que nous avons de lui, et dont la dernière a été jouée quand il était déjà enfermé comme fou, ne permettent aucune conjecture à cet égard.

Ce qu'il y a de piquant et de paradoxal au premier abord, c'est que, tandis qu'un Alphonse Daudet se travaille misérablement pour obtenir de temps à autre quelques maigres succès, George Ohnet ait eu au théâtre de véritables triomphes. *Le Maître de forges* est populaire à travers les deux mondes; c'est *le Cid* des bourgeoises de notre temps, qui y trouvent des leçons de magnanimité à leur portée et des modèles du style qu'on apprend à admirer aux élèves du Sacré-Cœur. Mais qu'est-ce que cela prouve? Que M. Ohnet est un habile homme, et qu'à défaut du génie, qui lui manquait, il a voulu avoir le succès. Pour cela, il a étudié avec soin et il s'est approprié les recettes dramatiques qui réussissent, comme on apprend, non pas à être un Vatel ou un Carême, mais à faire proprement la cuisine, en piochant les préceptes de la *Cuisinière bourgeoise*. Rien de plus légitime après tout, et cette façon de s'enrichir est plus honnête que bien d'autres; il suffit de savoir proportionner son ambition à ses forces, et ne pas viser au delà de ce qu'on peut atteindre.

Mais cette abnégation, qui est facile aux Ohnet et aux sous-Ohnet, puisqu'elle se traduit pour eux en espèces sonnantes, un écrivain de génie comme George Sand en est incapable. Elle aspire d'instinct à ce qui est haut et difficile. Si, après avoir ouvert au roman une voie nouvelle, elle veut, au risque de ne pas réussir, s'engager dans une autre direction, c'est que les sentiers battus lui déplaisent et qu'elle a besoin d'exercer ses facultés créatrices. Il est possible que les succès bruyants et lucratifs, obtenus par de moins grands qu'elle, aient contribué à la déterminer, et qu'elle ait voulu avoir à la fois la gloire et l'argent; mais elle suivait surtout son instinct de grand écrivain, de génie inventeur, et c'est ce qui explique à la fois qu'il y ait presque toujours un grain d'originalité même dans ses essais les moins heureux, et qu'elle n'ait jamais pu acquérir cette facilité banale, cette sûreté de l'homme de métier, qui compose une pièce comme on lance une affaire, qui pressent l'effet qu'elle produira sur son public, et qui calcule d'avance avec précision ses chances de succès.

Ce n'est pas que George Sand fût incapable de se plier aux exigences de la scène, ou qu'elle eût pour ce qu'on appelle *le métier*, et qui n'est qu'une partie humble mais nécessaire de l'art dramatique, le dédain ridicule qu'affecte la nouvelle école. Elle s'est efforcée très sérieusement de mettre en pratique les sages préceptes de la préface de *Mauprat*, qui est sa modeste *Préface de Cromwell* à elle. Elle a tâché de mettre de l'unité, de la logique, de la clarté dans la conduite de ses pièces, et elle y a quelquefois réussi ; *François le Champi*, *Claudie*, sont des pièces assez adroitement faites. Ce n'est pas faute d'avoir réfléchi sur son art, ni même faute de connaître le métier et de posséder une certaine habileté de main, que George Sand, dans ses drames et ses comédies, est restée si au-dessous de ce qu'elle était dans le roman. C'est que le génie romanesque est tellement le fond propre de son esprit qu'il résiste à tous les efforts qu'elle fait pour en greffer un autre sur celui-là. Telle une plante que la culture a modifiée, mais qui, pour peu que les soins du jardinier se relâchent, revient à sa vraie nature. Lorsqu'elle se contraint, comme dans les drames qu'elle a tirés de ses romans, à obéir aux lois nécessaires du théâtre, à en respecter les conventions, à s'en approprier les procédés, alors non seulement on sent l'effort, mais surtout on s'aperçoit que cet effort rapporte moins qu'il ne coûte, et qu'en pliant son souple génie sous un joug qui n'est pas fait pour elle, elle sacrifie les beautés originales qui naissent d'elles-mêmes sous sa plume, quand elle laisse à son inspiration la bride sur le cou. Il est curieux que le même écrivain, qui a dans ses romans une imagination si facile et si riche, manque singulièrement d'invention dramatique. En comparant les pièces de George Sand à celles que Sedaine ou Dumas fils ont écrites sur des sujets analogues, on est surpris de voir combien elle leur est inférieure pour la force de la conception, pour l'invention des situations théâtrales, pour l'art des péripéties, pour la construction des *scènes à faire*, qui résument en quelques traits les caractères des personnages principaux ou l'idée du drame. Si elle développe abondamment son sujet, comme dans *Molière*, ce qui est essentiel est noyé dans la profusion des détails, et les arbres empêchent de voir la forêt. Si elle veut concentrer l'action et ramasser les effets principaux en quelques scènes, comme dans *Claudie*, le développement manque d'ampleur, les personnages sont indiqués plutôt que nettement caractérisés, et les coups de théâtre imaginés par l'auteur ne produisent qu'en partie l'effet cherché, parce que les scènes qui les précèdent ne nous les font ni prévoir ni désirer.

Evidemment il y a là autre chose que le hasard, autre chose même qu'une connaissance insuffisante des choses du théâtre, il y a une raison plus profonde, et nous pouvons vérifier dans cet exemple particulier une loi littéraire, ou, ce qui revient au même, une loi psychologique, générale. Nous n'avons garde de prétendre que les phénomènes de la vie intellectuelle puissent s'assimiler à ceux de la vie végétale ou de la vie animale : les comparaisons que souvent, et surtout de nos jours, on a essayé d'établir sur cette base pèchent toujours par quelque endroit. Ce sont ou bien des assimilations arbitraires, ou bien de simples métaphores, qui n'ont qu'une vaine apparence scientifique. En littérature, comme partout ailleurs, c'est l'intelligence et la volonté de l'homme qui expliquent les phénomènes, et on se laisse entraîner par l'amour du paradoxe ou par un besoin inconscient de l'imagination, lorsqu'on parle des œuvres ou des genres littéraires comme si c'étaient des espèces vivantes et qu'on pût tracer la courbe de leur évolution. Mais, sans céder le moins du monde à ces illusions de l'esprit, qui prend les mots pour les choses et qui croit observer ce qu'il imagine, il est permis de penser que la genèse des œuvres intellectuelles, produit du cerveau de l'homme, ressemble, sous certains rapports, à celle des êtres vivants, animaux ou végétaux. Il faut bien que des deux côtés il y ait un germe, un embryon d'où l'être complet se développe. Mais si l'on sait qu'un épi naît d'un grain de blé, comment déterminer le germe d'où naîtra telle ou telle œuvre littéraire? Quelle est au juste son origine, et quel est son mode particulier de croissance? Faut-il croire que dans leur premier état, leur état embryonnaire, l'idée d'un roman et celle d'une pièce de théâtre sont déjà différenciées l'une de l'autre? Cela paraît bien difficile à admettre, surtout si l'on se rappelle ce qu'Aristote nous a appris du développement historique des deux genres, qui se confondaient presque à l'origine. Dira-t-on au contraire qu'au début il y a indifférence parfaite, et que rien ne peut faire prévoir le genre, le sexe, pour ainsi dire de l'œuvre future? Mais alors comment et à quel moment ce genre se déterminera-t-il dans l'esprit de l'auteur? Faut-il croire qu'il y a des germes d'idées dramatiques et des germes d'idées romanesques? Ou bien ces germes prennent-ils une forme ou une autre suivant qu'ils tombent dans l'esprit de tel ou tel écrivain?

Il nous semble que les deux choses peuvent être vraies à la fois, mais que c'est la nature propre de l'esprit de l'auteur qui décide véritablement de ce que sera l'œuvre parvenue à son plein développement. Si certaines idées nous paraissent plus particulièrement dramatiques, n'y a-t-il pas là une illusion produite par le talent de l'auteur qui leur a donné une forme définitive? Au premier abord il ne semble pas qu'*Hamlet* puisse être conçu autrement que comme un drame; mais n'est-ce pas le génie de Shakspeare qui nous trompe, et Paul Bourget, en écrivant *André Cornélis*, Maupassant, en écrivant *Pierre et Jean*, n'ont-ils pas prouvé que ce même sujet pouvait tout aussi bien être traité sous forme de roman? *Le Supplice d'une femme* est un drame d'une concision admirable, où l'effet principal tient à la concentration puissante, à la foudroyante rapidité de l'action; mais qui eût empêché un écrivain doué du génie d'analyse de Benjamin Constant d'en tirer un roman dans le genre d'*Adolphe?*

On dira peut-être qu'il y a des sujets qui ne se prêtent pas à ces transformations. On essayerait vainement de faire un drame supportable avec un de ces deux chefs-d'œuvre, *Gil Blas* et *Don Quichotte*. La pièce qu'Alphonse Daudet a tirée de son roman de *Fromont jeune et Risler aîné* est très faible, tandis que le roman est excellent. L'objection n'est pas sans valeur, mais nous pouvons l'admettre sans renoncer à notre système dans ce qu'il a d'essentiel. Oui, il est parfaitement vrai qu'un grand nombre de romans (et c'est le cas justement pour les meilleurs, pour la plupart de ceux de Walter Scott, pour plusieurs de George Sand et de Balzac) ne peuvent exister que sous la forme même où l'auteur les a conçus. Et c'est pour cela que nous acceptons en partie la théorie que nous exposions tout à l'heure, et d'après laquelle il y a des germes d'idées proprement romanesques, et d'autres plus particulièrement dramatiques. Mais nous croyons aussi, en nous appuyant et sur les exemples cités tout à l'heure et sur beaucoup d'autres, que dans bien des cas, si on se bornait à nous esquisser un sujet dans ses lignes principales, nous serions fort embarrassés de dire quelle est la forme qui lui convient le mieux, celle du drame ou celle du roman. Suivant que l'auteur qui le traitera aura l'imagination dramatique ou romanesque, il fera pencher la balance d'un côté ou de l'autre; mais nous devons nous persuader qu'il aurait pu en être autrement, que ce n'est pas la nature propre du sujet qui a déterminé l'auteur, mais que c'est l'auteur qui, en traitant le sujet suivant la nature de son talent, y a mis sa marque et lui a imprimé, au moins provisoirement, son caractère. Victorien Sardou, devant qui l'on parlait de l'échec de *Fromont jeune et Risler aîné*, soutint que, si la pièce avait échoué, ce n'était pas la faute du sujet, mais celle des auteurs, qui s'étaient contentés de découper sous forme de scènes les pages du roman, au lieu d'y chercher le sujet dramatique qui y était et qu'ils n'avaient pas su voir.

Ces théories générales ne nous ont pas éloigné autant qu'il le semble de notre point de départ, c'est-à-dire de George Sand. Son exemple est un des arguments les plus forts qu'on puisse invoquer à l'appui de notre théorie. Si l'on peut soutenir, en effet, que chez des écrivains comme Alexandre Dumas père ou Victor Hugo c'est la nature propre de l'idée qui détermine la forme de l'œuvre, qu'*Antony* et *Ruy Blas* devaient être nécessairement des drames, tandis que *Les Trois Mousquetaires* et *Les Misérables*, quoiqu'ils aient eu un certain succès sous la forme dramatique, sont essentiellement ce que les auteurs en avaient fait d'abord, à savoir des romans, ce raisonnement ne pourrait en aucune façon s'appliquer à l'œuvre de George Sand. Il n'y a jamais eu de vocation aussi claire que la sienne, si ce n'est peut-être celle de Lamartine. Qu'il composât les *Méditations*, qu'il fît des discours à la Chambre ou qu'il écrivît les *Girondins*, Lamartine était toujours et partout un grand et éloquent poète lyrique ; de même George Sand était faite pour écrire des romans. Elle a composé des pièces de théâtre, tantôt par goût, tantôt par circonstance ou par besoin d'argent, plus souvent pour obéir à son instinct de grande artiste qui cherche des inspirations nouvelles, et qui ne peut se résigner à recommencer éternellement la même chose comme un ouvrier qui toute sa vie fabrique la même pièce d'une machine. Mais sa vocation vraie et primitive subsistait sous ces transformations apparentes, et elle ne retrouvait son génie que lorsqu'elle prenait son essor et écrivait, non pas des pièces qui devaient se jouer en trois heures dans des décors toujours insuffisants à rendre le charme et la beauté de ses rêves, mais des récits qui se déroulaient librement à travers le temps et l'espace, dans des paysages humbles ou grandioses, avec le ciel pour toile de fond.

LE THÉATRE DE MUSSET

I

MUSSET ET LE ROMANTISME.

Musset, dans les *Lettres de Dupuis et Cotonet*, s'est agréablement moqué du romantisme, et s'est efforcé de prouver que ce n'était qu'un mot. En effet, dit-il, les prétendues innovations de 1830, suppression des unités théâtrales, mélange du sérieux et du comique, ne sont au fond que des vieilleries qu'on a essayé de rajeunir. A part un Moyen Age de convention et un vague mysticisme, les auteurs modernes ne nous apportent à peu près rien de nouveau. Il serait naïf de prendre cette démonstration au sérieux ; c'est une satire et rien de plus. A toutes les révolutions littéraires, il serait possible d'opposer de pareilles fins de non-recevoir, et avec un peu de souplesse d'esprit, on arrive toujours à montrer que le neuf n'est que du vieux. C'est à peu près ainsi que M. Jules Lemaître a prouvé naguère que les nouveautés d'Ibsen, Tolstoï, et *tutti quanti*, étaient déjà dans George Sand.

Le romantisme n'est pas une doctrine parfaitement cohérente et aisée à définir, ç'a été plutôt un état d'esprit assez complexe, et qui s'est traduit sous des formes assez différentes les unes des autres. *Hernani* et *La Chronique de Charles IX*, *Indiana* et *La Tour de Nesle*, *Chatterton* et *Rolla* s'y rattachent également. Le goût de la couleur, celui des sensations fortes, des tentatives de réalisme dans la forme se combinant avec un idéalisme extravagant dans les idées et les sentiments, l'outrance dans la pensée et surtout dans la passion, voilà quelques-uns des traits qui caractérisent cette époque curieuse. Or il suffit de parcourir les premières poésies de Musset pour voir à quel point il a subi l'influence de son milieu et de son temps. Quelle ardeur de néophyte! et comme il a hâte d'épuiser toutes les sources d'inspiration qui ont récemment jailli du sol! Il se moquera, dans *Namouna*, des faiseurs d'orientales qui décrivent

Quelque ville aux toits bleus, quelque blanche mosquée.

Mais qu'avait-il fait autre chose à ses débuts? Dans *Don Paez* et ailleurs, n'a-t-il pas payé son tribut au goût du jour pour la couleur et pour l'exotisme? Mais ce qui rapproche surtout Musset des romantiques ses contemporains, c'est l'idée qu'il se fait de la passion, de sa beauté propre et des droits qu'elle confère. Qu'est-ce que Frank et Rolla, sinon les héros de la passion effrénée, qui prennent plaisir à fouler aux pieds tous les préjugés bourgeois et surtout la morale? Ces personnages ont au front le signe caractéristique du héros romantique, la révolte contre les conventions sociales. Ils en ont un autre signe, c'est la tristesse incurable. Ils portent tous leur cœur en écharpe, et se glorifient de leur souffrance comme d'un privilège qui les tire hors de pair et les distingue du troupeau. Il y a, il est vrai, une différence entre Musset et les autres romantiques, c'est qu'il se raille lui-même et ne prend pas au sérieux ses propres créations. *Mardoche* n'est qu'une longue gouaillerie, et il y a une gaminerie voulue dans la Préface de *La Coupe et les lèvres*. Mais là même Musset avait un précurseur, et Byron, devant lequel tous les romantiques s'inclinent respectueusement, lui avait tracé la voie. D'ailleurs, il ne faut pas plus se faire illusion dans un sens que dans l'autre, et l'on se tromperait tout autant à croire que Musset n'est jamais sérieux qu'à croire qu'il l'est toujours. Il y a de l'affectation dans son scepticisme. Prenez, par exemple, *La Coupe et les lèvres* : la dédicace est une raillerie de tous les principes. Tournez quelques pages et lisez le monologue de Frank. Les tourments de l'âme qui s'y font jour à travers bien des déclamations ne s'accordent guère avec cet étalage d'incrédulité railleuse et souriante. Où sont les vrais sentiments de Musset? Cela dépend des moments, et je ne vois pas de raison pour exiger d'un poète, surtout d'un poète de vingt ans, cet accord constant avec lui-même qu'on ne trouve pas toujours chez un philosophe.

Tout ce que je prétends retenir de ce qui précède, c'est que Musset, tout en se moquant des romantiques, fut un des leurs. Mais il en est de lui comme de tous ceux qui, dans ce groupe, avaient une vraie valeur : sous la rhétorique de l'école et à travers les développements de convention, son originalité se laisse entrevoir. M. Faguet a insisté avec raison sur l'importance des stances :

> J'ai dit à mon cœur, à mon faible cœur...

qui expriment si fortement ce goût passionné de sentir et de souffrir, une des sources profondes de l'inspiration du poète. Plus d'une fois, à travers les affectations à la mode et sous un byronisme de convention, on sent déjà le dédain du convenu, du banal, du faux, cet « amour pour l'âpre vérité » que plus tard il devait louer chez Molière, et qu'il sentait dès lors si vivement en lui-même. Ce qu'à ses débuts il a d'outré, par conséquent de faux, dans la forme, trahit souvent un effort mal concerté, mais sincère et impatient, vers le vrai.

Nul poète plus que lui n'a vécu ses vers; il n'a pas fait deux parts de lui-même, et il a été romantique dans sa vie comme dans ses premiers écrits. Les détails nouveaux que Mme Arvède Barine nous a donnés sur le séjour à Venise et sur l'amour à trois entre George Sand, Musset et Pagello, éclairent admirablement ce côté de sa nature. Que l'on relise, à la lueur de ce témoignage, *La Confession d'un enfant du siècle*, *Rolla, La Coupe et les lèvres, Namouna*, on aura tous les documents nécessaires pour bien comprendre la nature du poète et le caractère de ses premières poésies. Avant même d'avoir connu le grand amour, celui qui lui inspira ses pièces immortelles, il avait cherché dans des aventures vulgaires les émotions fortes dont il avait besoin. La théorie dangereuse contenue dans les fameux vers :

> Aimer est le grand point, qu'importe la maîtresse ?
> Qu'importe le flacon, pourvu qu'on ait l'ivresse ?

il l'avait pratiquée avant de la prêcher, et dans son ardente recherche de la volupté, il avait appris à connaître ce dégoût dont il se sentait mourir. Dégoût du plaisir, dégoût de lui-même. Remords aussi, mais accompagné du sentiment profond qu'il ne remonterait jamais la pente qu'il avait descendue. Le morceau célèbre :

> Ah! malheur à celui qui laisse la débauche
> Planter le premier clou sous sa mamelle gauche!

exprime ce sentiment avec force, et il est essentiel pour comprendre, non seulement *La Coupe et les lèvres*, mais la plus grande partie de l'œuvre de Musset.

Ce qui le distingue surtout des romantiques, c'est que les souffrances de ses héros sont senties plus qu'imaginées. Sans doute, il a lui-même décrit la maladie du siècle, et, dans ses traits essentiels, c'est bien la même qu'on trouve chez les Hernani et les Didier, les Antony, les Bénédict, comme chez le René de Chateaubriand, le Manfred de Byron. Musset a même essayé de remonter aux causes de ce mal, et il les a trouvées principalement dans l'inaction de la jeunesse après 1815, succédant à l'activité fiévreuse des contemporains de Napoléon. Mais est-ce bien de ce mal-là que souffrent ses héros à lui? Est-ce que Frank et Rolla ne sont pas profondément différents des autres héros de roman et de drame dans cette même période? Si; il y a une différence essentielle : c'est que les personnages de Musset souffrent de leurs propres fautes, et qu'ils le savent. Leur plaie incurable, c'est la débauche. Il y a là moins de grandeur sans doute, mais peut-être plus de vérité.

C'est en regardant en lui-même, c'est en écoutant ce que lui disait sa conscience aux heures de remords tardifs et de lucidité, que Musset a conçu son poème de *La Coupe et les lèvres*. Il l'a appelé poème dramatique, et ce nom est justifié. Ce qui en fait le véritable intérêt, c'est la peinture de l'âme de Frank et de la destinée dont il est lui-même l'ouvrier. Il a conquis l'indépendance, la fortune et la gloire; mais son cœur aspire à autre chose; le bonheur semble à sa portée, il n'a qu'à étendre la main pour le saisir, mais entre le bonheur et lui se dressent ses fautes; Monna Belcolor tue Déidamia. Voilà l'idée générale; pour l'empêcher de rester une pure abstraction, qui aurait pu servir de soutien à un poème symbolique, non à un drame, il nous a fait passer par la série des sentiments que traverse Frank depuis le moment où il prend en dégoût sa modeste et innocente vie de chasseur, jusqu'au jour où il s'aperçoit qu'il a été chercher bien loin et inutilement le bonheur qui l'attendait à son foyer.

Ce qui est bien remarquable, ce qui prouve chez Musset une vocation dramatique, c'est que la liberté très grande que lui laissait sa conception n'a pas fait tort à l'unité de son œuvre. Ce qui est faible dans son poème, c'est la couleur locale; la peinture du Tyrol est faite de chic; le poète a pris le Tyrol comme il aurait pu prendre l'Écosse, l'Allemagne ou l'Italie; ce n'est pas les montagnes et les lacs qui l'intéressent, c'est l'âme, et non pas celle des montagnards chez lesquels il a placé son action, mais celle de son héros, qui visiblement n'est pas plus tyrolien que français ou espagnol. C'est un jeune homme au tempérament ardent, un homme d'action, mais en même temps un homme de pensée et de rêverie. Musset a mis en lui à la fois ce qu'il aurait voulu être et ce qu'il était; il s'est contenté de simplifier la vie, et en réduisant la part des événements, de faire plus grande celle de la pensée. Or cette pensée, ce n'est pas le lieu commun qu'exprime l'épigraphe du poème : Entre la coupe et les lèvres, il reste encore de la place pour un malheur; c'est cette idée que nous faisons nous-mêmes notre destinée, que ce n'est pas du dehors que nous sommes punis, mais que nous trouvons notre punition dans les conséquences fatales de nos actes. Et cette vérité générale est particularisée comme il convient dans un drame, où les idées doivent se personnifier dans les caractères individuels. C'est ainsi que le débauché Frank sera frappé dans son bonheur par la courtisane Belcolor, c'est-à-dire par la débauche même.

Si j'ai insisté sur ce poème, c'est pour deux raisons : d'abord, par sa couleur byronienne et mélodramatique, il caractérise bien la première période de la vie littéraire de Musset ; ensuite, il est bien réellement la première ébauche de ce que sera son théâtre, et l'on peut dire que l'inspiration fondamentale en est analogue à celle de la plupart de ses pièces.

Parmi ces pièces, les seules qui comptent ont été écrites, sauf *Carmosine*, de 1833 à 1836. On pourrait en conclure *a priori* que la date de chacune d'elles n'a pas une grande importance, et qu'on peut retrouver dans toutes des idées et des sentiments analogues. Et c'est ce que confirme l'étude de ces pièces faite de près et avec soin. Il n'y a donc pas à tenir grand compte de leur ordre chronologique, et il vaut mieux les classer suivant leur contenu, suivant les idées qu'elles expriment et la forme particulière que l'auteur leur a donnée.

II

LORENZACCIO.

Musset a écrit deux drames, très différents l'un de l'autre, mais surtout de valeur très inégale : *An-*

dré del Sarto et *Lorenzaccio*. *André del Sarto* n'est certes pas une œuvre méprisable. Elle respire, comme presque tout ce qu'a écrit l'auteur, l'amour de la vérité. Le choix du héros s'explique par la prédilection de Musset pour l'art et pour les grands artistes de la Renaissance italienne. Il s'explique aussi par la sympathie pour une nature où il sentait une certaine analogie avec la sienne. Peindre une âme désorganisée, rongée, comme détruite par un amour qui est une maladie, mettre en contraste la profondeur de cet amour et l'indignité de la femme qui en est l'objet, on comprend que cela ait tenté un poëte. Mais sa pièce n'est guère qu'une esquisse. Le rôle d'André est le seul qui soit dessiné, et l'action dramatique est tout à fait insuffisante. Par exemple, la scène entre André et Cordiani au quatrième acte, n'est guère autre chose qu'un long monologue d'André, qui étale aux yeux de Cordiani le crime commis contre l'amitié, comme Auguste reproche sa faute à Cinna ; avec cette différence, que la scène de Corneille a une gradation et une conclusion qui manquent absolument à celle de Musset.

Lorenzaccio n'a pas été écrit pour être représenté, mais c'est une pièce essentiellement dramatique, et l'on conçoit très bien qu'avec certains changements elle peut être jouable. Dans tous les cas, l'intérêt qu'elle produit est bien de la nature de celui qu'excite le théâtre. Pour le comparer avec des œuvres du même ordre, de forme dramatique, mais écrites par l'auteur sans l'idée qu'elles pussent être jouées, par exemple les *Scènes historiques*, de Vitet, ou l'*Abélard*, de Ch. de Rémusat, c'est du second, non des premières, qu'on pourrait justement le rapprocher. Car tandis que, pour Vitet, la forme dramatique n'est qu'un moyen de rendre l'histoire plus vivante en ajoutant à ce qu'elle nous apprend ce qu'elle nous permet de deviner, Musset, comme Rémusat, ne s'intéresse à l'histoire que comme à une illustration de la nature humaine; pour l'un Abélard et saint Bernard, pour l'autre Lorenzaccio et Alexandre de Médicis, sont moins des personnages historiques que des exemplaires curieux de l'humanité.

Le drame de *Lorenzaccio*, c'est en un certain sens un drame romantique, mais il ne ressemble guère à ceux qu'on vit éclore aux environs de 1830. Musset était encore romantique en ce sens qu'il n'était pas encore réconcilié avec les classiques. Je sais bien qu'il a écrit dès 1831 :

> Racine, rencontrant Shakspeare sur ma table,
> S'endort près de Boileau qui leur a pardonné.

Il n'en est pas moins vrai que Shakspeare à ce moment fait grand tort à Racine, et que c'est l'influence du premier, non celle du second, qui se fait sentir dans sa pièce. Elle est écrite suivant la poétique du temps, sans aucun souci des unités; le sérieux et le familier, le ton bouffon et le style noble s'y mêlent ou s'y succèdent sans cesse. Qu'est-ce donc qui fait que ce drame ressemble si peu à ceux de V. Hugo ? Il y a dans les drames de Hugo deux éléments qui semblent incompatibles ; c'est la fantaisie la plus audacieuse, les plus grandes libertés prises avec l'histoire, et en même temps un sentiment profond de la couleur historique, et un don merveilleux de reconstitution d'une époque. *Ruy-Blas* est le roman le plus invraisemblable et en même temps une peinture saisissante de l'Espagne au temps de Charles II. *Les Burgraves* donnent la sensation de l'Allemage du moyen âge; *Marion Delorme*, de Paris au temps de Louis XIII. Ce qu'il y a souvent de plus faible dans les drames de V. Hugo, c'est le caractère du héros. Quelles étranges marionnettes qu'Hernani, Didier, Ruy-Blas! Magnifique éloquence, mais de caractères point. Musset, au contraire, a conçu sa pièce en vue du caractère de son héros, et c'est certainement par là qu'elle nous intéresse.

Nous n'en sommes plus à croire aujourd'hui qu'il y a une psychologie à l'usage des romantiques et une à l'usage des classiques; déjà Musset, dans un passage célèbre, avait rapproché Racine de Shakspeare. Il est vrai que dans le même passage il avait fait entre Calderon et Mérimée un rapprochement assez contestable. Mais, pour Racine et Shakspeare, le fond de la pensée est vrai. Ce qui les sépare le plus profondément, c'est la forme de leur drame. Shakspeare donne plus à l'action, et essaye de reproduire la réalité dans sa multiplicité et sa variété. Ce n'est pas assez pour lui de faire vivre des âmes; il veut montrer comment les sentiments et les passions s'insèrent dans la trame de notre existence, comment ils intéressent même le détail et l'extérieur de notre vie; ce n'est, par conséquent, qu'en nous donnant la sensation de cette vie qu'il atteindra à ce qu'il considère comme la vérité. Il est donc obligé de multiplier les personnages et les épisodes, et l'unité d'impression, qui est la loi pour lui comme pour Racine, doit se concilier avec cette richesse et cette variété de sensations par lesquelles nous nous sentons vivre.

C'est dans le système shakspearien que Musset a écrit sa pièce. Au lieu de concentrer l'intérêt sur trois ou quatre acteurs principaux, comme le font les classiques, il le disperse sur une trentaine de personnages, dont quelques-uns sont les héros de son drame, dont les autres, qui ne figurent que dans une scène ou deux et n'ont quelquefois qu'un mot à dire, sont là comme des décors vivants, destinés à préciser le lieu et le temps de l'action, à nous indiquer dans quelles circonstances, au milieu de quelles mœurs, le caractère de Lorenzo s'est développé et ses projets ont pu prendre naissance.

Le danger de ce système dramatique, c'est qu'en cherchant à peindre la vie, on peut oublier de dégager l'idée essentielle qui est l'objet même et la raison d'être de l'ouvrage. Il faut se tenir à égale distance de la sécheresse et de la surabondance. On ne doit faire place, parmi les traits de mœurs qui peignent un peuple et une époque, qu'à ceux qui nous aident à comprendre l'action particulière dont il s'agit et le héros auquel on veut nous intéresser. Dans le cas actuel, l'auteur essaye de nous faire voir à quel misérable état la tyrannie a réduit Florence, pour quelles causes cette tyrannie se maintient, et en même temps comment l'idée de se débarrasser du tyran a dû se présenter à plus d'un esprit. Je ne dis pas que tout, dans le tableau que nous présente Musset, soit d'une nécessité rigoureuse. La séduction de la marquise de Cibo par Alexandre, séduction favorisée par le cardinal Cibo son beau-frère, n'a certainement aucun rapport direct avec l'action ; Musset a probablement cédé au plaisir de nous peindre un cardinal d'alors, sans préjugés et sans conscience, et de nous montrer le rôle qu'une aventure d'alcôve pouvait jouer dans la politique. La scène, charmante d'ailleurs, où le jeune peintre Tebaldeo nous dévoile son âme d'artiste naïf, restée intacte au milieu de la corruption générale, semble aussi purement épisodique. Mais ces scènes-là sont rares, et en général les peintures de mœurs ont un intérêt dramatique. Comme Musset n'écrivait pas pour être joué, mais seulement pour être lu, il n'a pas pris le soin de lier ces scènes les unes aux autres, et surtout de marquer par une gradation sensible que l'action marche, que le projet de Lorenzo mûrit, que le dénouement approche. Mais, en multipliant les scènes et les personnages, il varie nos points de vue : tantôt il nous fait assister à la sortie d'un bal au palais Nasi ou à la fête religieuse et populaire de Mont Olivet, et c'est pour lui l'occasion de nous peindre par un bout de dialogue, par un simple mot, les bourgeois conservateurs ou révolutionnaires, les gens du peuple, les écoliers, les gentilshommes. Ici, c'est le duc de Florence qui, accompagné de son coupe-jarret Giomo, vient enlever la nuit une fille d'artisan ; ailleurs, c'est la dernière troupe des bannis qui quitte la ville en la maudissant.

C'est l'état moral de Florence, bien plus que son éclat artistique ou le côté pittoresque de ses mœurs, que Musset nous a représenté. Florence a été récemment une république, et elle s'en ressent encore ; les citoyens ont encore de la fierté et osent quelquefois parler de leurs droits. Ce qui fait la force du despote brutal que l'accord de Charles-Quint et du pape leur a imposé, ce n'est pas seulement la garnison étrangère établie dans la citadelle, c'est que les mœurs sont en décadence, c'est que la mollesse domine chez les uns, l'ambition chez les autres, et surtout qu'ils ne s'entendent pas pour résister à l'oppresseur commun. Les familles nobles, les Ruccellaï, les Aldobrandini, les Strozzi, frémissent sous le joug, mais elles sont trop divisées pour permettre à l'une d'elles de prendre la tête du mouvement. D'ailleurs, la cruelle expérience des désillusions antérieures leur a ôté la confiance et le goût d'agir. Ceux qui sont capables de frapper un coup sont des têtes brûlées comme Pierre Strozzi ; ceux qui, comme son père le vieux Philippe, ont à la fois de la tête et du cœur et pourraient être des chefs véritables, sont trop découragés pour entreprendre quoi que ce soit ; ils craignent que, le lendemain de la chute du tyran, une autre tyrannie ne renaisse, et ils savent que c'est eux, leurs enfants, leurs amis, qui seraient les premières victimes d'une réaction. Ainsi, chez le peuple, de l'indignation, des murmures, mais tout s'évapore en paroles ; chez les nobles, de l'indifférence, de l'égoïsme ou du découragement ; tel est, en résumé, le tableau que Musset nous présente.

Mais ce tableau n'est fait que pour encadrer la figure de Lorenzaccio, car c'est elle qui avant tout intéressait l'auteur et qui lui avait suggéré l'idée d'entreprendre sa pièce. Ce qui passionne dans un caractère de ce genre, c'est ce qu'il a de mystérieux, c'est le problème psychologique qu'il nous pose. En effet, qu'est-ce que l'histoire nous apprend sur Lorenzo de Médicis ? Qu'il assassina son cousin Alexandre, duc de Florence, le 6 janvier 1537. On sait de plus que, pour gagner la confiance d'Alexandre, il s'était fait son complaisant et son entremetteur. On sait enfin que ce fut un meurtre inutile, car au despote assassiné en succéda un autre, moins brutal et plus rusé, Cosme de Médicis. Il y a, dans ces renseignements que nous donne l'histoire, de quoi exciter notre curiosité, mais non pas de quoi la satisfaire. Lorenzo de Médicis était-il un Brutus, se faisant le flatteur d'un nouveau Tarquin pour le frapper plus sûrement ? C'est la conception qu'Alexandre Dumas a adoptée dans son drame de *Lorenzino*, joué en 1842, et dont le sujet est le même que celui de Musset. Mais, si c'est là une conception qui paraît naturelle, la première qui se présente à l'esprit et celle qui semble le mieux d'accord avec les faits, que d'objections ne soulève-t-elle pas ! On nous dit que Lorenzo a le cœur pur et qu'il a vécu dans la débauche, qu'il est ardemment républicain et qu'il s'est fait le délateur des républicains, le serviteur d'un tyran. Cela est-il possible ? Pour tromper Tarquin, Brutus a contrefait l'insensé, mais il ne s'est pas fait le valet dévoué et sans scrupules du despote. L'homme qui pendant des mois se sera fait le pourvoyeur et l'espion du duc Alexandre aura-t-il, le jour venu, l'énergie de le frapper?

Et cependant les faits sont là ; on peut essayer de les interpréter, mais on ne peut les supprimer; tout invraisemblable que paraisse la conduite de Lorenzo, il faut bien admettre qu'il l'a tenue. Ne peut-on pas l'expliquer en se représentant quelle éducation il avait reçue des hommes, des mœurs, des idées de son temps? Figurons-nous un jeune Florentin de noble race, tout enflammé des souvenirs classiques, et qui a, comme Lorenzo, composé une tragédie de *Brutus* en sortant du collège. Il est nourri des anciens, mais il est nourri aussi de Machiavel, et c'est au moyen des doctrines du *Prince* qu'il a commenté Tite-Live et Plutarque. Il se dit que la politique et la morale sont deux ; que dans un monde corrompu et sanguinaire la vertu pure et farouche est une duperie ; que, pour assurer la liberté et le salut de l'Etat, il ne s'agit pas de faire la petite bouche, qu'il faut employer les moyens efficaces et surtout ne pas avoir peur des mots. Pour conquérir le titre de libérateur de l'Italie, tous les moyens lui seront bons. Il a voulu d'abord tuer le pape Clément VII, un Médicis comme lui; mais on l'a banni de Rome avant qu'il eût pu faire son coup. Il est donc venu à Florence, et il s'est insinué dans la faveur du duc Alexandre, on sait par quels moyens.

Les insultes des Florentins, le mépris de ses amis et de ses parents, le dégoût que sa conduite lui inspirait à lui-même, il a tout supporté dans l'attente du jour désiré où il tuera le duc, et où du même coup il reconquerra, avec sa propre estime, la reconnaissance de ses concitoyens.

Ainsi conçu, Lorenzo n'est pas un Brutus, c'est un imitateur de Brutus, ce qui est différent, et ce qu'il y a de paradoxal dans sa conduite, ce mélange de nobles motifs et de vilaines actions qui la caractérise, peut s'expliquer par les influences de l'éducation, par les idées de son pays et de son siècle, en même temps que par une certaine exaltation maladive qui lui est naturelle. L'originalité de Musset consiste à ne pas s'en être tenu là. Après avoir cherché comment Lorenzaccio avait pu concevoir son étrange résolution, il a voulu étudier les effets que cette résolution même a pu produire dans son esprit et dans son âme. Admettons qu'au début Lorenzo n'ait écouté que l'amour de la patrie, et qu'il se soit persuadé qu'on pouvait rester pur en se faisant le complaisant d'un débauché sans scrupules. Mais son illusion n'a pu être de longue durée; à jouer le rôle d'un ruffian on entre peu ou prou dans la peau de son personnage, et un jour vient où l'on s'aperçoit qu'on a pris l'habitude du vice, qu'on l'a dans les moelles et qu'on n'en guérira plus. Ce n'est pas tout. A mesure qu'il faisait son métier de corrupteur, Lorenzaccio a appris à connaître les hommes, et il est effrayé de ce qu'il a découvert en si peu de temps. Beaucoup sont méprisables, la plupart sont médiocres ; les honnêtes gens n'ont pas l'énergie qu'il faudrait pour triompher des coquins habiles. Il pourra bien tuer le tyran, mais comment empêcher la tyrannie de renaître de ses cendres? Ce peuple que Lorenzo a voulu affranchir n'est pas digne de la liberté : il n'a ni le désintéressement ni le courage qui permettent de fonder une république durable.

A quoi bon alors ? S'il ne croit plus ni aux autres ni à lui-même, pourquoi persiste-t-il dans son projet? N'est-ce plus qu'une idée fixe, une manie ? C'est la question que lui pose Philippe Strozzi, dans une scène du troisième acte qui est la scène capitale de l'ouvrage. Philippe, honnête homme, bon citoyen, est un des rares Florentins qui aient conservé pour Lorenzaccio quelque sympathie. Il est persuadé qu'il vaut mieux que les apparences, et qu'il poursuit un but élevé et mystérieux. Lorenzo vient de lui ouvrir le fond de son cœur, et Philippe lui demande pourquoi il veut tuer le duc, s'il croit ce meurtre inutile :

LORENZO. — Tu me demandes pourquoi je tue Alexandre? Veux-tu donc que je m'empoisonne ou que je saute dans l'Arno?... Songes-tu que ce meurtre, c'est tout ce qui me reste de ma vertu?... Oui, cela est certain, si je pouvais revenir à la vertu, si mon apprentissage de vice pouvait s'évanouir, j'épargnerais peut-être ce conducteur de bœufs. Mais j'aime le vice, le jeu et les filles; comprends-tu cela? Si tu honores en moi quelque chose, toi qui me parles, c'est mon meurtre que tu honores, peut-être justement parce que tu ne le ferais pas. Voilà assez longtemps, vois-tu, que les républicains me couvrent de honte et d'infamie ; voilà assez longtemps que les oreilles me tintent et que l'exécration des hommes empoisonne le pain que je mâche... J'en ai assez d'entendre brailler en plein vent le bavardage humain ; il faut que le monde sache un peu qui je suis et qui il est... que les hommes me comprennent ou non, qu'ils agissent ou qu'ils n'agissent pas, j'aurai dit tout ce que j'ai à dire... qu'ils m'appellent comme ils voudront, Brutus ou Erostrate, il ne me plaît pas qu'ils m'oublient. Ma vie entière est au bout de ma dague, et que la Providence retourne ou non la tête en m'entendant frapper, je jette la nature humaine pile ou face sur la tombe d'Alexandre ; dans deux jours, les hommes comparaîtront devant le tribunal de ma volonté.

Cette tirade est curieuse, et si elle n'éclaire pas complètement l'âme de Lorenzaccio, elle nous aide à comprendre comment Musset a composé son personnage. Il est visible qu'il a craint par-dessus tout de le faire trop simple, et peut-être bien qu'il l'a compliqué au point de le rendre peu intelligible. On comprend bien que Lorenzaccio, même dégoûté de lui-même, même désillusionné sur les hommes, persiste à commettre un meurtre où il voit son rachat et sa justification. On a beau mépriser les hommes, il est bien rare qu'on renonce absolument à être estimé ou admiré d'eux. Mais la fin de la tirade semble contradictoire avec le commencement. Qu'on m'appelle Brutus ou Erostrate, dit Lorenzo, que m'importe ? Il n'aurait donc voulu que faire du bruit dans le monde, et, grand citoyen ou destructeur imbécile, s'il y avait réussi, il serait content. Il est fort possible que le vrai Lorenzaccio ait pensé ainsi, que l'amour de la liberté n'ait été pour rien dans sa conduite, que ç'ait été un virtuose du crime ou une tête vide, ambitieuse de la renommée à tout prix. Mais, entre cette conception et celle que nous avons exposée plus haut il faut choisir. Lorenzaccio ne saurait être ces deux hommes à la fois, sous peine de n'être plus rien du tout.

Il ne faut sans doute pas attacher trop d'importance à quelques mots détachés d'une scène, et il vaut mieux se reporter à l'ensemble du rôle pour saisir la vraie pensée de Musset. On peut admettre aussi qu'à mesure que l'heure du meurtre approche, Lorenzo est en proie à une exaltation nerveuse qui par moments touche à la folie, et qui peut lui faire dire ou faire d'étranges choses ; qu'à la fin de cette conversation avec Strozzi, où il a regardé douloureusement jusqu'au fond de lui-même, il lui arrive d'outrer, de fausser sa pensée. Est-ce plus étonnant que de le voir, au moment d'aller tuer Alexandre, se mettre à danser dans la rue et crier aux passants ce qu'il va faire? Il paraît certain aussi qu'il y a dans tout cela de la littérature, de l'imitation plus ou moins consciente, et que le souvenir d'*Hamlet* a hanté l'esprit de Musset pendant qu'il traçait le caractère de son héros. Son Florentin de la Renaissance semble pressentir Shakspeare, et il y a dans sa rêverie plus de mystère, dans son âme plus de brumes et d'obscurités qu'on n'en attend d'une âme italienne. Peut-être aussi y a-t-il plus d'amertume et d'ironie, et, chez un homme d'action, excès de méditation oisive. Je crois que Musset, après avoir conçu très nettement son personnage, s'est laissé aller, en le composant, à y verser beaucoup de ses propres pensées et de ses propres sentiments, et que, s'il y a de l'Hamlet dans son héros, il y a aussi de l'homme de notre temps. Il semble même que Musset y ait mis des souvenirs personnels, et le spectre de Lorenzo, dont il est question dans la scène IV du deuxième acte, rappelle singulièrement celui dont il est question dans la *Nuit de décembre*. D'ailleurs, dans l'intérêt que nous inspire le personnage de Lorenzaccio, les confidences que Musset, à dessein ou à son insu, nous fait sur lui-même entrent certainement pour beaucoup; ce mélange de l'imagination qui reconstruit ce personnage sur quelques données historiques, avec des souvenirs personnels et les pensées propres au poëte qui viennent s'y ajouter, contribue au charme et à l'originalité de la pièce.

III

LES COMÉDIES DE MUSSET.

Si l'on cherche à mettre dans l'étude du théâtre de Musset un certain ordre et une certaine logique, c'est *Fantasio* qui paraît se placer le plus naturellement à côté de *Lorenzaccio*. Et cela soit à cause du contraste qui éclate entre les deux pièces, soit à cause des ressemblances qu'on peut trouver entre elles. Il y a dans *Lorenzaccio* un fond historique; tout dans *Fantasio* est aussi purement imaginaire qu'un récit des *Mille et une Nuits*. *Lorenzaccio* est un drame sombre; *Fantasio* est une comédie capricieuse et folle. *Lorenzaccio* est une œuvre compliquée; *Fantasio* est fait avec rien. Voilà pour les contrastes.

Quant à la ressemblance, elle est dans le caractère des deux héros. Et cette ressemblance, qui n'empêche pas une quantité de différences, c'est que Lorenzaccio et Fantasio conçoivent la vie comme un rêve, et qu'ils ont horreur de la réalité. Si l'on ne tient pas compte de ceci en étudiant le caractère de Lorenzaccio, on le trouvera contradictoire et absurde. Si au contraire on considère que c'est un être foncièrement imaginatif, qui répugne à voir le monde tel qu'il est et qui meurt d'être obligé de le voir, on pourra trouver la conception étrange, mais non inintelligible. Eh bien! au lieu d'un Florentin de la Renaissance jeté dans un conflit tragique, représentez-vous un étudiant allemand qui se divertit à jouer un rôle dans une aventure semi-sentimentale, semi-comique, vous avez Fantasio.

Paul de Musset, dans la biographie de son frère, raconte qu'Alfred de Musset se moquait des imitateurs qui essayaient de copier la désinvolture, l'air cavalier et paradoxal de quelques-unes de ses premières poésies. « Les imprudents, disait-il, ils ne savent pas tout ce qu'il faut de bon sens pour oser n'avoir pas le sens commun. Mais le bon sens, le tact, l'esprit et l'imagination ne servent de rien si l'on n'a pas surtout et avant tout beaucoup de cœur. La fantaisie est l'épreuve la plus périlleuse du talent; les plus habiles s'y fourvoient comme des écoliers, parce que leur tête est seule de la partie. Ceux qui sentent juste et vivement peuvent se livrer au dangereux plaisir de laisser leur pensée courir au hasard, sûrs que le cœur est là qui la suit pas à pas.

Mais les gens qui manquent de cœur se noient infailliblement s'ils ont une fantaisie ; une fois lancés à l'aventure, ils ne peuvent plus se rattacher à rien parce qu'ils n'ont pas de point fixe dans l'âme. » En admettant même que Musset se soit laissé aller à faire la théorie de son talent, il y a dans ses observations une grande part de vérité, et cette vérité est de celles qui ne se révèlent pas aux critiques de profession, mais qu'un poète découvre par l'expérience de son art.

La première scène de *Fantasio* est étincelante d'esprit et de fantaisie ; mais ce ne serait après tout qu'un brillant feuilleton si l'auteur n'avait su rattacher les paradoxes de son héros, son dégoût de la vie bourgeoise, ses aspirations vers l'impossible, à quelque chose qui puisse nous intéresser et servir de soutien à une action, si mince soit-elle. Ce quelque chose, c'est le mariage de la petite princesse Elsbeth. On va la sacrifier, suivant l'usage, à la raison d'État, et lui donner pour mari un pompeux imbécile. Fantasio se trouve là à point pour jouer le rôle de Providence. Le hasard lui permet de pénétrer dans le palais ; mais il aurait beau s'affubler de la perruque et de la bosse de Saint-Jean, le bouffon défunt, il ne pourrait pas rester une heure à la cour si le caractère bienveillant et l'humeur romanesque de la princesse ne lui faisaient accueillir avec bonté cet inconnu qui lui rappelle le pauvre bouffon qu'elle aimait. De son côté, Fantasio n'aurait aucune raison de se mêler d'empêcher le mariage d'Elsbeth si, caché dans une chambre voisine, il n'avait vu une larme couler sur sa joue pendant qu'elle essaye sa robe et son voile de noce. Ce grand railleur est, comme il arrive, assez sentimental et, tout en se moquant de son émotion, il s'apitoie sur cette petite et innocente victime de la politique. C'est naturellement par une bouffonnerie qu'il intervient et qu'il la sauve : c'est en pêchant à la ligne la perruque du prince de Mantoue qu'il rompt le mariage de la princesse et qu'il rallume la guerre. Ce tour de page détruisant les combinaisons de la politique, c'est une conclusion ironique à laquelle on pouvait s'attendre dans une pièce de ce genre. Mais cette conclusion ne nous intéresse que dans la mesure où nous nous intéressons déjà à l'héroïne de cette œuvre falote. Or, nous avons vu comme Musset s'y est pris pour nous la rendre sympathique ; c'est son amitié romanesque pour le pauvre bouffon défunt, ce sont les regrets que lui cause sa mort, qui lui gagnent notre cœur et celui de Fantasio. C'est un fond de sentiments délicats et tendres qui se cache sous la forme capricieuse et ironique de la comédie. A côté de cette intrigue semi-sentimentale, il y a dans *Fantasio* toute une partie de bouffonnerie pure où Musset a supposé que le prince de Mantoue, le fiancé d'Elsbeth, emploie, pour se présenter à elle, un stratagème renouvelé des *Jeux de l'amour et du hasard*. Il prend le nom et le costume de son lieutenant Marinoni, lequel remplira provisoirement le rôle du prince. Or, si Marinoni n'est pas un aigle, le prince est tout bonnement une oie. Le héros de Marivaux, sous la livrée d'un valet, conserve toute sa distinction d'esprit et de manières, et Silvia a bien de la peine à défendre son cœur contre lui. Le pauvre prince de Mantoue, au contraire, s'attire incognito camouflet sur camouflet : tantôt c'est sa fiancée qui le prend pour un fou, tantôt c'est son beau-père qui le traite poliment d'imbécile. Mais ce qui caractérise la bêtise pure, telle que Musset a voulu la peindre, c'est justement de n'avoir pas conscience d'elle-même, et tous les mauvais compliments du monde ne persuaderont pas à cet imbécile couronné qu'il puisse être à la fois un prince et un sot. Le comique du rôle naît du contraste éclatant entre ce qu'il est et ce qu'il croit être.

La façon dont le prince déguisé aborde la princesse Elsbeth donnera l'idée de l'espèce de caricature que l'auteur a voulu dessiner :

Altesse, permettez à un fidèle serviteur de votre futur époux de vous offrir les félicitations sincères que son cœur humble et dévoué ne peut contenir en vous voyant. Heureux les grands de la terre! ils peuvent vous épouser, moi je ne le puis pas; cela m'est tout à fait impossible; je suis d'une naissance obscure; je n'ai pour tout bien qu'un nom redoutable à l'ennemi; un cœur pur et sans tache bat sous ce modeste uniforme; je suis un pauvre soldat criblé de balles des pieds à la tête; je n'ai pas un ducat; je suis solitaire et exilé de ma terre natale comme de ma patrie céleste, c'est-à-dire du paradis de mes rêves; je n'ai pas un cœur de femme à presser sur mon cœur; je suis maudit et silencieux.

La Princesse. — Que me voulez-vous, mon cher monsieur? Etes-vous fou, ou demandez-vous l'aumône?

Il y a dans le théâtre de Musset un autre personnage dans le même goût : c'est le baron dans *On ne badine pas avec l'amour.* Ce qui est drôle chez celui-ci, c'est le contraste entre sa gravité pédante, la tenue décente et sévère qu'il croit devoir à son rang, et les événements imprévus qui le démontent à tout bout de champ et l'ahurissent. L'effet comique est dû, là aussi, à l'énormité de la caricature. Voici le langage qu'il tient à son confident, le curé Bridaine, en lui apprenant son projet de marier Perdican à Camille :

Vous savez que j'ai eu de tout temps la plus profonde horreur pour la solitude. Cependant, la place que j'occupe et la gravité de mon habit me forcent à rester dans ce château pendant trois mois d'hiver et trois mois d'été. Il est impossible de faire le bonheur des hommes en général, et de ses vassaux en particulier, sans donner parfois à son valet de chambre l'ordre rigoureux de ne laisser entrer personne. Qu'il est austère et difficile le recueillement de l'homme d'État! et quel plaisir ne trouverai-je pas à tempérer, par la présence de mes deux enfants réunis, la sombre tristesse à laquelle je dois nécessairement être en proie depuis que le roi m'a nommé receveur!

Musset a créé d'autres types grotesques, par exemple, le juge Claudio et son confident Tibia, dans *Les Caprices de Marianne*. Le comique ici est encore plus élémentaire; il naît du coq-à-l'âne, comme dans le dialogue suivant :

Claudio. — Tu as raison, et ma femme est un trésor de pureté. Que te dirai-je de plus? C'est une vertu solide.
Tibia. — Vous croyez, Monsieur?
Claudio. — Peut-elle empêcher qu'on ne chante sous ses croisées? Les signes d'impatience qu'elle peut donner dans son intérieur sont une suite de son caractère. As-tu remar-

qué que sa mère, lorsque j'ai touché cette corde, a été tout à coup du même avis que moi ?

Tibia. — Relativement à quoi ?

Claudio. — Relativement à ce qu'on chante sous ses croisées.

Tibia. — Chanter n'est pas un mal ; je fredonne moi-même à tout moment.

Claudio. — Mais bien chanter est difficile.

Tibia. — Difficile pour vous et pour moi qui, n'ayant pas reçu de voix de la nature, ne l'avons jamais cultivée ; mais voyez comme les acteurs de théâtre s'en tirent habilement.

Claudio. — Ces gens-là passent leur vie sur les planches.

Tibia. — Combien croyez-vous qu'on puisse donner par an ?

Claudio. — A qui, à un juge de paix ?

Tibia. — Non, à un chanteur.

Il y a encore d'autres caricatures, comme celles de maître Bridaine et de maître Blazius dans *On ne badine pas avec l'amour*. Elles rappellent les caricatures antiques, celles d'Aristophane et de Plaute, par la nature même du comique et par la façon dont l'auteur le met en scène. Le comique est simple et grossier ; c'est la goinfrerie, l'ivrognerie, qui s'étalent avec complaisance ou se dissimulent maladroitement, et l'auteur, pour produire le rire, ne craint pas d'insister à plusieurs reprises sur les mêmes effets. Cela touche à la pitrerie, au comique de foire.

Je ne parle ici que des caricatures que Musset a mises dans ses pièces, et non des personnages comiques et peints d'après nature, comme maître André, dans *Le Chandelier* ; Van Buck ou l'abbé, dans *Il ne faut jurer de rien*. Puis, la transition est parfois peu marquée d'un genre à l'autre, et la différence est plus facile à sentir qu'à définir. On peut dire, en général, que les personnages grotesques ont l'air de se moquer d'eux-mêmes, tant ils prennent plaisir à étaler leurs ridicules ; mais ce n'est là qu'une question de mesure ; les personnages vraiment comiques ne diffèrent pas toujours beaucoup à cet égard des grotesques purs. Peut-être pourrait-on dire que ce qui domine dans les peintures grotesques, c'est l'imagination et la fantaisie, que dans les peintures proprement comiques, c'est la raison et le bon sens. Il y a du vrai dans cette distinction ; mais encore est-il loisible à un grand comique comme Molière ou Aristophane de mettre du bon sens au fond de ses bouffonneries, et de faire de la fantaisie l'auxiliaire de la raison.

En général, Musset semble avoir plutôt cherché ses modèles dans Shakspeare. D'abord, comme lui, il place ses personnages dans des cadres purement imaginaires, et il y a de la fantaisie dans la forme, alors même qu'il y a de la réalité dans le fond. Il le rappelle aussi par l'outrance même de quelques-unes de ses peintures et de certains de ses dialogues. Même lorsqu'il peint la nature, il la déguise. Mais les différences ne sont pas moins frappantes que les ressemblances. D'abord Musset reste Français, c'est-à-dire qu'il garde un fond de raison dans ses inventions les plus fantaisistes et les plus grotesques. Shakspeare ose davantage, soit que le public de son temps goûtât plus que celui du nôtre ces fantaisies débridées, soit que son imagination fût plus puissante que celle de Musset. Chez Musset, il y a un fond d'esprit raisonneur et critique; il est satirique autant et plus que comique; il est *subjectif*, il ne s'oublie pas complètement lui-même. Ce qui caractérise au contraire Shakspeare dans le comique comme dans le tragique, c'est son objectivité puissante. Il est à noter aussi que le comique de Musset est toujours près d'être cruel, justement parce qu'on sent que l'auteur juge les fantoches qu'il crée; il y a dans Shakspeare plus de bonté, plus d'humanité vraie, plus de largeur d'esprit. Je ne dis pas qu'il soit indifférent au bien ou au mal, qu'il ne préfère pas l'esprit à la sottise; mais, avant tout, il est observateur et créateur; il aime la nature, la vie, la vérité, et il les rend sans que ses préférences individuelles se marquent dans sa manière de peindre. Le grotesque Falstaff l'intéresse autant que son compagnon le prince Hal, le futur Henri V, absolument comme Iago l'intéresse à l'égal d'Othello. Et cela non pas par système ou par indifférence, — on sent bien qu'il n'y a jamais eu de nature plus vibrante que la sienne, — mais par supériorité de grand artiste. Musset n'en est pas là, et il ne s'agit pas de comparer ses grotesques au Falstaff de *Henri IV*, ou à la nourrice dans *Roméo*, ou à tel autre des bonshommes comiques de Shakspeare. Musset s'en inspire en poète, en homme d'esprit et de goût, et c'est déjà beaucoup pour sa gloire qu'on retrouve dans ses créations spirituelles un reflet de celles du grand maître qu'il admirait.

Rien n'est plus original, dans le théâtre de Musset, que ses petits drames sur l'amour : *Les Caprices de Marianne, On ne badine pas avec l'amour, Le Chandelier.*

L'épigraphe de *Namouna :* « Une femme est comme votre ombre : courez après, elle vous fuit ; fuyez-la, elle court après vous, » conviendrait bien mieux aux *Caprices de Marianne.* Marianne est aimée de Cœlio et le repousse, tandis qu'elle s'éprend d'Octave, qui lui fait la cour non pour lui-même, mais pour son ami. Il est établi que, dans les deux caractères de Cœlio et d'Octave, Musset a représenté les deux côtés de sa nature, capable d'une passion profonde, capable aussi d'insouciance et de folie. Mais, par ce seul fait qu'on dédouble un personnage, il est clair qu'on le change, puisqu'on lui fait perdre de sa complexité. Musset divisé en deux, le libertin et l'homme sentimental, n'est plus Musset, car c'est le mélange de ces deux natures contraires qui lui donnait son originalité. Il faudrait donc, s'il voulait tracer de véritables caractères, qu'il leur rendît d'un côté ce qu'il leur ôte de l'autre. Mais Octave et Cœlio ne sont guère que des indications, et ne devaient pas être autre chose, étant donnée la nature de l'œuvre où ils figurent. Cœlio n'est qu'une ombre, hésitante et légère, qui traverse la scène juste assez pour nous laisser une impression de gracieuse et poétique désespérance ; car ce découragement qui semble annoncer sa mort précoce, cette idée qu'aimant passionnément il n'est pas fait pour être aimé, c'est là vraiment le fond de sa nature. Le caractère d'Octave n'est pas beaucoup plus approfondi ; il a cependant plus de développement, plus de réalité, et j'imagine que c'est chez lui que Musset a mis le plus de lui-même. Le trait significatif, c'est l'amitié tendre et sincère d'Octave pour Cœlio. Octave n'est pas mélancolique, mais il comprend et il admet la mélancolie de son ami, et lorsque Cœlio meurt, il sent bien qu'il enterre avec lui la meilleure partie de lui-même. C'est bien la preuve que, tout au fond de ce débauché, il y a un sentimental, et que Musset ne s'est pas exactement dédoublé : c'est surtout à Octave qu'il ressemble, mais à un Octave à qui l'expérience de la vie ôtera sinon sa verve, du moins une partie de son insouciance et de sa gaieté.

Le personnage de Marianne, s'il faut en croire Paul de Musset, avait, dans la pensée de son frère, quelque chose de symbolique. Ce n'est pas une femme, c'est *la femme* qu'il avait voulu peindre. Et le titre de la pièce indique bien quelle en était l'idée inspiratrice. Caprice, voilà le nom de la femme. Il ne s'agit pas de la mériter, mais de lui plaire. « O femme, trois fois femme ! dit Octave à Marianne. Cœlio vous déplaît, mais le premier venu vous plaira. L'homme qui vous aime depuis un mois, qui s'attache à vos pas, qui mourrait de bon cœur sur un mot de votre bouche, celui-là vous déplaît ! Il est jeune, beau, riche, digne en tous points de vous ; mais il vous déplaît, et le premier venu vous plaira. » A vrai dire, il ne serait pas difficile de répondre. Ce n'est pas la femme qui s'appelle Caprice, c'est l'amour, qui souffle où il veut et qui a ses raisons que la raison ne connaît pas. Symboliser la femme par le caprice, c'est faire une épigramme, ce n'est pas définir sa vraie nature. La prétention de Musset serait donc peu justifiée si, dans une œuvre si mince, il avait voulu résoudre un aussi grave problème. Mais tout porte à croire qu'il n'a pas eu de visées si ambitieuses. Sa Marianne, mariée jeune à un vieux jaloux, parcourt rapidement le chemin qui mène de l'ingénuité à la coquetterie, sinon à la galanterie. Octave ne s'inquiète pas de ses rebuffades, et il a bien raison ; mais il a tort de croire que si la belle Marianne doit désarmer, ce soit au profit de Cœlio. Octave lui a plu tout de suite, sans s'en douter et sans qu'elle s'en doute elle-même. Grâce à la jalousie intempestive du mari et à la résistance loyale d'Octave, ce premier penchant devient un bel et bon caprice, qui peut-être, si l'épreuve se prolongeait, se tournerait en passion. Pourquoi les choses sont-elles ainsi et non autrement ? Pourquoi est-ce Cœlio qui est rebuté, Octave qui est aimé ? Mais aussi pourquoi Cœlio serait-il aimé ? Parce qu'il aime ? La raison n'a jamais passé pour suffisante, et je ne vois pas trop ce qu'on peut répliquer à Marianne lorsqu'elle s'indigne de l'outrecuidance d'Octave, qui a décidé qu'elle aimerait Cœlio. La comédie s'appelle *Les Caprices de Marianne ;* elle pourrait s'appeler tout aussi bien : *L'Amour souffle où il veut.*

Quand nous nous servons du mot de *comédie* pour désigner cette œuvre légère et charmante, c'est faute d'un mot meilleur. Mais, en vérité, cela ne ressemble guère à ce qu'on appelle ordinairement de ce nom, et il n'y a guère que certaines fantaisies shakspeariennes, comme *Le Songe d'une nuit d'été*, qui pourraient en donner une lointaine idée. C'est une rêverie sur l'amour, rêverie à trois personnages, que l'auteur, par un sentiment de secrète harmonie, a placée au bord du golfe de Naples. Là, comme dans certains contes de Boccace, l'image de la mort et du sang accompagne celle de l'amour comme pour la faire mieux ressortir. Un mari qui semble un simple fantoche n'en fait pas moins assassiner l'amant de sa femme, et l'on pourrait dire que l'auteur a mêlé le tragique au grotesque, si l'on pouvait le soupçonner d'avoir voulu nous faire prendre ses personnages au sérieux. Mais ce sont, comme dit Jules Lemaître, des « pupazzi de rêve »; on sent qu'ils appartiennent à un monde imaginaire qui pourtant évoque le souvenir du nôtre. On leur dirait volontiers ce que le Tasse dit aux siens dans les derniers vers de l'*Aminta* : « Allez, tristes amants, dames joyeuses, voici le temps de la paix et du repos; allez avec le silence, allez avec le sommeil, pendant que la nuit verse ses pavots et ses violettes, pendant que le soleil s'enfuit; et si vos pensers ne peuvent s'endormir, que les amoureux soucis vous soient comme un repos paisible; que ni l'aurore ni la lune ne soient témoins de vos plaintes! Le grand Pan vous congédie; taisez-vous, âmes esclaves de l'amour, âmes fidèles et secrètes! »

On ne badine pas avec l'amour, dit Sarcey, c'est *Le Dépit amoureux* avec un dénouement tragique. Et c'est, en effet, un des côtés sous lesquels on peut envisager la pièce. Perdican, dépité de voir que Camille ne l'aime pas, feint, pour se venger, d'aimer Rosette, et Camille à son tour, irritée contre Rosette qui a pris au sérieux les déclarations de Perdican, ne craint pas de lui briser le cœur en lui prouvant que Perdican a menti. Le dépit amoureux est ici un moyen dramatique; mais ce qu'il s'agit surtout de nous montrer, c'est l'égoïsme féroce de l'amour, qui ne respecte rien et qui foule tout aux pieds pour arriver à ses fins. Perdican et Camille ont aussi peu de scrupules l'un que l'autre à jouer avec le cœur de Rosette; c'est trop d'honneur sans doute pour l'humble fille de servir aux plaisirs du châtelain ou d'assouvir les rancunes de la noble demoiselle. Mais, au rebours de ce qui arrive souvent dans la vie, le châtiment suit de près la faute; la pauvre Rosette meurt victime de sa naïveté, et sa mort sépare à tout jamais ceux qui en ont été également la cause en se servant d'elle comme d'un instrument.

Le drame se joue entre Perdican et Camille. Les péripéties en sont brèves et précipitées. Perdican, tout disposé à aimer Camille, est rebuté par sa froideur. Apprenant par une lettre d'elle qu'elle s'est fait un jeu de le réduire au désespoir, il veut s'en venger et il fait en sa présence la cour à Rosette. Mais alors Camille se pique au jeu; elle demande un rendez-vous à Perdican; elle fait que Rosette y assiste en cachette et, quand elle aura forcé Perdican à lui faire une déclaration, elle se donnera le plaisir de lui prouver qu'il a menti à elle ou à Rosette.

Perdican, par bravade, répond que c'est Rosette seul qu'il aime, et que Camille s'est prise à son propre piège. Il feint de vouloir de plus en plus épouser Rosette. Camille, qui est poussée maintenant non plus seulement par l'amour-propre, mais par la jalousie et l'amour, s'obstine à reconquérir son cœur et y réussit. A ce moment retentit un cri. C'est Rosette qui, cachée, a tout entendu, qui se voit trahie et qui meurt.

C'est volontairement que l'auteur a ainsi fait suivre rapidement des scènes que, dans la réalité, un temps plus ou moins long devrait séparer. Il rend l'effet plus saisissant en supprimant les transitions et les détails, et en isolant les sentiments essentiels, les idées fondamentales qu'il veut faire ressortir. Ce qu'il enlève ainsi à l'action, il le reporte sur le développement des caractères. C'est dans la grande scène de la fin du second acte, entre Camille et Perdican, qu'il s'est plu à opposer deux natures différentes, et plus encore, deux conceptions de la vie. Camille a été élevée au couvent; on lui a inspiré l'horreur du monde et la crainte de l'amour; Perdican ne comprend rien à ces vains scrupules; son âme est ouverte à la vie, il aime mieux risquer de souffrir que de languir dans l'indifférence et l'ennui. Il n'y a qu'un amour qui me tente, dit Camille, c'est celui qui est pur, fidèle, éternel, celui que les religieuses jurent à leur céleste époux. L'amour des hommes n'est qu'une ombre et une apparence; quel est le jeune homme qui, après quelques années, se souvienne des maîtresses qu'il a le plus aimées?

N'est-ce pas une indignité et un sacrilège de donner le nom d'amour à ce qui n'est que la vulgaire recherche du plaisir ? A cela Perdican répond : A quoi bon tant raisonner ? Tout cela n'empêche pas l'amour d'être immortel. Quand vous aurez prouvé que les hommes sont méchants et les femmes perfides, il n'en sera pas moins vrai que l'union de ces deux êtres si imparfaits est quelque chose de saint et de sublime. L'amour est ce qui nous fait souffrir, mais c'est ce qui nous fait vivre.

On reconnaît dans la conclusion de cette scène deux idées chères à Musset : la première, c'est que l'amour est beau, que l'amour est sacré par lui-même, quel qu'en soit l'objet ; ensuite, qu'aimer c'est vivre, que nos souffrances passées ne doivent pas nous détourner de chercher des souffrances nouvelles avec de nouveaux plaisirs, et

Qu'il faut aimer sans cesse après avoir aimé.

Dans le rôle de Perdican, il n'est pas douteux qu'il ait mis beaucoup de lui-même, de son ardeur de vivre, de son amour de l'amour, de la fraîcheur de sentiments qu'il associait avec sa précoce expérience. Mais s'il s'est peint lui-même, on ne peut pas lui reprocher de s'être flatté. S'il n'a pas tout dit, il a du moins laissé beaucoup deviner. Si Perdican a raison de reprocher aux religieuses d'avoir trop tôt désillusionné Camille et de lui avoir desséché le cœur, Camille n'a pas tout à fait tort de montrer à Perdican ce qu'il y a de vain dans les amours de la terre, ce qu'il y a de sensualité dans le sentiment, d'insouciance et d'égoïsme dans la passion. Perdican ne tardera pas à justifier cet acte d'accusation, et non seulement Perdican, mais Camille elle-même, qui ne craindra pas plus que lui de marcher sur le cœur de Rosette pour assouvir son amour ou sa rancune. Il y a donc quelque chose de symbolique dans cette pièce. L'aventure quelconque sur laquelle repose la fragile intrigue n'a aucune importance; ce que l'auteur a peint avec force, c'est la cruauté instinctive, l'égoïsme implacable de la passion.

Le Chandelier a été composé autrement que les deux pièces précédentes. Nous savons que c'est le souvenir d'une histoire de sa jeunesse qui a suggéré cette comédie à Musset. Il y a changé bien des choses, et d'abord le dénouement. La vraie Jacqueline était restée insensible à l'amour du jeune homme, qui avait joué jusqu'au bout son rôle de paravent. Qu'il eût gardé un souvenir vivant de cette première blessure, c'est ce que prouve l'accent qu'il a donné aux plaintes de Fortunio. Ici, c'est la réalité qui est le germe de l'œuvre, l'imagination n'est venue qu'après. Certes, il ne faut pas faire fi de l'art que le poète a déployé, des ingénieuses inventions dont il a brodé le fond primitif. Ni le caractère de maître André, ni le personnage de Clavaroche ne sont des créations insignifiantes. La scène du premier acte où maître André vient réveiller Jacqueline, la soupçonne, l'accuse, puis se laisse berner par elle, est à la fois originale et écrite dans le grand goût de Molière. Clavaroche n'est qu'une esquisse, mais qu'elle a de vérité et de relief! Jamais comédie mieux que *Le Chandelier* n'a montré combien le naturalisme faisait fausse route en cherchant l'imitation de la vie dans une reproduction minutieuse du détail. Il est curieux que M. Zola, qui a accordé au *Chandelier* les éloges que la pièce mérite, n'ait pas fait un retour sur lui-même et ne se soit pas demandé si les procédés par lesquels il veut calquer la nature ne risquent pas de nous en donner une image beaucoup moins vraie que la peinture large et hardie de Musset. Regardez comme celui-ci entend l'imitation de la réalité. Voici trois jeunes clercs de notaire qui causent ensemble. Landry, l'un d'eux, a vu pendant la nuit précédente une ombre se glisser dans la maison; était-ce un voleur ou un amoureux? En tout cas, il a averti son patron. Guillaume, le second clerc, trouve que Landry a bien fait; Fortunio est d'un autre avis :

Fortunio. — Landry a fait comme il lui a plu. Que Roméo possède Juliette! Je voudrais être l'oiseau matinal qui les avertit du danger.

Un peu plus loin, Jacqueline, à qui Fortunio dit qu'il lui est tout dévoué, lui répond que, cependant, elle n'est pas connue de lui. Fortunio répond :

L'étoile qui brille à l'horizon ne connaît pas les yeux qui la regardent; mais elle est connue du moindre pâtre qui chemine sur le coteau.

Ce n'est pas là le langage habituel des clercs de notaire, même quand ils sont jeunes et amoureux. Mais aussi Musset n'a-t-il pas prétendu écrire la psychologie du clerc de notaire ; le sien s'appelle Fortunio et ne ressemble guère à la plupart de ses camarades. Ce qui intéresse l'auteur et ce qui nous intéresse nous-mêmes, c'est l'éclosion de l'amour, de la souffrance, de la passion dans une âme de vingt ans. Peu importe que Jacqueline soit une froide coquette, une femme sensuelle dont l'idéal est un capitaine de dragons. Pour Fortunio, pour le petit clerc passionné et rêveur, Jacqueline, c'est la première femme qui a fait battre son cœur, qui a éveillé en lui la poésie ; toute son ambition serait de se faire aimer d'elle, mais c'est à peine si, dans ses songes, il a osé aspirer à tant de bonheur. S'il ne parle pas comme Ruy-Blas, s'il ne s'appelle pas un *pauvre ver de terre amoureux d'une étoile*, il sent comme lui, et il est prêt comme lui à toutes les folies, à tous les sacrifices. Il met Jacqueline si haut dans son imagination, il la transfigure si bien, qu'en apprenant que Clavaroche est son amant, il ne peut en croire ses oreilles, et il a le cœur brisé.

On comprend bien que l'intérêt d'un pareil sujet consiste non dans la reproduction exacte du milieu, mais dans le développement d'une passion qui affranchit le héros de toute la vulgarité ambiante et qui le met de niveau avec les héros de Racine et de Shakspeare. Oui, c'est en réalité d'une tragédie qu'il s'agit, d'une tragédie comme il peut s'en jouer tous les jours dans des milliers d'existences ; devant la souffrance sincère tous les cœurs sont égaux, et lorsqu'au troisième acte, dans sa dernière scène avec Jacqueline, Fortunio oppose son indifférence à l'amour ardent dont il brûle pour elle, il atteint tout naturellement au pathétique le plus profond :

> Quand je vous dis que je vous aime, vous croyez donc que je n'en sens rien? Quand je vous parle de deux ans de souffrances, vous croyez donc que je fais comme vous? Eh quoi! vous me brisez le cœur, vous prétendez vous en repentir, et c'est ainsi que vous me quittez! La nécessité, dites-vous, vous a fait commettre une faute, et vous en avez du regret; vous rougissez, vous détournez la tête; ce que je souffre vous fait pitié; vous me voyez, vous comprenez votre œuvre, et la blessure que vous m'avez faite, voilà comme vous la guérissez! Ah! elle est au cœur, Jacqueline, et vous n'aviez qu'à tendre la main...

On voit comment Musset a tiré d'une aventure assez commune un drame qui s'élève sans efforts au-dessus de la vie de tous les jours, et des effets d'un pathétique à la fois simple et poignant. Son génie le portait vers les sommets : dans les petits faits de l'existence, il aperçoit les lois qui les régissent; il agrandit ainsi et il ennoblit tout ce qu'il touche, et cela sans altérer la vérité, sans fausser les couleurs; le sentiment de la nature et de la vie subsiste toujours sous les transformations que son imagination fait subir aux choses.

La charmante comédie de *Carmosine* devrait être jointe aux autres pièces qu'a suggérées à Musset la peinture de l'amour, si c'était une pièce originale et non une très heureuse adaptation. C'est Boccace qui nous a raconté (et avec quelle grâce noble et simple!) l'amour de Lise Puccini, la fille de l'apothicaire de Palerme, pour le roi don Pèdre. Le joli rôle de Minuccio d'Arezzo, qui sert d'humble intermédiaire entre le roi et la jeune fille, est tout entier dans le récit de Boccace. L'invention chez Musset se borne à deux points, importants il est vrai : la création du personnage de Perillo, le fiancé de Carmosine, et le développement donné au rôle de la reine. En imaginant le personnage de Perillo, l'auteur a trouvé moyen de mieux marquer un trait du caractère de Carmosine : c'est l'égoïsme involontaire de sa passion, qui lui fait compter sur le dévouement de son fiancé comme sur une chose toute naturelle au moment où elle lui refuse tout espoir. Quant à la scène du dernier acte entre la reine et Carmosine, c'était par excellence la scène à faire, car, en mettant sous la protection de la reine ellemême l'amour romanesque de Carmosine pour le roi, Musset lui donnait son véritable caractère, ce qui en fait la beauté et la poésie; c'est un amour dont on souffre, dont on meurt, mais dont on n'a point à rougir. Cette scène est *filée* avec beaucoup d'art. La reine, qui veut gagner la confiance de Carmosine, s'aperçoit combien la tâche est difficile, la jeune fille se reployant en frémissant comme une sensitive dès qu'on approche du sujet qui lui tient au cœur. La reine y réussit cependant en racontant à Carmosine sa propre histoire sous un nom supposé et en témoignant sa sympathie pour l'étrange mal qui la consume. Mais elle se montre si bien informée de l'aventure de Carmosine, que celle-ci comprend qu'elle n'a pu la savoir que du roi lui-même, et elle devine qu'elle est en présence de la reine. Un combat très intéressant se livre alors dans son cœur entre la reconnaissance que lui inspire la magnanimité de sa souveraine, la jalousie instinctive qu'elle éprouve contre elle, et je ne sais quel dépit contre celle qui a surpris son secret. La reine redouble de patience, de bonté, de noblesse d'âme, et finit par regagner le cœur de la jeune fille, en montrant qu'elle-même ne prend aucun ombrage de son amour; si bien que le dénouement, l'arrivée de don Pèdre, ses paroles, son intervention en faveur de Perillo, tout cela est préparé par cette scène charmante entre Carmosine et la reine. C'est la traduction dramatique la plus juste, la plus poétique et la plus exacte, de ce qui est dans Boccace à l'état de simple indication.

Il ne faut jurer de rien est une œuvre un peu différente des précédentes, une œuvre de demi-caractère. Elle est à la limite de la fantaisie et de la réalité, de la poésie et de la prose. Nous savons par Paul de Musset quel a été le germe de la pièce. Un matin Musset, s'étant levé mécontent de lui-même, s'adressa une mercuriale, et, par un phénomène de dédoublement qui lui était familier, ce monologue prit la forme d'un dialogue entre un oncle grondeur et un neveu impénitent. La scène première, entre Valentin et Van Buck, était trouvée, par conséquent l'idée même de la comédie : le pari fait par Valentin qu'il séduira Mlle de Mantes et sera dispensé de l'épouser. Le sujet étant ainsi posé, le dénouement est indiqué, ainsi que la scène qui doit l'amener. Au beau milieu de ses projets de séduction, le prétendu Lovelace, qui vaut mieux qu'il ne le croit, sera séduit lui-même, et dans le bon sens du mot, par la pureté et le charme de la jeune fille ; et, après avoir fait vœu de célibat, il s'offrira volontairement au joug du mariage. Quant au développement de l'action entre la scène du début et le dénouement, il pourra varier ; il n'y a que deux éléments qui soient donnés, c'est le caractère de Valentin et celui de son oncle : l'un, franc étourdi et naïf malgré ses prétentions à la rouerie ; l'autre, bonhomme et grondeur, désapprouvant son neveu et se laissant mener par lui aveuglément. Restait à tracer le caractère de Cécile ; mais on voit aisément dans quelle direction l'auteur devait chercher. Il faut qu'elle soit parfaitement innocente et légèrement étourdie, puisqu'elle devra accorder le rendez-vous que Valentin lui demande. Et il faut que, par son bon sens et son bon cœur, elle déjoue les sophismes, les ruses, les roueries de son naïf séducteur. Nous avons ainsi les éléments de la grande scène du troisième acte, mais tout cela ne nous donne pas ce qui en fait l'originalité et le charme : cette conversation familière qui s'élève sans efforts jusqu'à la poésie la plus haute, cette prose qui a des ailes, mais qui le plus souvent se contente de raser la terre, sauf à prendre de temps à autre sa volée dans l'azur.

Le reste de la pièce est d'une importance secondaire, ce qui ne veut pas dire qu'il soit à dédaigner.

Le caractère de la baronne, bonne femme et grande dame, étourdie et charitable, est juste assez chargé pour arriver à l'effet comique sans perdre de sa réalité. L'abbé est une caricature amusante et qui a contribué au succès de la pièce. Mais quel que soit le talent avec lequel Musset traite les accessoires de son sujet, ce qui fait le véritable intérêt de la pièce, c'est cette lutte d'une innocente qui se défend par sa simplicité même contre le prétendu roué qui s'imagine vouloir la séduire, lutte admirablement résumée dans la conversation du troisième acte.

Il y a entre l'idée d'*Il ne faut jurer de rien* et celle de *Barberine* une certaine ressemblance, puisque les deux pièces se terminent à la confusion d'un séducteur et à la gloire de l'innocence. Rosemberg, comme Valentin, en est pour sa courte honte, avec cette différence que Valentin est trop heureux de la leçon qu'il reçoit, tandis que Rosemberg se déroberait volontiers à l'humiliation qu'il subit devant la reine et devant Barberine. Les différences ne sont pas, d'ailleurs, moins grandes que les ressemblances. *Barberine* est une anecdote joliment mise en scène, rien de plus, et il ne faut pas y chercher d'autre développement de caractères que ce qui était indispensable pour que la pièce existât. Le rôle le plus original, et celui qui montre le mieux que Musset avait le don dramatique, c'est celui de la petite esclave Kalékairi. Cette jeune sauvage, attachée à ses maîtres qui sont bons pour elle, et ne reculant pas devant les grands moyens, parlant tout naturellement de faire tuer à coups de fourche le beau Rosemberg, cette nature à

la fois simple et rusée, capable de dissimulation et
de fidélité, a une couleur orientale qui s'harmonise
bien avec l'esprit général de cette jolie histoire.
L'autre trait caractéristique, et qui prouve aussi
l'instinct dramatique chez le poëte, c'est le langage
grave, sans pédantisme, avec lequel s'expriment
Barberine et la reine de Hongrie, champions et modèles de leur sexe. Écoutons de quel ton la reine
parle au jeune Rosemberg qui s'est exprimé légèrement sur les femmes :

C'est une cause bien vaste à soutenir, et si j'étais avocat, moi votre reine en cheveux gris, mon enfant, je pourrais mettre dans la balance quelques paroles que vous ne savez pas. Qui vous a donc appris si jeune à mépriser votre nourrice? Vous qui sortez apparemment de l'école, est-ce là ce que vous avez lu dans les yeux bleus des jeunes filles qui puisaient de l'eau dans la fontaine de votre village? Vraiment! le premier mot que vous avez épelé sur les feuilles tremblantes d'une légende céleste, c'est le mépris! Vous l'avez à votre âge! Je suis donc plus jeune que vous, car vous me faites battre le cœur.

C'est la même reine qui conclura la pièce par les
paroles suivantes (après avoir lu la lettre de Barberine à son mari) :

Si vous riez de cette lettre, seigneurs chevaliers, Dieu garde vos femmes de malencontre! Il n'y a rien de si sérieux que l'honneur. Comte Ulric, jusqu'à demain nous voulons rester votre hôtesse, et nous entendons qu'on publie que nous avons fait le voyage exprès, suivie de toute notre Cour, afin qu'on sache que le toit sous lequel habite une honnête femme est aussi saint lieu que l'église, et que les rois quittent leurs palais pour les maisons qui sont à Dieu.

Il ne nous reste plus à parler que de deux pièces qui ont plus fait pour la réputation de Musset que ses chefs-d'œuvre authentiques, et qu'il ne faut songer, bien entendu, à comparer ni au *Chandelier*, ni à *On ne badine pas avec l'amour*. Ce n'est pas que le jugement sommaire porté par M. Brunetière sur ces deux pièces nous paraisse absolument juste et qu'on ne puisse en appeler. Oui, sans doute, l'esprit du monde se fane vite, et le tour du dialogue dans *Il faut qu'une porte soit ouverte ou fermée* n'est pas le même que dans les pièces de M. Lavedan. Mais d'abord ces petits ouvrages, dont je ne veux pas surfaire le mérite, ont une grande qualité, c'est d'être solidement construits, conçus suivant les nécessités dramatiques. En rendant compte de la première du *Caprice* en 1847, Th. Gautier ne louait pas seulement la bonne qualité de la langue et le tour aisé du dialogue, mais la rouerie de l'auteur, qui avait su mettre cette pièce sur ses pieds tout aussi bien qu'un élève de Scribe. Ce mérite est modeste, mais il a son importance. Je dis de plus que l'idée de la pièce est ingénieuse et prise dans la nature, que la scène entre Mᵐᵉ de Léry et M. de Chavigny est bien conçue, que la déclaration de celui-ci est naturellement amenée, et que c'est la conclusion attendue, mais spirituellement déduite, de toute l'histoire de la bourse. Dans *Il faut qu'une porte soit ouverte ou fermée*, le fond est bien mince, et il y a du papotage et du papillotage dans le dialogue ; mais là aussi il y a une habileté dramatique incontestable dans la manière dont la conversation est coupée par le faux départ et les rentrées perpétuelles du comte. Cela est pris sur nature, dit Paul de Musset. Ce n'en est pas plus aisé pour cela ; il fallait justement prêter à la nature une allure rythmique qui excite notre attention et soutienne l'intérêt.

Je ne serais donc pas disposé à sacrifier ces deux bluettes : d'abord parce qu'elles ont leur prix, quoiqu'elles aient perdu la grâce et la fleur de la nouveauté ; ensuite, parce qu'elles sont caractéristiques d'un côté du talent, de la nature, des habitudes d'esprit de Musset.

IV

LE GÉNIE DRAMATIQUE DANS MUSSET.

Il est inutile de parler ici de ses autres pièces. A quoi bon, en effet ? qu'est-ce que ces pièces nous apprendraient de nouveau sur le talent de l'auteur ? Il en est de son théâtre comme de ses poésies ; il avait écrit à trente ans tout ce qui valait la peine d'être écrit. Quant à *Bettine* ou *Louison*, c'est comme les fameux vers *Sur trois marches de marbre rose* : il était indifférent que Musset les publiât ou les gardât en portefeuille. J'en dirai autant de *L'Ane et le ruisseau* et de toutes les œuvres posthumes, sauf *Un souper chez M*^{lle} *Rachel*, qui est un document précieux. Dans le Musset inédit, il n'y a qu'une chose qui nous intéresserait, et c'est justement celle qu'on ne veut pas nous donner : ses lettres à George Sand.

Je ne nie pas que des œuvres, même insignifiantes, puissent être instructives. *Le Songe d'Auguste* et le fragment de *La Servante du roi* prouvent que Musset pouvait être, en s'appliquant, un Casimir Delavigne supérieur ou un Ponsard. Mais franchement peut-on regretter qu'il s'en soit tenu à des velléités et qu'il n'ait pas écrit pour Rachel le rôle qu'il lui avait promis? Il ira plus sûrement à la postérité avec son léger bagage que chargé d'un fatras inutile. N'eût-il fait que *Rolla*, *Les Nuits*, *Le Souvenir* et une demi-douzaine de ses comédies, nous aurions de lui tout ce qui est immortel, tout ce qui atteste son génie. Le reste pourrait être détruit sans que sa gloire en fût sensiblement diminuée.

Bornons-nous donc, puisque nous parlons de son théâtre, à ce qui est essentiel, c'est-à-dire aux pièces où Musset s'est représenté lui-même, avec sa conception de l'amour et de la vie. Dans ces œuvres d'une originalité exquise, tout n'est cependant pas original. Dans une de ses *Notes* sur lui, Sainte-Beuve a dit : « Musset a un merveilleux talent de pastiche : tout jeune, il faisait des vers comme Casimir Delavigne, des élégies à l'André Chénier, des ballades à la Victor Hugo : ensuite, il a passé au Crébillon fils. Plus tard, il a conquis quelque chose de très semblable à la fantaisie shakspearienne ; il y a joint des poussées d'essor lyrique à la Byron ; il a surtout refait du *Don Juan*, et avec une pointe de Voltaire. Tout cela constitue bien une espèce d'originalité.

E pure... On dirait de la plupart de ses jolies petites pièces et *saynètes* que c'est traduit on ne sait d'où, mais cela fait l'effet d'être traduit. » Cette note, toute pleine de fiel, n'en est pas moins juste au fond et pénétrante, si on ne l'applique qu'aux œuvres de début de Musset. D'ailleurs Musset eût été le premier à en convenir; on n'a qu'à voir avec quelle franchise modeste, dans l'*Avant-propos* de ses *Comédies et Proverbes*, il revendique pour les jeunes gens le droit à l'imitation. « S'inspirer d'un maître, dit-il, est une action non seulement permise, mais louable, et je ne suis pas de ceux qui font un reproche à notre grand peintre Ingres de penser à Raphaël, comme Raphaël pensait à la Vierge. Oter aux jeunes gens la permission de s'inspirer, c'est refuser au génie la plus belle feuille de sa couronne, l'enthousiasme... » De même qu'en écrivant *Mardoche* et *Namouna*, il imitait Byron, en composant *Lorenzaccio* il pensait à Shakspeare, comme il y pensait en créant les personnages grotesques de son théâtre, comme il s'inspirait de Beaumarchais dans le dialogue de *Laurette* ou *La Nuit Vénitienne*, comme il se souvenait de Molière en écrivant dans *Le Chandelier* le rôle de maître André le notaire. On conviendra qu'il choisissait assez bien ses modèles, et que ses imitations ne lui ont pas mal réussi.

Ce n'est pourtant pas là qu'est la vraie gloire de Musset, et il a, quoi qu'en dise Sainte-Beuve, une tout autre originalité que celle d'un pasticheur habile. Dans l'étude qu'il a écrite pour une édition de son *Théâtre*, M. Jules Lemaître a analysé, avec infiniment de pénétration et de justesse, le génie dramatique de Musset, et il a montré qu'il se résume dans la façon dont il a peint l'amour. Renouveler la peinture de l'amour après Shakspeare et Racine, après Marivaux et l'abbé Prévost, voilà ce que Musset a su faire. Là il est complètement original, parce qu'il écrit sous la dictée de son cœur, et qu'en même temps il a le don de généraliser ses expériences et de nous faire voir l'homme dans l'individu. Le héros de ses pièces, qu'il s'appelle Lorenzaccio ou Perdican, Valentin ou Fantasio, c'est toujours lui-même, l'enfant du siècle, avec ce mélange de perversité et de candeur qui fait le fond de son caractère, avec ce besoin de tout souiller de ses blasphèmes, de briser toutes les idoles, uni au besoin non moins profond d'adorer quelqu'un ou quelque chose, enfin avec cette ardeur indomptable dans la débauche alliée au culte sincère de la pureté, de la virginité. Quant aux femmes de son théâtre, j'entends celles qui sont vraiment originales et qui nous intéressent, elles se divisent en deux catégories bien tranchées : d'un côté, les jeunes filles ou les femmes honnêtes, Rosette dans *On ne badine pas avec l'amour*, la princesse Elsbeth dans *Fantasio*, Cécile dans *Il ne faut jurer de rien*, Barberine, Carmosine, avec leurs amies la reine de Hongrie et la reine de Sicile ; de l'autre, les femmes, les vraies femmes, celles pour qui on souffre et on meurt, Camille, Marianne, Jacqueline. Ces femmes-là sont-elles vraies? sont-elles peintes d'après nature? ou sont-ce les créations imaginaires d'une fantaisie blessée? L'un et l'autre, croyons-nous.

Comme Lucrèce, comme Molière, plus qu'eux encore peut-être, Musset avait connu l'amour-maladie, et comme eux il s'est soulagé en immortalisant, avec ses souffrances, celles qui les avaient causées. Que nous importe au fond que Molière ait calomnié Armande Béjart, comme le veut M. Larroumet, ou que Célimène soit un portrait fidèle ? Ce qui est certain, c'est que Célimène est une création immortelle, et il en est de même de la Marianne et de la Jacqueline de Musset. Elles sont vraies de cette vérité supérieure qui s'appuie sur la réalité, mais qui la dépasse et la fait oublier.

Trois ou quatre figures comme celles-là, cela suffit pour la gloire d'un poète dramatique, et il est bien inutile de chercher ailleurs pourquoi le théâtre de Musset a eu un succès éclatant et durable. Il reste pourtant à se demander comment des pièces qui n'avaient pas été écrites pour être jouées ont pu réussir non seulement auprès des lettrés, mais devant le grand public. C'est ici que je ferai la seule réserve que me paraisse justifier l'admirable étude de Jules Lemaître dont j'ai parlé. M. Lemaître dit, en parlant de Musset : « Certes, celui-là n'était pas né vaudevilliste ; il ne connaissait pas la scène à faire, etc... » On voit d'ici le thème : Musset était en matière théâtrale un simple écolier, ignorant et d'ailleurs dédaigneux de toutes les ficelles ; ce qui ne l'a pas empêché de reléguer dans le troisième dessous M. Scribe et autres auteurs de pièces *bien faites*. — Peut-être M. Jules Lemaître a-t-il simplement voulu taquiner *son bon maître* Sarcey ; peut-être aussi a-t-il plaidé indirectement *pro domo sua* en soutenant qu'au théâtre les caractères et le style sont tout, que la connaissance du métier importe peu. Mais s'il a parlé sérieusement et s'il a prétendu étayer sa théorie sur l'exemple des pièces de Musset, il a commis une étrange erreur. Gautier ne s'était pas trompé lorsqu'à la première représentation d'*Un Caprice* il avait loué non seulement l'agrément de la peinture et la bonne qualité du style, mais la « rouerie » de ce débutant. Il ne félicitait pas Musset d'ignorer le métier dramatique, mais d'avoir montré qu'on pouvait le posséder sans ressasser les vieilleries du vaudeville et sans écrire en charabia.

Que Musset eût l'instinct du théâtre, cela est visible non seulement dans ses comédies, mais dans plusieurs de ses poèmes, qu'il leur ait donné ou non la forme dramatique. J'ai déjà fait remarquer, au début de cette étude, que le poème *La Coupe et les lèvres*, à travers bien des divagations, avait ce grand mérite, l'unité de sujet et d'impression. Il me serait facile de montrer qu'à côté des longs et fastidieux monologues de Frank, à côté des scènes de pur *mélo*, comme celle du cercueil vide, il y a de jolies parties de dialogue et au moins une scène bien conçue et véritablement dramatique, celle du dernier acte entre Frank et Déidamia. Mais ce qui est peut-être plus significatif, c'est que le chef-d'œuvre de Musset, *Les Nuits*, d'inspiration essentiellement subjective, personnelle, lyrique au sens moderne du mot, se soit présenté à lui sous la forme dramatique. Et ce n'est pas un cadre artificiel où il ait de parti pris enfermé sa pensée ; il y a au contraire adaptation parfaite, harmonie intime entre l'inspiration et la forme qui sert à la traduire. Dans toutes les *Nuits*, le rythme est très sensible et contribue puissamment à l'impression ; mais nulle part il n'est aussi marqué, n'a un caractère aussi fortement dramatique que dans la *Nuit d'octobre*. C'est un petit drame d'un pathétique si poignant qu'il est tout naturel qu'on ait eu l'idée de le porter au théâtre. C'était une erreur, et l'on s'en est bien aperçu, malgré le talent des artistes qui tour à tour ont interprété ce chef-d'œuvre. Ce qui empêche la pièce de faire à la représentation le même plaisir qu'à la lecture, c'est que, malgré ce qu'il y a de pathétique dans les effusions de la passion et de dramatique dans le rythme du morceau, l'auteur, écrivant après tout une pièce toute lyrique, n'a pas eu à se préoccuper des nécessités matérielles de la mise en scène. Musset ne s'était pas dit qu'un jour viendrait où M. Delaunay, M. Mounet-Sully, M. Le Bargy, s'étant fait le plus possible sa tête, et prenant, en veston de velours noir, une attitude mélancolique, soupireraient :

Le mal dont j'ai souffert s'est enfui comme un rêve,

tandis que Mmes Favart, Sarah Bernhardt ou Bartet, drapées dans un vague péplum, apparaîtraient derrière eux, semblables à la muse d'Ingres dans le portrait de Chérubini. Car c'est cela qu'on appelle jouer la *Nuit d'octobre*.

Mais laissons cette parodie d'une belle œuvre. Ce que je veux retenir de ce qui précède, c'est que le caractère profondément dramatique des *Nuits* a frappé tout le monde. Et si l'on veut y faire attention, ce caractère est visible non seulement dans *Les Nuits*, où la forme même du dialogue le met en relief, mais dans des pièces d'une nature tout intime et d'où toute intention dramatique est certainement absente. Dans la comparaison qu'on a souvent faite du *Souvenir* avec *Le Lac* et *La Tristesse d'Olympio*, je m'étonne qu'à côté de beaucoup de remarques justes, sur lesquelles je n'ai pas à revenir, on n'ait pas fait celle-ci. Comparé au *Lac*, qui est la plus merveilleuse des élégies, à *La Tristesse d'Olympio*, qui est en poésie ce qu'une symphonie de Beethoven est en musique, *Le Souvenir*, avec ses rimes lâchées et ses prosaïsmes, ferait pauvre figure s'il n'avait pas justement ces qualités dramatiques qui sont propres à Musset, et dont il n'y a pas trace dans les admirables vers de ses deux rivaux. Qu'on se rappelle comment *Le Souvenir* est composé. Le début est d'un rythme lent qui traduit l'apaisement de l'âme, la joie inespérée qu'a éprouvée le poète en retrouvant, après tant de souffrances, ses émotions d'autrefois adoucies et transfigurées par le temps. Pourtant ce calme n'est pas celui d'un lac tranquille, mais celui d'une mer que l'orage soulevait hier, et dont les flots frémissent encore. Aussi le rythme de la seconde partie de la pièce est-il bien différent de celui de la première. Il est brisé, brusque, entrecoupé. Le poète souffre encore de la blessure qu'il croyait fer-

mée, mais il ne veut pas l'avouer. Il s'en prend à
Dante, qui a dit

> qu'il n'est pire misère
> Qu'un souvenir heureux dans les jours de douleur.

Il s'en prend aux hommes, qui n'ont pas le courage
de regarder leur destinée en face, qui ne se disent
pas que tout doit mourir, leurs amours comme le
reste, et qui, en perdant leur maîtresse, pleurent et
crient comme des enfants. Mais à mesure qu'il reproche aux autres leur faiblesse, il s'aperçoit qu'il
est aussi faible qu'eux : le souvenir de celle qu'il a
tant aimée, ce souvenir qui tout à l'heure ne lui
causait plus qu'une émotion douce et légère, se ré-
veille avec toute son amertume. Mais, après un retour douloureux sur le passé et un moment de lutte
pénible contre son cœur qui se révolte, il reprend
son empire sur lui-même, et moins calme, moins
heureux qu'au début de la pièce, mais dominant ses
regrets et acceptant l'inévitable, il se dit : J'ai cruellement souffert, c'est vrai, et je souffre au moment
où je parle ;

> Eh bien ! qu'importe encore ? O nature ! ô ma mère !
> En ai-je moins aimé ?
> La foudre maintenant peut tomber sur ma tête ;
> Jamais ce souvenir ne peut m'être arraché ;
> Comme le matelot brisé par la tempête,
> Je m'y tiens attaché.

Comprend-on maintenant ce que je voulais dire
en parlant des éléments dramatiques qu'on trouve

dans cette pièce, et qui lui donnent son caractère propre et sa beauté? Le mouvement de la pensée rappelle tout à fait ces monologues de la tragédie classique dont se moquait le poète à ses débuts. C'est que le rythme simple dont se servent Corneille et Racine, et le rythme un peu plus compliqué, mais le même au fond, que nous venons d'étudier dans Musset, c'est le rythme même de la passion, avec ses alternatives de calme apparent et de fureur bientôt renaissante, avec ses soubresauts, ses heurts, ses contrastes violents, où le pauvre cœur de l'homme est sans cesse jeté d'un extrême à l'autre, comme le volant que se lancent deux joueurs de raquette.

Lorsqu'un poète est doué de l'instinct dramatique au point de mettre du drame partout, même dans des sujets qui, traités par d'autres, deviennent des élégies, des poèmes descriptifs ou philosophiques, il ne faut pas s'étonner qu'au moment où il abordera le théâtre, il y apporte toutes les qualités qui y assurent le succès. La pièce par laquelle Musset débuta, *Laurette*, qui fut sifflée à l'Odéon, n'est pas elle-même sans mérite. Il y a des longueurs, des obscurités, un abus de l'esprit, mais on sent que l'écolier qui cherche sa voie pourra devenir un maître. Dès *Les Caprices de Marianne* et *Fantasio*, il a acquis le doigté de son instrument, et l'on sait quels effets il en tirera dans *On ne badine pas avec l'amour* et dans *Le Chandelier*. « Il ne connaît pas la *scène à faire*, » dit M. Lemaître. J'imagine qu'une fois par hasard M. Lemaître s'est moqué du public. Est-ce qu'elles ne sont pas faites, et faites à merveille, les *scènes à faire*, dans les deux pièces que nous venons de nommer? Est-ce que Perdican et Camille, Fortunio et Jacqueline ne se disent pas ce qu'ils doivent se dire et ce que nous attendons d'eux? La vérité n'éclate-t-elle pas dans le cadre de pure fantaisie, et sous le décousu extérieur de l'action, qu'avec quelques matinées de travail Musset aurait fait disparaître? Ne sent-on pas cette parfaite possession du sujet où se reconnaît l'homme né pour le théâtre?

Je laisse de côté la peinture des caractères, puisque là-dessus je suis d'accord avec M. Lemaître. Mais le rythme du dialogue, mais cette qualité particulière du style qui fait que les mots *passent la rampe*, ces deux signes essentiels de la vocation dramatique, est-ce qu'ils ne sont pas visibles, éclatants, dans les pièces de Musset? Pour le rythme, qu'on étudie, dans *On ne badine pas avec l'amour*, la grande scène du second acte, où Camille explique à Perdican pourquoi elle lui a fait un si froid accueil, et lui déclare qu'elle veut consacrer sa vie au Christ, le seul époux dont l'amour ne trompe pas. La scène, qui est longue et qui comporte plusieurs tirades, est d'une marche si aisée et si claire, d'un mouvement si sûr, que nous la suivons d'un bout à l'autre sans fatigue et avec un intérêt toujours croissant. Et pourtant elle était singulièrement malaisée à faire. Car il s'agissait de mener de front deux entreprises. Il fallait d'abord opposer l'une à l'autre deux conceptions de la vie : celle de Camille, à qui les religieuses ont appris que l'amour humain n'est que mensonge et corruption, que l'amour divin est le seul pur et durable, et celle de Perdican, qui se résume dans une phrase célèbre : « On est souvent trompé en amour, souvent blessé et souvent malheureux : mais on aime, et quand on est sur le bord de sa tombe, on se retourne pour regarder en arrière, et on se dit : J'ai souffert souvent, je me suis trompé quelquefois, mais j'ai aimé. C'est moi qui ai vécu, et non un être factice créé par mon orgueil et mon ennui. » Mais l'auteur ne voulait pas seulement mettre deux théories en présence. Il voulait surtout peindre le conflit de deux âmes ardentes, faites pour se comprendre et pour s'aimer, mais un moment séparées par leur éducation, leurs préjugés, et aussi par leur orgueil et leur passion.

Ce problème d'exposer, à la façon des classiques, les doctrines en lutte dans toute leur ampleur, et en même temps de faire constamment sentir que ce n'est pas l'auteur qui parle, mais des créatures en chair et en os, avec leur colère et leur amour, leurs émotions tantôt exprimées avec force, tantôt violemment refoulées, ce problème difficile entre tous, Musset l'a résolu avec une admirable simplicité de moyens. C'est Camille qui attaque, et qui attaque très habilement, car elle paraît d'abord avoir renoncé à cette froideur qui avait attristé son cousin dans leur première entrevue. Elle veut, dit-elle, se réconcilier avec lui, et lui dire quelques mots de bonne amitié avant de rentrer au couvent. Perdican croit rêver, et se demande à quel moment

Camille s'est moquée de lui, tout à l'heure ou maintenant. Mais il ne tarde pas à comprendre où elle veut en venir, et à voir que ce prétendu traité de paix cache une déclaration de guerre. En effet, en termes brefs, hautains, blessants, Camille lui fait subir un véritable interrogatoire sur son passé, sur ses amours de jeune homme, sur les maîtresses qu'il a eues et qu'il a trahies. Puis, opposant aux fragiles et misérables amours de la terre l'amour céleste qui dure toute l'éternité, elle lui dit en montrant son crucifix : « Voilà mon amant. » Mais elle s'aperçoit que sa rhétorique enflammée échoue contre Perdican, redevenu froid et railleur, et la voilà qui, au lieu de continuer à lui réciter le catéchisme qu'on lui a appris au couvent, s'exalte tout de bon, et dans une tirade passionnée, qui sent la jalousie mal contenue, reproche amèrement à son cousin de venir lui offrir un amour souillé, prostitué déjà à des filles perdues. « Que tu es belle, » lui dit Perdican, « lorsque tes yeux s'animent ! » Mais elle est à bout de forces. Elle ne peut plus dissimuler l'émotion qui l'envahit : « J'ai eu tort de parler ; j'ai ma vie entière sur les lèvres. O Perdican ! ne raillez pas, tout cela est triste à mourir. » Ici se termine la première partie de la scène. Camille a attaqué et a été vaincue, vaincue par sa propre faiblesse, car Perdican s'est refusé à discuter et a répondu à peine quelques mots à ses déclamations. Mais maintenant il prend l'offensive, et en trois tirades éloquentes, passionné non pas contre Camille qui n'est que l'écho des religieuses, mais contre ces religieuses elles-mêmes et leurs leçons désolantes et corruptrices, il plaide la cause de l'amour, la cause de la vie, qui se moque de la casuistique timorée des nonnes, et qui poursuit triomphalement son cours, sans se soucier des catéchismes et des théories. Camille est réduite au silence ; elle se sent domptée, et en même temps elle sent qu'elle aime déjà cet homme qu'elle voulait désoler par son abandon, et dont elle désespère maintenant de regagner le cœur.

J'ai développé cet exemple un peu longuement, d'abord parce qu'en pareille matière il n'y a que le détail qui prouve, et aussi parce que ce développement même me dispense de chercher d'autres preuves dans le reste du théâtre de Musset. Les lecteurs curieux de cette sorte de recherches sauront bien eux-mêmes se reporter aux textes ; je crois sincèrement qu'ils y trouveront la confirmation de ma manière de voir. Il y aurait une autre étude à faire, qui servirait de contre-partie et de contrôle à celle-ci. Ce serait de comparer ce qu'est le rythme dans les comédies de Musset avec ce qu'il est soit chez nos grands auteurs dramatiques depuis Corneille jusqu'aux deux Dumas, soit (ce qui ne serait pas moins instructif) chez de grands écrivains qui, tout en ayant eu plus ou moins de succès au théâtre, n'avaient pourtant pas reçu en partage les dons tout particuliers qui y font réussir. Chez Victor Hugo lui-même, quelque bien doué qu'il fût, même comme dramaturge, il est aisé de remarquer que, si les tirades sont toujours solidement construites, les scènes ne le sont pas toujours aussi bien ; que par exemple, au dernier acte du *Roi s'amuse*, l'action piétine sur place; que certaines scènes d'*Hernani* ressemblent moins à des scènes de tragédie qu'à des finales d'opéras. On ne peut jamais faire à Musset de critiques de ce genre; il est toujours *en scène*, comme on dit en argot de théâtre.

Ce qu'on peut appeler style dramatique est plus facile à sentir qu'à définir. Encore pour le sentir faut-il aimer le théâtre et y aller quelquefois. Faute de cela, d'excellents et même de grands esprits, Fénelon au dix-septième siècle, de nos jours M. Schérer, ont débité des erreurs bien singulières. Ce qui est certain, c'est qu'il y a une façon d'écrire qui convient au théâtre, et que ceux-là seuls l'attrapent qui sont nés auteurs dramatiques. Molière ne ressemble guère à Racine, ni Marivaux à Beaumarchais; tous les quatre cependant avaient reçu ce don, et Musset l'a eu comme eux. Ici les citations ne suffisent pas; il n'y a qu'une manière de s'assurer si un grand écrivain est *un homme de théâtre*, comme dit Sarcey, c'est d'aller l'entendre au théâtre. Cependant on peut essayer de donner une idée de ce genre de mérite. Le morceau que je choisirai n'est pas une tirade à effet, un air de bravoure; c'est un passage où, comme dit Alceste, la passion parle toute pure, et dont Mme Arvède Barine, dans son livre sur Musset, a loué avec raison la simplicité. C'est la déclaration de Fortunio à Jacqueline au second acte du *Chandelier*:

Ah! Jacqueline, ayez pitié de moi; ce n'est pas d'hier

que je souffre. Depuis deux ans, à travers ces charmilles, je suis la trace de vos pas. Depuis deux ans, sans que jamais peut-être vous ayez su mon existence, vous n'êtes pas sortie ou rentrée, votre ombre tremblante et légère n'a pas paru derrière vos rideaux, vous n'avez pas ouvert votre fenêtre, vous n'avez pas remué dans l'air, que je ne fusse là, que je ne vous aie vue; je ne pouvais approcher de vous, mais votre beauté, grâce à Dieu, m'appartenait comme le soleil à tous; je la cherchais, je la respirais, je vivais de l'ombre de votre vie. Vous passiez le matin sur le seuil de la porte, la nuit j'y revenais pleurer. Quelques mots, tombés de vos lèvres, avaient pu venir jusqu'à moi, je les répétais tout un jour. Vous cultiviez des fleurs, ma chambre en était pleine. Vous chantiez le soir au piano, je savais par cœur vos romances. Tout ce que vous aimiez, je l'aimais; je m'enivrais de ce qui avait passé sur votre bouche et dans votre cœur. Hélas! je vois que vous souriez. Dieu sait que ma douleur est vraie, et que je vous aime à en mourir.

Fénelon, qui n'aimait pas le style de Molière, aurait été charmé de ce morceau; cela est écrit dans le goût de Térence, son favori. Mais ce qui nous intéresse, puisque nous faisons de la critique dramatique, ce n'est pas la perfection de ce style à la fois familier et poétique; c'est la façon dont cette tirade est composée en vue de l'effet à produire, à produire au théâtre, où l'on est pressé et où l'auteur doit se faire comprendre tout de suite. Il n'y a pas un mot inutile, pas un mot qui ne serve à peindre le caractère de Fortunio, ou sa passion naïve et brûlante. D'un bout à l'autre, il ne dit qu'une chose : Je vous aime. Il la répète sous dix formes différentes, sans nous lasser, car il est naturel qu'il se répète, n'ayant qu'un sentiment dans le cœur, qu'une pensée dans l'esprit. Pas un mot à effet : la passion n'en cherche pas. La seule phrase où l'on pourrait soupçonner que c'est l'auteur, le poète qui parle, non un garçon de vingt ans, est celle-ci : « ... Votre beauté, grâce à Dieu, m'appartenait comme le soleil à tous : je la cherchais, je la respirais, je vivais de l'ombre de votre vie. » Mais cette phrase est en harmonie parfaite avec la couleur générale du rôle de Fortunio. C'est un clerc de notaire, mais d'une espèce rare, nous l'avons dit. Il a vingt ans et il est amoureux, tout est là ; l'auteur n'a pas à se préoccuper d'autre chose, ni l'acteur qui joue le rôle. Au temps où c'était M. Delaunay, il portait un habit gorge de pigeon et il avait l'air de sortir d'une toile de Watteau. C'était de la fantaisie pure, et c'était la vérité même, telle que Musset l'avait comprise. Les amoureux de vingt ans ne sont pas tous poètes, mais il y a toujours de la poésie dans leur amour, comme dans les premiers rayons de l'aurore et les premiers souffles du printemps.

La déclaration de Fortunio exprime donc à merveille, avec autant de justesse que de poésie, les sentiments qui l'animent ; or, rendre un caractère, traduire une passion, c'est le premier mérite du style dramatique. Le second, qui s'y trouve aussi en perfection, c'est le rythme, qui, soit dans les phrases prises à part, soit dans la tirade tout entière, rend sensibles l'allure générale de la passion, les moindres nuances du sentiment, et nous fait vibrer à l'unisson avec le cœur des personnages. Ce rythme n'est pas ici marqué fortement, comme il l'est par exemple dans Corneille ; mais pour peu qu'on y fasse attention, on le sentira. On remarquera que le morceau commence par deux phrases courtes, comme si Fortunio n'osait pas risquer cette déclaration qui lui brûle les lèvres. Puis vient une longue période, de sept ou huit lignes : il a franchi le pas, il se hasarde, il s'épanche librement : c'est cette phrase qui se termine par les mots si poétiques et si tendres que je citais tout à l'heure : « ... Votre beauté, grâce à Dieu, m'appartenait comme le soleil à tous ; je la cherchais, je la respirais, je vivais de l'ombre de votre vie. » Il a dit ce qu'il avait à dire ; va-t-il s'arrêter là ? Non ; puisque Jacqueline ne l'a pas interrompu, c'est qu'elle l'écoute sans colère, qui sait ? avec plaisir peut-être ; et il va reprendre en détail ce qu'il a déjà dit, mais trop vite à son gré : « Vous passiez le matin sur le seuil de la porte, la nuit j'y revenais pleurer. Quelques mots, tombés de vos lèvres, avaient pu venir jusqu'à moi, je les répétais tout un jour... » On remarquera combien le rythme, moins sensible au début de la tirade, est ici expressément marqué. Les vraies déclarations d'amour sont comme des litanies : l'amoureux n'est jamais las de répéter qu'il aime, et, si sa maîtresse l'aime aussi, elle ne se lasse pas davantage de l'entendre. Mais un véritable amant, du moins un amant jeune et sans expérience, tremble toujours d'être méconnu ou rebuté. Fortunio a surpris un sourire sur les lèvres de Jacqueline. Il n'ose pas croire que ce sourire est de bon augure, il craint que sa maîtresse ne doute de lui et ne le traite en enfant. « Hélas ! je vois que vous souriez. Dieu sait que ma douleur est vraie, et que je vous aime à en mourir. »

Je suis bien forcé, pour me faire comprendre, d'éplucher ce morceau phrase par phrase, mot par mot; ai-je besoin de dire que je traduis dans le langage de la critique ce qui est l'œuvre de l'inspiration? Musset n'a pas calculé laborieusement ses effets : tout plein de son sujet, il a écrit sous la dictée de ses souvenirs et de son génie; il a exprimé en grand artiste ce qu'il avait profondément senti. Pauvres grammairiens que nous sommes, nous faisons comme le naturaliste qui épingle un papillon dans sa collection. Voilà le papillon étudié, classé, catalogué; mais qu'est devenue la poussière d'or de ses ailes? qui nous rendra le vol capricieux et léger qui le conduisait de fleur en fleur? C'est surtout en parlant d'un poëte comme Musset qu'on sent cruellement l'insuffisance de la critique. Après qu'on a sué sang et eau pour expliquer des morceaux qui, étant aussi clairs qu'ils sont beaux, s'expliquent d'eux-mêmes et se passent de commentaires, il semble qu'on entend le lecteur vous répondre, comme Agnès au pauvre Arnolphe :

Tenez, tous vos discours ne me touchent point l'âme :
Horace avec deux mots en ferait plus que vous.

Horace, c'est-à-dire le poëte lui-même, qui ne raisonne pas tant, mais qui nous touche et qui se fait aimer.

J'ai du moins essayé d'analyser ce qui, dans son

théâtre, m'a paru susceptible d'analyse, en laissant de côté, bien entendu, ce que M. Jules Lemaître a fait magistralement et qui n'est point à refaire, c'est-à-dire l'étude sur l'esprit même de ce théâtre, sur ce qui en est l'essence intime, sur ce qui en fait, parmi tant d'imitations, la profonde originalité. La tâche que j'ai entreprise était plus proportionnée à mes forces. J'ai essayé de montrer comment, si originales que soient sa façon de sentir et la conception de ses pièces, Musset avait été, néanmoins, l'homme de son époque et avait subi l'influence du romantisme, même en s'en moquant. J'ai fait voir comment, plus modeste et plus sincère que bien d'autres, il s'était véritablement mis à l'école des grands maîtres, qu'il avait imité Shakspeare et Molière, et que, sans faire de pastiches, il s'était inspiré de la fantaisie étincelante de l'un, de la vigueur comique de l'autre. Tout cela, je l'avoue, ne fait que nous conduire au seuil du sujet. Ce n'est pas l'étude et l'imitation des maîtres qui peuvent rendre compte d'œuvres comme *Les Caprices de Marianne*, ou comme *On ne badine pas avec l'amour*. Le génie ne s'explique pas ; il n'y avait pas plus de raison en 1833 pour que Musset écrivît *Les Caprices de Marianne*, dont rien dans la littérature française ne pouvait donner l'idée, qu'il n'y en avait en 1636 pour que Corneille, après avoir écrit L'*Illusion Comique*, produisît la merveille du *Cid*. Dire que l'originalité de Musset dans ses drames sur l'amour tient à sa sensibilité aiguë, à ses souffrances, c'est ne rien dire du tout ; car la sensibilité la plus affinée ne suffit pas pour écrire des chefs-d'œuvre, ou bien alors c'est une sensibilité d'une nature particulière, c'est-à-dire ce qu'on appelle ordinairement le génie. Ce qui m'a paru pouvoir être étudié utilement, ce n'est pas le génie du poète, c'est son talent, c'est-à-dire le don de traduire ses conceptions par des moyens appropriés. Je n'entends pas par là des procédés mécaniques qui peuvent s'apprendre, ceux qui servent à M. Burani ou à M. Valabrègue pour fabriquer leurs vaudevilles, ou ceux qu'au siècle dernier les Marmontel et les Laharpe employaient pour produire leurs tragédies. Les procédés dramatiques que Musset a mis en œuvre, et sans lesquels ses pièces ne seraient pas nées viables, ne sont pas à la disposition du premier venu qui veut gagner de l'argent en faisant jouer des mélodrames ou des vaudevilles. Il faut, pour les apprendre et pour les manier, avoir l'instinct du théâtre, et j'ai tâché de montrer que Musset l'avait à un haut degré. Son génie est essentiellement dramatique, même dans ses œuvres lyriques ; il a le don du rythme, le sentiment de la vie, l'amour de la réalité et l'art de la rendre avec puissance autant que de la transformer en l'idéalisant. Quand il lui a plu d'appliquer au théâtre ces facultés merveilleuses, ce poète de vingt-deux ans s'est trouvé être un maître ; les cinq ou six pièces, absolument originales, qu'il a données sans effort en trois ou quatre ans, ont eu sur le théâtre français contemporain une influence plus féconde et plus durable qu'*Hernani* ou *Henri III*, *Antony* ou *Ruy-Blas*. On les a beaucoup imitées ; nous attendons encore celui qui les égalera.

LE THÉATRE D'OCTAVE FEUILLET

I

LES ANNÉES D'APPRENTISSAGE. — LE MÉTIER ET L'ART
DANS LE THÉATRE DE FEUILLET.

Octave Feuillet ne s'est révélé tout d'un coup ni au public, ni à lui-même. Il a, pendant plusieurs années, fait obscurément son apprentissage; la réputation ne lui est venue qu'au moment où il savait son métier, et où il était en pleine possession de son talent. C'est une remarque banale, mais vraie, que les écrivains, comme les peintres et comme les comédiens, passent par l'imitation pour arriver à l'originalité. Seulement cette période d'initiation est plus ou moins longue, et l'originalité des uns se dégage plus vite que celle des autres. Dans le premier recueil de Musset par exemple, à côté d'emprunts faits à Byron ou à d'autres romantiques, on trouve déjà des accents personnels. Au contraire, dans les premiers ouvrages que Feuillet a écrits pour le théâtre, seul ou en collaboration avec Paul Bocage, le neveu du grand acteur, on chercherait vainement quelque chose qui annonce le futur auteur de *Dalila* ou de *Julie*.

Le débutant subit deux influences très différentes, mais puissantes toutes deux, celle d'Alexandre Dumas et celle de Musset. *Echec et Mat*, *Palma*, *La vieillesse de Richelieu*, pièces jouées de 1846 à 1848, sont des drames à la façon de Dumas, non pas le Dumas sombre et fatal d'*Antony* ou de *Richard Darlington*, mais le Dumas amusant de *Kean*, des *Mousquetaires*, de *Mademoiselle de Belle-Isle*. Sans doute il n'y a pas chez l'élève (ou chez les élèves, puisque Feuillet avait un collaborateur), la même verve, la même richesse d'invention que chez le maître. Mais c'est bien ce même amour de l'extraordinaire, ce goût de l'effet et du panache, cette multiplicité de coups de théâtre, cet optimisme et cette bonne humeur qui distinguent l'auteur de tant de belles et surprenantes histoires.

En même temps Feuillet donnait des œuvres inspirées d'un tout autre idéal; il imitait Musset, ce qui se comprend mieux. Il y trouvait en effet les premiers modèles de ces proverbes mondains où il devait exceller lui-même. Sa première pièce, *Un bourgeois de Rome*, jouée à l'Odéon en 1845, n'est autre chose que le thème de l'*Epreuve*, de Marivaux, traité dans le goût de Musset, avec des imitations de détail fort peu dissimulées. Mais ce n'est pas seulement le Musset mondain et dandy, l'auteur d'*Un Caprice*, que Feuillet étudie à ses débuts, c'est le Musset d'*On ne badine pas avec l'amour* et de *Lorenzaccio*. C'est de cette dernière pièce qu'est inspiré le drame d'*Alix*, qui parut en 1848 dans la *Revue des Deux-Mondes* avec ce sous-titre : *Légende*. Au lieu de se passer à Florence, comme dans *Lorenzaccio*, l'action se passe à Nuremberg ; mais le sujet est aussi une conspiration contre le prince régnant, et surtout Feuillet a reproduit avec le zèle pieux d'un néophyte l'esprit du drame qu'il imite, ce scepticisme byronien qui ne voit dans l'enthousiasme qu'une duperie et dans la vertu qu'une illusion, cette sévérité envers les hommes et envers la vie, cette manie de cruauté qui confond, comme dit Sainte-Beuve, l'inhumanité avec la force. Rien de profond dans tout cela, car Feuillet, heureusement pour lui, n'avait pas à vingt-six ans l'expérience précoce de son modèle ; ce noir pessimisme n'est chez lui que de la littérature. Mais il est intéressant de voir d'où il est parti, et comme la griffe de Musset est marquée dans quelques-unes de ses premières œuvres.

Il s'était mis, comme on voit, à bonne école, et son apprentissage lui a profité. Il ne profite qu'à ceux qui sont bien doués, et on peut s'assurer que Feuillet l'était en parcourant ses premiers essais. Il n'a pas encore de conceptions personnelles, mais déjà l'entente de la scène, le maniement aisé des *ficelles* dramatiques, le don de s'approprier le tour d'imagination, la façon de composer et d'écrire des auteurs qu'il imite. Bientôt d'ailleurs, dès 1848, il sera hors de page, lorsqu'en composant *La Crise* il aura mis la main sur un vrai sujet, pris sur le vif et approprié à la nature de son talent. A partir de ce moment il est maître de son instrument. *Le Pour et le Contre*, écrit l'année suivante, n'est pas seulement un agréable marivaudage, au sens ordinaire du mot, mais, précisément comme les comédies de Marivaux, c'est une pièce tout à la fois faite de rien et très solidement construite. Les petits incidents sur lesquels elle roule, insignifiants en apparence, ont été choisis avec beaucoup d'art pour expliquer la succession des sentiments chez les personnages et préparer le revirement final. Si l'on veut se rendre compte de la perfection de doigté que Feuillet avait acquise en quelques années, on n'a qu'à étudier de près sa comédie *Péril en la demeure*, représentée au Théâtre Français en 1855, et qui est restée longtemps au répertoire. On dirait qu'après Scribe et avant Sardou il s'est proposé un problème à résoudre, qu'il a voulu accumuler en deux actes très remplis le plus grand nombre possible de difficultés à vaincre; et il a gagné sa gageure. Les situations délicates, périlleuses, inextricables en apparence, se succèdent; il semble que l'auteur n'en pourra sortir qu'en tombant dans le drame. Mais il ne nous fait trembler un moment que pour nous rassurer l'instant d'après; les deux coupables, qui ne le sont qu'à moitié, n'encourent d'autre punition que les angoisses auxquelles ils se sont exposés par leur faute, et la pièce se termine sans effusion de sang. Feuillet a écrit des œuvres plus fortes et qui vont plus au fond des choses; mais il n'a rien fait au théâtre qui soit aussi habile et d'une trame aussi serrée. Ce jour-là il a vraiment mérité ses lettres de maîtrise.

Je ne veux pas dire que cette habileté technique

soit son titre principal, ni faire de lui un autre Scribe. Il est à la fois moins et plus. Il est bien loin d'avoir la fécondité prodigieuse, l'ingéniosité, la sûreté de facture de son devancier. S'il l'emporte sur lui, c'est par d'autres qualités, que Scribe a trop dédaignées. La première de toutes, celle qui manquait le plus à son prédécesseur, c'est de ne pas écrire uniquement en vue du succès immédiat, du succès d'argent. Scribe est le serviteur très humble du public, à qui il sert le plat qu'il suppose devoir flatter son goût. Feuillet au contraire a des idées, des convictions qu'il essaye de faire partager au lecteur ou au spectateur. Cela complique sa tâche. La connaissance du métier n'y suffit pas, il y faut de l'art. Quand on ne veut qu'écrire un proverbe en un acte, on s'en tire encore; mais c'est une toute autre affaire de composer une grande comédie, d'imaginer non pas une action quelconque et des péripéties arbitraires, mais un cadre adapté à l'effet qu'on veut produire, des caractères et des incidents qui mettent en relief l'idée qu'on veut exprimer.

Tirer d'un roman qui a eu un succès éclatant, comme *Le Roman d'un jeune homme pauvre*, une comédie qui ne réussisse pas moins, cela n'est pas facile, et c'est ce que Feuillet a su faire. On a dit que le roman valait mieux que la pièce, et en gros je crois que cela est vrai. Mais ce qui ne l'est pas moins, c'est que l'auteur a tiré habilement parti des éléments dramatiques du sujet et éliminé avec un sens très juste tout ce qui au théâtre aurait paru trop romanesque. Et même la dernière partie vaut mieux dans le drame que dans le roman. A partir du moment où le mariage de Marguerite et de Bévallan est rompu, on est pressé d'arriver au dénouement inévitable, la réconciliation de Maxime avec Marguerite et leur union. Dans le roman, ce dénouement se fait trop attendre. Les deux amoureux nous font l'effet de deux entêtés, moins sublimes qu'agaçants, et les millions de Mademoiselle de Porhoët arrivent bien à propos pour les tirer d'embarras. J'aime infiniment mieux le dénouement du drame, où Feuillet s'est passé de *deus ex machina*. La scène du contrat, interrompue par un incident qui ne compromet Maxime un instant que pour le réhabiliter bientôt, est ingénieusement imaginée et conduite. Les soupçons qui pèsent sur lui, puis sa justification éclatante produite par les moyens mêmes qu'on avait employés pour le perdre, tout cela forme un dénouement qui non seulement plaît au public, mais qui est d'accord avec toutes les données de la pièce et avec le caractère du héros.

La reprise très heureuse que l'Odéon a faite en 1896 du *Roman d'un jeune homme pauvre* semble confirmer cette manière de voir. Il n'y a que les pièces bien faites qui, après trente-huit ans écoulés, puissent tenir l'affiche pendant une centaine de représentations. A propos de la reprise de 1885 au Gymnase, Weiss traitait dédaigneusement la pièce de « rapiéçage dramatique. » Il prétendait qu'en portant son roman au théâtre, Feuillet avait gâté un chef-d'œuvre. Je trouve, quant à moi, ce jugement trop sévère pour le drame et trop indulgent pour le roman.

J'avoue que la pièce a moins de couleur, qu'on n'y trouve ni ces jolis paysages, ni cette peinture de la noblesse provinciale de l'Ouest, ni cette figure romanesque de Mᵐᵉ de Porhoët-Gaël, qui plaisait tant au goût raffiné et blasé de Weiss. C'est par d'autres mérites que le drame a réussi et réussit encore : je suis tout uniment de l'avis du public, et je n'en veux nullement à une pièce de théâtre d'avoir surtout des qualités dramatiques.

Ces qualités-là ne sont, après tout, je l'avoue, que celles d'un adaptateur habile, et lorsque Feuillet veut, sortant du cadre des proverbes, *Le Cheveu blanc*, *Le Village*, où il triomphe, écrire une grande pièce en quatre ou cinq actes, on voit qu'il n'est plus sur son terrain. S'il est un sujet qui l'attirât, qui le passionnât, c'est celui de la crise, la fameuse crise qui se produit chez bien des femmes aux environs de la trentaine. Feuillet l'a traité plusieurs fois, sous forme dramatique ou romanesque. Dans *La Crise*, une de ses premières pièces, il l'avait esquissé d'une main légère; il y avait harmonie entre le développement un peu superficiel et la donnée de pure convention qu'il avait adoptée. Il n'en est plus ainsi dans *La Tentation*, qui est une comédie en cinq actes. Un cadre de fantaisie n'était plus de mise : il fallait imaginer une action vraisemblable, des incidents auxquels nous pussions croire, des personnages capables de nous intéresser. L'auteur a fait banqueroute. Que la comtesse de Vardes, femme incomprise, délaissée par son mari, s'éprenne à première vue d'un beau ténébreux, M. Georges Trevelyan, nous voulons bien l'admettre, encore que ce coup de foudre nous paraisse un peu extraordinaire. Mais ce que nous tiendrions à savoir d'abord, c'est comment un abîme s'est creusé peu à peu entre le comte de Vardes et sa femme; ensuite comment il se fait que cette honnête femme cède si vite, sans lutte apparente, et, semblable à la Gabrielle d'Emile Augier, soit en si peu de temps sur le point de commettre à la fois une faute et une folie, en désertant son foyer, son mari, sa fille, pour suivre son amant. Rien de tout cela n'est expliqué, et le caractère de M. de Vardes n'est pas moins obscur que celui de sa femme. C'est tantôt un viveur aimable et insouciant, tantôt un gentilhomme campagnard d'allures un peu grossières, puis subitement un Othello qui voit rouge et veut tout massacrer, enfin au dénouement le modèle des époux, noble cœur, esprit élevé, qui donne à sa fille en la mariant des conseils d'une haute sagesse.

Dans l'*Histoire d'une Parisienne*, Feuillet nous a présenté un M. de Maurescamp qui, lui aussi, est marié à une femme romanesque, et qui, après avoir vainement essayé de la convertir à des idées plus positives, se sentant, malgré sa bonne opinion de lui-même, méprisé par elle, s'en va chercher des consolations hors de chez lui. Par la porte qu'il a laissée entr'ouverte, un amant se glisse, mais un amant d'une espèce rare, platonique, respectueux. Cependant, sur un simple mot d'une fille qu'il entretient, il conçoit des soupçons, il provoque son rival et le tue. Mais il a tué en même temps chez sa femme ces sentiments d'honneur et de délicatesse qu'il raillait naguère : elle ne songe plus qu'à se venger, et elle finit par s'offrir à un libertin de mauvais ton, mais de première force à l'escrime, sur qui elle compte pour la débarrasser de son mari. A la bonne heure! Voilà qui est net et qui se comprend! Si le caractère de la baronne de Maurescamp dépasse un peu, soit dans le bien, soit dans le mal, les bornes du vraisemblable, celui du baron est au contraire d'une vérité frappante. Il est difficile de mieux peindre la nullité de l'intelligence et la vulgarité des goûts qui peuvent se dissimuler sous la belle mine d'un gentilhomme, le courage purement physique du *sportsman* uni à la lâcheté du viveur hébété et sans principes. M. de Maurescamp finit par se ranger, tout comme le comte de Vardes dans *La Tentation;* mais nous n'avons plus affaire ici à une de ces conversions inexpliquées que les auteurs dramatiques tiennent en réserve pour finir leur cinquième acte. M. de Maurescamp a vu la mort de près; il sait que c'est sa femme qui a armé le bras du capitaine de Sontis, et que ce n'est pas de sa faute s'il n'est pas mort du coup d'épée qu'il a reçu. C'est par crainte du scandale qu'il reprend la vie commune avec elle, et c'est parce que maintenant il a peur de sa femme qu'il devient, au lieu d'un tyran domestique, un mari docile et complaisant. Il ne manque pas un anneau à la chaîne des vraisemblances; et tandis que tout dans la comédie est à la fois banal et arbitraire, dans le roman, au contraire, la rapidité du récit n'ôte rien à la clarté, et, comme dans la vie elle-même, ce qui est fortuit en apparence s'explique par les caractères des personnages, leurs habitudes, leurs actes antérieurs.

Ce n'est donc pas par incapacité de voir la réalité et de la peindre que Feuillet a manqué sa comédie ; c'est parce qu'il n'a eu une conception claire ni du sujet qu'il voulait traiter, ni des personnages qu'il voulait mettre en scène, ni surtout du point exact où il fallait prendre l'action pour qu'elle pût former un tout et nous intéresser. Madame Octave Feuillet nous dit, dans *Quelques années de ma vie*, que son mari « n'écrivait jamais un roman ou une pièce sans que tout fût créé et coordonné dans sa tête. La recherche du sujet était pour son travail la période la plus douloureuse ; l'incubation durait des mois, je pourrais dire des années. » Je ne conteste pas la valeur de ce témoignage, mais il ne me persuade pas entièrement. Je veux bien que Feuillet portât longtemps ses romans dans sa tête avant de les écrire ; mais je ne crois pas que pendant cette période d'incubation ses sujets eussent leur forme définitive, que les contours de ses figures fussent nettement dessinés ; elles devaient flotter dans son imagination comme des fantômes qu'il essayait d'étreindre, mais qui se dérobaient à lui, jusqu'au moment où il se mettait à écrire et donnait enfin un corps à ces vagues et charmantes visions. Pour prendre un exemple, il me paraît difficile d'admettre que le *Roman d'un jeune homme pauvre*, je dis le roman, non la pièce, ait été composé suivant une méthode sévère. C'est une œuvre rêvée au jour le jour, où les sentiments intimes de l'auteur, les souvenirs de sa jeunesse, de ses années laborieuses à Paris, ses impressions de voyage en Bretagne, tous ces éléments se sont déposés peu à peu, comme le métal en fusion dans le moule préparé pour le recevoir. Ainsi s'explique le charme du roman; ainsi s'expliquent aussi ses longueurs. Son cours est lent et sinueux comme celui de cette rivière que Marguerite et Maxime descendent en canot par une belle matinée d'été. Quelques épisodes pourraient être retranchés sans inconvénient; mais comment l'auteur aurait-il le courage de les sacrifier? Chacun d'eux lui rappelle des impressions fraîches encore après tant d'années, des rêveries longtemps caressées; or, c'est pour épancher son cœur qu'il a composé son livre, et il s'est peu soucié, en écrivant sous la dictée de ses souvenirs, de savoir s'il manquait aux règles de l'art.

Je sais bien que Feuillet n'est pas tout entier dans le *Roman d'un jeune homme pauvre*, et qu'il a su ailleurs être rapide, concis, vigoureux. Mais en général la force de la conception n'est pas sa qualité maîtresse, ni par conséquent l'unité de la composition. Sauf dans un petit nombre d'œuvres, dans tout ce qu'il a écrit il y a des longueurs, et ce qu'en argot de théâtre on appelle des *trous*. Ses dernières pièces, *Un roman parisien*, *Chamillac*, qui ont eu du succès à leur heure, sont curieuses à étudier de ce point de vue. Weiss, dans un article très brillant et très juste, a montré à merveille que dans *Un roman parisien* le décousu de l'intrigue n'avait d'égal que la faiblesse, pour ne pas dire le néant de la conception. Quant à *Chamillac*, ce n'est pas une pièce ennuyeuse : il y a de jolies esquisses de mœurs, d'une couleur bien moderne. Mais quelle singulière façon de composer une comédie ! Qu'on se figure un mélodrame dont l'auteur se serait amusé à cacher soigneusement le sujet, la donnée essentielle, jusqu'à la dernière scène du cinquième acte. Jusque-là nous marchons à tâtons. Les allures paradoxales du héros, ses propos, sa conduite, nous font, comme à tous les acteurs de la pièce, l'effet d'une énigme inexplicable, qui s'explique cependant d'une façon assez naturelle, lorsque l'auteur, au dénouement, veut bien nous en donner la clef. C'est piquant, si l'on veut, mais cela est en désaccord avec toutes les idées qu'on peut raisonnablement se faire sur la façon de conduire une action dramatique.

Laissons de côté des pièces plus que discutables, pour examiner de près celle que l'auteur considérait, je crois, comme son œuvre maîtresse, *Julie*, représentée au Théâtre-Français en 1869. Dans une lettre qu'il écrivait à Madame Octave Feuillet, un an auparavant, de Fontainebleau, où il était avec la Cour, il raconte qu'il a lu son drame, à peine terminé, à Mme de Saulcy : « En résumé, » dit-il, « son impression est celle-ci : c'est poignant. La vérité même. Du réalisme distingué et délicat. Une porte qu'on ouvre sur un salon du vrai monde. Pas une ficelle. Simple, vrai et terrible. » En gros, ces éloges étaient justifiés, et Feuillet n'avait pas tort de penser du bien de son œuvre. C'est ce qu'il a écrit de plus fort pour le théâtre. *Julie* est une pièce taillée sur le même patron que *Le Supplice d'une femme*, joué quatre ans auparavant. Feuillet avait évidemment été très frappé de la nouvelle forme dramatique créée par Dumas fils. C'était tout le contraire du drame romantique. Il s'agissait d'exprimer par une action aussi simple et aussi courte que possible l'émotion qui se dégage d'une situation poignante. C'était en apparence revenir à la tradition classique, mais en apparence seulement. Si en effet Racine tend à réduire l'action au minimum, c'est pour laisser plus de place au développement des caractères et des passions. Il ne s'agit plus de cela dans les pièces faites sur le nouveau modèle. Non seulement nous sommes jetés tout de suite *in medias res*, mais les passions sont portées dès le début à leur plus haut point d'intensité. Point de lentes préparations, de nuances délicatement graduées, comme dans *Bérénice*; point de ces scènes brûlantes de passion, mais d'une forme oratoire, où Hermione invective et menace Pyrrhus en tirades éloquentes. Les interlocuteurs doivent se comprendre à demi mot ; leurs paroles ne font qu'achever ce que leurs regards se sont déjà dit. M. de Girardin a traité ce théâtre-là de *théâtre télégraphique*. Télégraphique ou non, il a produit des œuvres remarquables, et *Julie* en est une.

Et cependant, quand on voit jouer *Julie* après *Le Supplice d'une femme*, on s'aperçoit tout de suite que l'auteur du *Supplice* a le génie du théâtre, tandis que l'auteur de *Julie* est un artiste éminent, mais incomplet. Dumas, malgré les étroites limites dans lesquelles il s'est enfermé, n'a pas laissé dans l'ombre un seul point essentiel. Les trois personnages, Dumont, Alvarez, Mathilde, se disent tout ce qu'ils doivent se dire ; à la fin de la pièce, nous n'avons plus rien à apprendre sur leurs sentiments, et, en quelques scènes, l'auteur nous a fait voir sous toutes ses faces la terrible situation où ils sont placés. Cela est d'une conception puissante et d'un art achevé ; le drame de Feuillet n'en approche pas : il est cependant intéressant et digne d'attention.

Julie souffre depuis des années de l'abandon où la laisse son mari, M. de Cambre, qui n'est pas un méchant homme, mais un viveur insouciant, aimant sa femme à sa manière, mais lui donnant à tous moments de nouvelles rivales, et ne s'en cachant pas. Un ancien camarade de M. de Cambre, M. de Turgy, qui est leur voisin de campagne et leur intime, est au courant de cette situation. Il s'est pris de pitié d'abord, puis d'un violent amour pour Julie, qui s'en est aperçue, mais qui n'a pu se fâcher, puisqu'il a toujours gardé le silence, et qui a même trouvé dans cette sympathie muette, mais ardente, une douceur secrète et une consolation telle quelle de ses chagrins. Les choses en sont-là au lever du rideau. C'est la fin des vacances. La fille de Julie, Cécile, qui a seize ans, va repartir pour la pension, où son père exige qu'elle passe encore une année. Julie, qui est à bout de courage, et qui voit dans sa fille son unique soutien, demande à M. de Cambre de la lui laisser. Il refuse, à elle d'abord, puis à M. de Turgy, qui a joint ses instances aux siennes.

Comme s'il voulait mettre le comble à l'exaspération de sa femme, M. de Cambre lui demande de recevoir une Madame de Cressey, que le bruit public lui donne pour maîtresse. C'est alors que Turgy, resté seul avec Julie, laisse échapper l'aveu qui depuis si longtemps lui brûle les lèvres. Elle lui impose silence, mais elle sent qu'elle est déjà sa complice. Elle dit à la fin du premier acte : « Je suis perdue! »

La faute attendue a lieu dans l'entr'acte. Pendant une promenade à cheval, Julie et M. de Turgy, surpris par l'orage, se réfugient dans la maison d'un garde.

**Speluncam Dido dux et Trojanus eamdem
Devenere...**

Ils sont coupables, mais leur âme est trop haute pour accepter les compromis ordinaires de l'adultère; le soir même Julie fuira avec son amant. En attendant, ils retournent à la maison, où ils ne croient trouver personne, car M. de Cambre avait annoncé son départ pour Paris. Mais la première personne qu'ils aperçoivent, c'est lui, et bientôt après Julie se trouve en présence de sa fille, que son mari, par pitié pour elle, a renoncé à envoyer en pension. Elle rougit en l'apercevant, mais sa honte fait place à une véritable terreur, lorsqu'en causant avec elle sa fille lui confie son secret; elle aime M. de Turgy, et ne demande qu'à l'épouser. « M. de Turgy n'est pas libre, » lui dit sa mère; mais elle comprend que la situation ne peut se prolonger. Il faut que Turgy parte tout de suite, qu'il fasse ce voyage en Egypte dont il a souvent parlé.

A l'acte suivant un an s'est écoulé. Turgy a écrit à M. de Cambre pour lui annoncer son retour. M. de Cambre avait été surpris de son brusque départ ; il s'est demandé souvent quelle en a pu être la cause. Il avait cru remarquer que Cécile avait un faible pour son ami, et il s'en réjouissait, car il ne pouvait rêver un gendre qui lui convînt davantage. Il interroge sa fille, qui lui avoue qu'elle aimait Turgy, mais que sa mère lui a défendu de songer à ce mariage. M. de Cambre comprend tout, mais il veut avoir des preuves. Il tend à sa femme le piège classique ; il lui annonce à brûle-pourpoint la mort de Turgy, et la voit défaillir. Alors, furieux et haineux, il la torture de questions, non pour lui arracher un secret qu'il connaît déjà, mais pour se venger en la faisant souffrir. A bout de forces, lasse de mentir, croyant d'ailleurs que son amant est mort et sentant qu'elle ira bientôt le rejoindre, elle jette à la face de son mari l'aveu qu'il lui demande, puis elle tombe pâmée. Turgy entre à ce moment. De Cambre, menaçant, lui crie : « Tu sais que je te tuerai ! » Turgy court vers Julie, étendue sans mouvement, et se retournant vers le mari : « Tu sais... qu'elle est morte. »

En lisant cette analyse, on aura certainement remarqué quelles sont les grandes qualités de ce drame, et aussi quelles étranges lacunes il présente. A la lecture, on est surtout frappé du mérite de l'exécution, qui est admirable. Le style, à la fois souple et vigoureux, traduit les moindres nuances du sentiment aussi bien que les emportements de la passion. Mme de Sauley avait raison : c'est « du réalisme distingué et délicat. » Les conversations entre Julie et Turgy au premier acte sont la perfection même. C'est la nature prise sur le fait. Un mot, une réflexion insignifiante en apparence suffisent à nous faire comprendre l'état de leur cœur. S'ils tiennent des propos quelconques, s'ils évitent avec soin tout ce qui sortirait de la banalité courante, c'est qu'ils ont peur de se trahir et de laisser échapper leur secret. Au dernier acte, la scène où M. de Cambre, qui se sait trompé, veut obliger sa femme à confesser sa faute, est un exemple de ce que peut le rythme dramatique pour mettre en pleine lumière des sentiments qui essayent de se cacher, pour nous faire suivre la marche compliquée et les détours de la passion, en même temps que pour donner à la lutte entre deux adversaires l'intérêt d'un duel, où les paroles blessent et tuent aussi sûrement que des épées. Au début, la malheureuse femme, accablée par ce coup imprévu, la mort de Turgy, ne répond à son mari que par monosyllabes ; puis torturée, tenaillée par ses questions de plus en plus pressantes, elle essaye de se dérober comme un accusé aux prises avec un juge d'instruction ; enfin, poussée à bout, moins encore par l'interrogatoire que M. de Cambre lui fait subir que par les menaces et les insultes qu'elle sent sous chacune de ses paroles, elle perd patience, se révolte et joue le tout pour le tout : en deux répliques d'une éloquence âpre et douloureuse, elle se soulage de tout ce qu'elle a sur le cœur, et elle crie sa faute et son désespoir tout ensemble à son mari qui s'est fait son bourreau.

Ce sont là des beautés de premier ordre, et dans le genre du drame de passion je ne connais rien qui soit supérieur. Cependant, quand on voit jouer la pièce, on sent qu'il y manque quelque chose d'essentiel. On n'est pas ému, secoué, comme on devrait l'être par un pareil sujet; l'impression qu'on reçoit n'est pas en proportion du talent que l'auteur a déployé. La raison, Sarcey l'a indiquée avec sa sûreté habituelle dans des feuilletons dont je suis assez vieux pour me souvenir. Tout le drame repose sur un fait. Entre le premier et le second acte, Julie s'est donnée à M. de Turgy. C'est de ce simple fait que dépend tout le reste. En effet, si Turgy n'avait pas été, — pendant une heure, — l'amant de M{}^{me} de Cambre, l'amour de Cécile pour lui n'aurait pas eu de conséquences tragiques. Ou bien Julie aurait marié sa fille à l'homme qu'elle a aimé elle-même, comme le fait M{}^{me} de Tècle dans *Monsieur de Camors;* ou bien, si Turgy et elle avaient reculé devant l'idée de cette union, ils auraient pris avant la faute le parti qu'ils prennent après. Turgy serait parti pour l'Égypte, et n'en serait pas revenu de sitôt. Dans les deux cas, il n'y avait plus de drame. Il n'y a de drame que s'il y a chute, si M. de Turgy n'est pas seulement aimé de Julie, s'il devient son amant.

S'il en est ainsi, par quelle singulière aberration Feuillet a-t-il négligé d'écrire la scène décisive, celle où Julie, après avoir, il n'y a qu'un instant, imposé silence à Turgy, cède enfin et s'abandonne entre ses bras? Il ne sert à rien de dire que, si nous n'assistons pas à la chute de l'héroïne, tout ce qui précède nous y avait préparés; que l'auteur a reculé devant une peinture que ses idées artistiques et ses idées morales lui interdisaient également; que d'ailleurs la péripétie qui suit le retour des deux coupables, la scène où Turgy doit serrer la main de l'ami qu'il vient de déshonorer, celle où la mère est condamnée à rougir devant sa fille, que ces conséquences de la faute sont aussi émouvantes que le spectacle de la faute même. Tout cela, comme dit Molière, ne fait que blanchir. Si Feuillet a vraiment pensé que la scène essentielle du drame, celle que nous attendons et qu'on nous doit, était de celles qu'un auteur scrupuleux ne doit pas se permettre, c'était à lui de choisir un autre sujet ou de donner à celui qu'il avait choisi une forme assez différente pour que l'objection que nous lui faisons après Sarcey ne fût pas possible. Mais est-il vrai que la scène dont nous regrettons l'absence eût été nécessairement choquante et immorale? Ce serait une crainte un peu singulière de la part d'un écrivain qui a tant osé, et dans certains de ses romans, et dans le drame même que nous étudions. Car enfin, si l'on fait la petite bouche et si l'on se voile la face au seul mot d'immoralité, que pensera-t-on de cette scène du deuxième acte où Julie, sortant des bras de son amant, reçoit les baisers de sa fille et cause avec elle de l'homme dont depuis une heure elle est la maîtresse? Admirable scène, j'en conviens ; c'est une conception à la fois très dramatique et hautement morale d'avoir puni la faute de la mère en en faisant le seul obstacle à l'amour et au bonheur de sa fille. Mais on ne dira pas que celui qui a risqué une telle situation manquait de hardiesse. Pourquoi donc aurait-il été plus embarrassé de peindre la chute de Julie? De telles scènes choquent et révoltent chez un romancier naturaliste, parce qu'il ne nous montre, dans les emportements de la passion, que la bête humaine déchaînée. Mais un écrivain comme Feuillet peut tout oser, justement parce qu'il est sûr de n'être jamais brutal. Il nous aurait montré comment, en quelques minutes, cédant à l'affolement des sens, entraînée par le vertige de la passion, une honnête femme peut démentir tout son passé, perdre à jamais son avenir et celui des siens. Cette peinture terrible, nous avons le droit de l'exiger ; autrement, l'adultère de Julie n'est plus qu'un accident vulgaire, une surprise, et, comme disait Napoléon, une question de canapé.

Faute de cette scène indispensable, la pièce n'a plus de centre : les préparations savantes du premier acte n'aboutissent à rien ; les belles scènes du deuxième et du troisième perdent la moitié de leur intérêt. Et si le nœud manque dans le drame, le dénouement ne manque pas moins. Car la mort subite de Julie n'en est pas un. Il est trop commode de faire mourir d'une maladie de cœur une héroïne qui nous gêne. Feuillet ne savait comment finir sa pièce. Dans la lettre où il raconte qu'il l'a lue à

Mme de Saulcy, il parle d'un quatrième et dernier tableau qu'il voulait ajouter et qu'elle lui avait conseillé de ne pas mettre. Au point de vue du succès immédiat, il est possible que Mme de Saulcy eût raison. Le dialogue en deux répliques : « Tu sais que je te tuerai, — Tu sais... qu'elle est morte! » fait de l'effet au théâtre. Cela est concis, brillant; cela a l'air d'être fort. C'est faible en réalité. Feuillet disait qu'il n'y avait pas une *ficelle* dans sa pièce : il se trompait; ce dénouement en est une. M. de Cambre et son ami de Turgy ont beaucoup de choses à se dire, nous serions curieux de les entendre; il y a donc une scène à faire. Le rideau baisse trop tôt; la pièce n'est pas terminée.

Ainsi, dans l'œuvre la plus forte que Feuillet ait écrite pour le théâtre, il y a des faiblesses et des lacunes. L'exécution est irréprochable : c'est la conception qui est défectueuse; elle est trop hardie, ou elle ne l'est pas assez. Les scènes prises à part sont admirables; l'ensemble est incomplet. L'examen minutieux auquel nous venons de nous livrer ne fait d'ailleurs que confirmer les conclusions qui se dégageaient de nos analyses précédentes. Les seules œuvres achevées que Feuillet ait écrites pour la scène sont ses *Proverbes;* là seulement il y a un parfait accord entre la conception et l'exécution. Aucune de ses grandes comédies ne tient ce qu'elle promet. La plus distinguée, *Dalila*, n'est pas une pièce, c'est une série d'études dont quelques-unes sont remarquables, comme les scènes du troisième acte entre Roswein et Léonora. Mais cela ne fait pas un ensemble, une œuvre qui se tienne; c'est comme un album d'esquisses d'un grand maître. Le vrai titre dramatique de Feuillet, c'est d'avoir été un imitateur ingénieux, souvent original, de Musset et de Marivaux. Ce n'est que sous forme de romans qu'il a véritablement traité de grands sujets, et donné toute sa mesure.

II

LES SUJETS ET LES CARACTÈRES.

Ce n'est pas qu'il faille tracer une ligne de démarcation rigoureuse entre les romans de Feuillet et ses comédies. La nature de l'invention est sensiblement la même dans les uns et les autres. Une de ses œuvres, *La Clef d'or*, est un roman par lettres encadré entre un début et une conclusion sous forme dramatique. C'est la seule fois qu'il se soit essayé dans ce genre mixte. Mais il est aisé de remarquer, en étudiant son théâtre, que le mode de conception, la nature de certains épisodes, sont plutôt romanesques que dramatiques, et d'autre part on trouve dans ses romans un grand nombre de scènes qui sembleraient devoir réussir au théâtre.

Ses deux thèmes de prédilection, ceux qu'il a traités sous des formes très variées et avec une grande souplesse de talent, c'est d'abord la question du mariage, ensuite la question morale ou plutôt religieuse, celle de savoir si l'homme est capable de se conduire lui-même sans recourir à une aide surnaturelle, sans être soutenu par un dogme, un culte, une tradition. Ces deux problèmes, sans avoir la même importance théorique, ont au point de vue pratique un intérêt égal, surtout dans une société comme la nôtre, où les règles de la croyance et celles de la vie ont été plus d'une fois remises en question. Dans le succès qu'ont obtenu les romans et les comédies de Feuillet, je ne doute pas qu'il ne faille faire une part, à côté du talent de l'auteur, à la nature des sujets qu'il a abordés. Il y a sans doute des lecteurs qui se passionnent pour *l'écriture artiste*; mais la plupart s'intéressent davantage aux livres où l'on ne se désintéresse pas trop d'eux, où on ne traite pas les hommes comme de simples accidents du paysage. On dit que les romans à thèse, comme les écrivait George Sand, ont vieilli. C'est bien possible : les œuvres qui ne vieillissent pas sont rares. Mais je ne suis pas sûr que *Jacques* et *Le compagnon du tour de France* parussent moins démodés si, au lieu de poser le problème de l'amour dans le mariage ou d'attaquer l'inégalité sociale, l'auteur se fût amusé, comme les Goncourt, à nous peindre minutieusement les dessous du Paris bohême ou les faits et gestes d'une servante hystérique.

Si donc c'était par calcul que Feuillet eût choisi comme thèmes de ses romans quelques-uns des problèmes qui nous préoccupent, le calcul n'aurait pas été mauvais. Mais il n'a fait que suivre la pente naturelle de son esprit, en même temps que la tradition de ses devanciers. Les romantiques, qu'il est de mode aujourd'hui de représenter comme n'ayant innové que dans la forme, ont cependant posé les premiers certaines questions d'ordre moral ou social sur lesquelles on a beaucoup écrit depuis. Ce qui était nouveau dans les œuvres de début de Feuillet, ce n'était donc pas qu'on y discutât des théories, c'est que l'auteur prenait le contre-pied de ce qu'on avait soutenu avant lui. « C'est de Musset qu'il procède, » dit avec raison Sainte-Beuve, « mais en homme d'esprit il ne songea à l'imiter qu'en le contredisant. » Il faut ajouter que, ses préférences personnelles mises à part, Feuillet subissait, comme Augier à ce même moment, l'influence d'une réaction générale contre les théories et les tendances romantiques. Les jeunes de 1830 avaient sapé les bases de la société, le mariage, la famille; les jeunes de 1850 travaillèrent à les raffermir, et on ne les applaudit pas seulement parce qu'ils avaient du talent, mais parce qu'ils rassuraient les esprits effrayés.

La réhabilitation du mariage était donc à la mode; mais comment s'y prendre pour le réhabiliter? Augier, dans *Gabrielle*, avait opposé à une femme déséquilibrée et romanesque, sorte de Madame Bovary en herbe, un mari doué de toutes les qualités, y compris une qui risque de lui coûter cher, une confiance généreuse en la vertu de sa femme. Le procédé de Feuillet est moins simple, et me paraît témoigner d'une observation plus fine, d'une connaissance plus approfondie du sujet. Voici en substance ce qu'il en pense et ce qu'il en a dit sous vingt formes diverses. Le mariage tel qu'il existe, constitué par l'Eglise, affermi par une tradition de plusieurs siècles, est une institution qui a fait ses preuves. Non seulement elle est la pierre angulaire de la famille, mais elle est pour ceux qu'elle unit par des liens indissolubles un soutien et une garantie. Dans le mariage seul nous trouvons la dignité de la vie, le développement de nos meilleurs instincts, et une image affaiblie, imparfaite, terrestre pour tout dire, mais une image de ce bonheur céleste que le prêtre promet aux deux époux au pied de l'autel. En retour des avantages qu'il nous confère, il serait étrange que le mariage n'exigeât pas de nous certains sacrifices, et il en exige en effet. Enchaîner sa liberté à jamais, jurer d'être toujours fidèle, alors qu'on n'est qu'une créature de chair, d'aimer non pas pendant quelques mois, mais jusqu'au tombeau, un époux qu'on connaît à peine, une femme qu'on connaît moins encore (car qui peut deviner dans une mariée de vingt ans ce que la femme sera à trente?), ce sont là de graves engagements. Et cependant, si l'on n'est pas résolu à les tenir, il vaut mieux s'abstenir du mariage, qui en dehors de ces conditions n'est plus qu'une comédie indécente, un marché honteux, une source de malheurs certains et à peu près irrémédiables.

Or, si l'on compare sans parti pris le mariage tel qu'il se pratique autour de nous avec l'idéal que nous venons de tracer, il est facile de voir que l'idéal et la réalité ne se ressemblent guère. La critique que George Sand en a faite dans *Valentine* et dans *Indiana* renferme une grande part de vérité.

Seulement les remèdes qu'elle propose pour guérir le mal sont pires que le mal lui-même. A quoi bon, dit Feuillet, imaginer un type nouveau et chimérique, alors qu'il existe un type achevé, qui est le mariage chrétien tout simplement? Ce n'est pas l'institution, ce sont les hommes qu'il faut corriger. Et la première chose à faire pour cela, c'est de ne point s'aveugler volontairement et de voir les choses telles qu'elles sont. Envisager sans illusions le mal dont on souffre, c'est la première étape de la guérison.

Feuillet n'est pas un moraliste de profession, mais ce n'est pas davantage un pur artiste, et l'inspiration morale de ses romans ou de ses drames en est un des caractères essentiels. Il a des idées arrêtées sur le mariage, et ses œuvres sont des preuves à l'appui de ses théories. Lisez l'un après l'autre ces quatre romans : *Un Mariage dans le Monde*, *Histoire d'une Parisienne*, *La Morte*, *Honneur d'artiste*, vous reconnaîtrez que malgré de grandes différences dans la conception et surtout dans le dénouement, il s'agit de nous montrer les conséquences quelquefois tragiques, toujours graves, d'une erreur commise au début d'un mariage. Inégalité d'âge ou d'éducation, divergences radicales de nature ou d'opinion sur des points essentiels, un de ces germes de discorde et de malheur y a été déposé, et c'est à son développement que l'auteur nous fait assister.

Dans de pareils sujets, l'art du romancier consiste à grouper les plus importants parmi les mille détails dont se compose notre vie de tous les jours, à observer les gradations insensibles par lesquelles se préparent et s'opèrent les transformations profondes des cœurs. M. de Rias, le héros d'*Un Mariage dans le Monde*, a fait à la fois un mariage d'amour et un mariage de raison. Non seulement toutes les convenances y sont réunies, mais surtout il semble que les deux époux y apportent cette harmonie naturelle des cœurs et des intelligences, cette bonne volonté réciproque, qui sont les plus sûres garanties de bonheur. Cependant leur ménage ne tarde guère à tourner aussi mal que la plupart de ceux de leur monde. Pourquoi? Pour vingt raisons, dont pas une, prise à part, ne paraît avoir d'importance, mais qui, réunies, aboutissent à un désaccord irrémédiable, à une faillite de toutes les espérances que les deux époux avaient pu légitimement concevoir. M. de Rias, qui a trente ans, se plaît moins au bal et au spectacle que sa femme, qui en a vingt. Il aimerait à passer quelquefois la soirée avec elle au coin de son feu; mais elle n'en a guère envie, et l'éducation qu'elle a reçue ne l'y a guère préparée. Intelligente, mais trop ignorante pour soutenir une lecture ou une conversation sérieuse, elle craindrait de s'ennuyer et peut-être aussi d'ennuyer son mari. Celui-ci reprend donc ses habitudes de cercle, et laisse sa femme aller au bal avec sa mère. Il ne la voit plus qu'aux heures des repas. Il y a entre eux un véritable divorce moral, et il suffira d'un incident quelconque pour qu'ils se voient tout à coup au bord de l'abîme où peut sombrer l'honneur de la femme et le bonheur de tous deux.

Dans *la Morte*, les caractères sont différents, mais c'est la même façon de les peindre, en étudiant au jour le jour l'action lente et continue des petites causes qui déterminent les grands changements dans notre vie morale. C'est un peu par bravade, par entêtement, par amour de la difficulté, que M. de Vaudricourt, libre penseur, a tenu à épouser la pieuse et charmante Aliette de Courteheuse, qu'on lui refusait à cause de ses opinions. Il s'est flatté que la vie de Paris aurait raison des excès de piété de sa femme, de même que celle-ci a espéré amener peu à peu son mari à ses croyances, non par une prédication maladroite, mais par la douce influence de son exemple et de ses vertus. Tous les deux se sont trompés, et le progrès de leur désillusion réciproque est marqué par l'auteur avec beaucoup de précision et de finesse. C'est une contre-partie assez piquante d'*Un Mariage dans le Monde*. M. de Rias voulait retenir sa femme chez elle, lui donner le goût de la vie d'intérieur. M. de Vaudricourt, au contraire, sans empêcher la sienne d'aller à la messe tous les jours, voudrait qu'elle l'accompagnât au Bois le matin, qu'on la vît quelquefois au bal, qu'elle ne craignît pas d'aller avec lui au Palais-Royal ou aux Variétés. Il est vaincu dans la lutte; il renonce à Paris, il s'installe à la campagne, à la grande joie de sa femme. Mais c'est elle alors qui s'inquiète en voyant M. de Vaudricourt, qui n'a pas de goûts bucoliques, bâiller et regretter le boulevard. Encore un ménage désuni, à la merci des accidents, qui ne manquent jamais de se produire en pareil cas.

A ce don d'analyser les infiniments petits de la vie du cœur, Feuillet joint celui d'inventer des situations saisissantes, de celles qu'on appelle couramment et improprement des situations dramatiques. Une situation dramatique véritable, c'est celle que l'auteur a su nous faire prévoir ou désirer ; c'est la scène de Rodrigue et de Chimène après la mort du Comte ; c'est la situation d'Œdipe, dont toutes les paroles, toutes les démarches, annoncent ou préparent l'orage prêt à fondre sur sa tête. Un autre signe auquel on reconnaît les situations dramatiques, c'est qu'elles sont grosses de conséquences immédiates ou lointaines, qu'elles marquent un tournant de l'action. Lorsque Phèdre apprend par un mot de Thésée qu'elle a une rivale, qu'Aricie a trouvé le chemin du cœur d'Hippolyte, les remords qui le torturaient font place pour un instant à la jalousie, à la haine ; elle se tait, et elle perd par son silence celui qu'elle avait voulu sauver. Les situations qu'imagine Feuillet ne sont pas conçues avec cette puissance ; elles ont cependant leur mérite et leur intérêt.

Dans l'*Histoire d'une Parisienne*, M. de Maurescamp a provoqué Jacques de Lerne, qu'il soupçonne à tort d'être l'amant de sa femme. En vain celle-ci l'a supplié, s'est jetée à ses pieds ; le mari est resté inflexible : le duel doit avoir lieu dans l'après-midi à la frontière belge, et Jeanne de Maurescamp attend la dépêche qui lui annoncera le résultat. Il y a dans *Un Cœur de femme*, de Paul Bourget, une situation analogue, mais traitée d'une toute autre manière. Bourget nous fait suivre d'heure en heure, parfois de minute en minute, les sentiments, les angoisses, et comme les pulsations du cœur de son héroïne. C'est le triomphe de l'analyse. Chez Feuillet tout est en action. Nous assistons à cette longue, à cette mortelle journée d'attente, depuis le moment où elle a entendu son mari partir à l'aube jusqu'à celui où elle ouvre la dépêche fatale. Elle essaye de tuer les heures; elle se promène dans son jardin, elle va assister à la toilette matinale de son enfant; elle fait venir sa mère, espérant qu'elle soutiendra son courage. Mais elle a beau faire, pas une minute sa pensée ne peut se fixer sur autre chose que sur ce duel qu'elle voudrait oublier. Au milieu de ses perplexités, elle entend sonner, et elle voit passer dans le jardin le prévôt Lavarède qui vient donner sa leçon d'escrime à M. de Maurescamp. Elle le met au courant, et l'interroge sur l'issue probable du duel. « Le nom de l'adversaire? — M. de Lerne. — Dans ce cas, Madame, je crois que vous pouvez être bien tranquille. » Et Lavarède explique à Jeanne que M. de Lerne, blessé au bras dans un duel précédent, se fatigue vite et ne pourra tenir tête à son mari : « Alors vous croyez qu'il va tuer M. de Lerne? — Oh! le tuer..., j'espère que non, mais certainement il le blessera ou il le désarmera, ce qui est le plus probable..., du moins si la querelle n'est pas très sérieuse. — Mais enfin, Monsieur, vous êtes sûr que je n'ai rien à craindre pour mon mari, qu'il ne peut être blessé, lui? — J'en suis persuadé, Madame. » La scène est aussi sobrement exécutée que fortement conçue. Chaque mot que dit le prévôt pour rassurer Mme de Maurescamp est pour elle un coup de poignard, et pendant que Lavarède explique son trouble par les inquiétudes que lui cause le danger de son mari, nous devinons trop que c'est dans un autre sens qu'il faut l'interpréter. Il n'y a rien dans le théâtre de Feuillet qui soit supérieur pour l'effet dramatique à cette scène épisodique d'un de ses romans.

Ce genre de talent n'est nulle part plus visible que dans *Monsieur de Camors*, la plus forte des œuvres où Feuillet a développé sa thèse favorite sur l'impossibilité d'une morale séparée de la religion. Les scènes dramatiques qui abondent dans ce roman, au point qu'on se demande si l'auteur ne l'avait pas d'abord conçu sous forme de pièce, naissent pour la plupart d'une même situation diversifiée avec beaucoup d'art. M. de Camors doit tout à son parent, le général de Campvallon, qui l'a aidé de sa bourse alors qu'il n'avait rien, qui l'a fait nommer député, qui l'a traité en toute occasion comme un fils adoptif. Le général a épousé à soixante ans une fille de vingt-cinq, une orpheline belle et sans fortune, Mlle Charlotte d'Estrelles, cousine de Camors, éprise de celui-ci, et qui lui a offert sa main avant d'accepter celle de M. de Campvallon. Camors a refusé, non sans hésitation, car la beauté de Charlotte a fait grande impression sur lui, mais il a craint qu'un mariage pauvre n'entravât sa carrière. Il a bien prévu qu'en face de la cousine qui après s'être offerte à lui est devenue la femme d'un autre, sa situation serait plus que délicate. Mais il s'est flatté d'en sortir à son honneur; il s'est dit que la femme de son bienfaiteur devait être plus sacrée pour lui que pour tout autre : tromper le général serait de sa part une infamie, et il s'est juré qu'il ne la commettrait pas. Serment difficile à tenir, car Mᵐᵉ de Campvallon le soumet à des épreuves d'autant plus terribles que derrière ses coquetteries on sent la sincérité, et qu'elle tient moins encore à se venger de l'homme qui l'a dédaignée qu'à satisfaire une passion que les obstacles ne font qu'aviver.

Ce qui caractérise la plupart des scènes entre Camors et Mᵐᵉ de Campvallon, c'est qu'elles sont théâtrales encore plus que dramatiques. Le décor y joue un grand rôle, et les attitudes des personnages y ont autant d'importance que leurs sentiments. Il y en a une qui se passe dans le jardin du château de Campvallon : pendant que la jeune femme se promène au bras de son cousin, un orage éclate et les force à se réfugier dans une vieille chapelle à demi ruinée; les éclairs et les coups de tonnerre scandent les paroles, pleines tour à tour de colère et d'amour, de menaces et d'aveux mal déguisés, que Mᵐᵉ de Campvallon adresse à M. de Camors. Une autre fois c'est à l'Opéra; on joue *Les Huguenots*. A la fin du quatrième acte, Camors vient saluer sa cousine, qu'il trouve seule dans sa loge, et cachant mal les larmes qu'elle vient de répandre. Elle lui parle avec émotion de ces belles amours du seizième siècle auxquelles le danger toujours prochain communiquait une grandeur et une poésie qui manquent à nos petites intrigues de salon. Elle rêve ainsi tout haut devant lui, pendant que les lorgnettes sont braquées sur elle, et qu'elle entend dans le couloir les pas des promeneurs parmi lesquels est son mari. Une partie de l'intérêt de la scène tient au cadre dans lequel elle est placée.

En voici une autre qui vaut non plus seulement par des qualités d'exécution, mais par la conception elle-même, véritablement ingénieuse et forte. Une lettre anonyme a dénoncé au général l'intrigue de Camors avec Mme de Campvallon. Il a eu l'idée de les épier, mais il en a rougi, et il vient simplement et franchement mettre la lettre sous les yeux de sa femme. Elle pâlit, mais elle reste calme, malgré la terreur dont elle se sent envahir. Elle comprend qu'il n'y a qu'un moyen d'en finir avec les soupçons du général, c'est de lui offrir de faire avec son aveu ce qu'il n'a pas voulu faire à son insu ; elle lui propose d'assister, caché, à son entretien avec M. de Camors, qui va venir dans un instant, après la séance de la Chambre. Mais que de dangers dans cette combinaison, la seule cependant qui s'offre à elle ! Impossible de prévenir Camors : comment faire pour qu'il ne se trahisse pas dès son entrée, dès ses premiers mots ? Et quand même elle aurait franchi ce premier pas, comment tourner l'entretien de façon à rassurer le général ? Pendant qu'elle dissimule de son mieux son anxiété, on entend le timbre qui annonce l'arrivée de Camors ; le général se retire dans le salon voisin. Les deux amants sont face à face. Camors, qui arrive souriant et vainqueur, est frappé de l'expression du regard de sa maîtresse. Il se dit que le danger est là; il attend. Mme de Campvallon rompt le silence la première :

— Vous êtes aimable de me tenir parole, dit-elle.
— Mais c'est tout simple, dit Camors, qui s'assit.
— Non, car vous savez que vous venez encore ici pour y être tourmenté.. Eh bien ! voyons, m'arrivez-vous un peu converti à mon idée fixe?
— Quelle idée fixe? Il me semble que vous en avez plusieurs...
— Oui, mais je parle de la bonne ; de la meilleure au moins..., de votre mariage enfin...

Le mot décisif est lâché ; Camors sait enfin dans quel sens il doit manœuvrer. Il n'avance que pas à pas, avec la plus extrême prudence, suivant fidèlement les indications que sa maîtresse lui donne, et lisant dans ses regards ce que ses paroles ne peuvent dire. Quand elle lui parle mariage, il croit d'abord que c'est une feinte ; il prend la chose légèrement : « Je me sauve, » dit-il ; mais comme il fait mine de se lever, un regard terriblement significatif l'avertit qu'il fait fausse route, et il se rassied. Il comprend qu'il ne s'agit pas seulement de parler de son mariage, qu'il faut que ce mariage soit décidé avant qu'il sorte du salon. Avec un sang-froid parfait, en ménageant les transitions, en faisant quelques objections pour garder la vraisemblance, il laisse l'entretien s'acheminer vers le terme que Mme de Campvallon lui a assigné.

S'il s'agissait d'un drame, la scène serait un peu différente, plus développée surtout. L'auteur, ne pouvant pas intervenir pour compléter ce que disent ses personnages, devrait trouver d'autres moyens de se faire comprendre de nous. Mais, sauf ces changements de pure forme, cette conversation pourrait fort bien être transportée au théâtre. *Exceptis excipiendis*, elle rappelle la scène fameuse entre Junie et Britannicus, épiés par Néron invisible et présent. La situation est poignante, sans avoir rien de mélodramatique. Je n'en dirai pas autant de la scène où le général de Campvallon surprend sa femme et Camors dans un rendez-vous nocturne. Il s'avance sur eux la main levée; mais l'émotion a été trop forte, il bat l'air de ses bras, et la congestion le renverse aux pieds des deux amants. C'est une vraie scène de cinquième acte à la Porte Saint-Martin. Feuillet a montré ailleurs qu'il ne craint pas ces effets un peu gros, et qu'il se souvient d'avoir à ses débuts collaboré avec Paul Bocage. Au dénouement du *Sphinx*, Blanche de Chelles s'empoisonne sur le théâtre. Dans *Un roman parisien* le banquier Chevrial est frappé d'apoplexie en plein souper, au moment où il porte son fameux toast à la matière. Rappelons encore, dans l'*Histoire de Sibylle*, le suicide de Ganderax et la scène d'amour mélodramatique qui suit entre Clotilde et Raoul. Je ne parle pas de la mort de Julie, tuée fort à propos par un anévrisme, ni du *match* au pistolet dans *Honneur d'artiste*, renouvelé de la fameuse partie entre Richelieu et d'Aubigny dans *Mademoiselle de Belle-Isle*. Ce sont là des *ficelles* utiles pour tirer un auteur d'embarras, ce ne sont pas des preuves d'un vrai tempérament dramatique.

C'est surtout dans *Montjoye* que Feuillet a usé, non sans habileté, mais sans ménagement, de ces moyens trop faciles. Ce qui a contribué au gros succès de la pièce, c'est ce qui au point de vue de l'art en faisait l'inconvénient et le danger. C'est un vrai sujet de *mélo*, ou de pièce écrite en vue du prix Montyon. Lorsque Molière empruntait aux Espagnols *Le Festin de Pierre*, son instinct de grand artiste lui faisait transformer ce qu'il croyait imiter, et l'œuvre écrite par Tirso de Molina avec des intentions édifiantes devenait entre ses mains un drame philosophique aussi hardi que *Le Tartufe*. Hélas! le Montjoye de Feuillet n'a rien du Don Juan de Molière. C'est un athée en baudruche, qui se convertit parce que sa fille se trouve mal. Ses tirades du premier acte, ses affectations de libertinage en paroles et en conduite, ne servent qu'à préparer son retour dans le giron de la morale et de la famille. Chemin faisant, l'auteur a prodigué les combinaisons savamment banales, les scènes dont l'effet est sûr, car elles ont été faites vingt fois, et elles ont toujours réussi. Montjoye a jadis, par des manœuvres peu loyales, ruiné ou laissé ruiner son associé, Sorel, qui, à la veille d'être mis en faillite, s'est tiré un coup de revolver. Le fils de Sorel, Georges, vient de débuter au barreau avec succès. Montjoye l'attire chez lui, et veut lui donner sa fille. C'est au moment où le mariage va se conclure que Georges apprend toute la vérité par un vieil employé de la maison. L'ignorance invraisemblable où il est resté jusqu'alors n'a d'autre raison que de fournir à l'auteur une péripétie et une scène à effet. Dans l'explication qui s'ensuit, Georges insulte et provoque Montjoye. Ils se battent au pistolet. Georges est blessé grièvement; on le rapporte chez lui, c'est-à-dire dans la propre maison de Montjoye, où il occupe un appartement. Juste à ce moment la fille de Montjoye, Cécile, est dans la chambre de son père, à qui elle vient d'apporter, comme tous les jours, un bouquet de violettes. Elle entend du bruit, se met à la fenêtre, aperçoit Georges qu'on descend de voiture, pâle et inanimé. A côté de ces effets dramatiques, nous avons des scènes comiques, propres à distraire et à reposer l'auditoire. Une soirée chez Montjoye à Nanterre. Un soi-disant général péruvien, dont la femme est sa maîtresse, raconte une étonnante chasse au jaguar. Arrivée du maire de la commune, qui vient, accompagné des pompiers et de la fanfare, présenter la rosière, couronnée dans la journée. Discours de Montjoye, lazzis de son fils Roland. C'est du Labiche, avec plus de prétentions et moins de gaieté. Quant au dénouement, c'est du d'Ennery tout pur. Montjoye a sacrifié sa fortune pour désintéresser les créanciers de Sorel; il rentre au bras de son fils, blessé à Magenta et décoré. Georges épousera Cécile, et tout le monde sera content. Evidemment, lorsque Feuillet a servi au public cette étrange macédoine, les lauriers de Sardou l'empêchaient de dormir. Mais il y a entre lui et son modèle deux différences essentielles ; il a moins d'habileté que Sardou, et plus de conviction.

En étudiant la nature de l'invention chez Feuillet, en voyant quels en sont les mérites et les lacunes, nous avons pu déjà pressentir ce que sera chez lui la peinture des caractères. Caractères et situations se tiennent étroitement : les circonstances d'un récit, les péripéties d'un drame, nous intéressent surtout par ce qu'elles nous apprennent sur les sentiments des personnages. Ce qui fait que *Monsieur de Camors* est si supérieur à *Montjoye*, c'est que dans son roman Feuillet a essayé tout de bon de nous peindre un homme, tandis que sa pièce, malgré l'analogie du sujet, ne fait que flotter entre des inventions de vaudeville et des combinaisons de mélodrame.

Il est certain que les romans de Feuillet plaisent surtout aux femmes, et que les peintures de femmes y sont supérieures aux autres. Sauf M. de Camors, aucune de ses figures d'homme ne se grave dans notre imagination. Je ne dis pas qu'elles n'aient leur vérité et qu'elles ne donnent un jour à nos descendants une idée suffisamment exacte de ce qu'était un homme du monde aux environs de 1860, comme les Bajazet et les Xipharès de Racine nous font comprendre ce qu'était l'amoureux idéal deux siècles auparavant. Il y a çà et là quelques silhouettes assez nettement découpées qui tranchent sur la monotonie distinguée des autres figures : par exemple, dans l'*Histoire d'une Parisienne*, le *sportsman* millionnaire, positif et brutal, haut en couleur, infatué de sa belle prestance, de ses écus, et aussi de ses idées, ou de ce qu'il appelle ainsi ; dans l'*Histoire de Sibylle*, le comte de Vergnes, l'ancien beau, qui s'obstine à rester jeune malgré les années, et dont Feuillet a su indiquer d'un trait net et vif l'égoïsme et les ridicules, en même temps que la grâce, la bonne humeur, la courtoisie, qui les atténuent. Mais ce sont surtout les portraits de femmes qu'il a peints avec amour, et où il a été vraiment lui-même.

Les femmes d'Octave Feuillet sont surtout des amoureuses, et ce qu'il a étudié, ce sont les nuances que l'amour revêt suivant l'âge, l'éducation, les circonstances, les tempéraments. Ce qui donne leur charme aux vieilles femmes qu'il met en scène, c'est qu'elles se souviennent pour la plupart d'avoir été aimées. Si irréprochable qu'ait été leur passé, ce souvenir les rend indulgentes pour des tentations et des faiblesses qu'elles ne connaissent plus. Elles sont romanesques comme il est permis de l'être à leur âge, pour le compte des autres, et elles aiment que les jeunes gens le soient aussi, comme on aime à voir les fleurs s'épanouir au printemps. Les jeunes filles de Feuillet sont moins aimables que ses vieilles femmes. Elles ont l'intransigeance de leur âge, sans avoir toujours la grâce qui la corrige et la fait pardonner. L'héroïne du *Roman d'un jeune homme pauvre*, Marguerite Laroque, à force de monter à cheval, a trop pris l'habitude de mener tout le monde à la cravache. Quant à Sibylle, c'est une insupportable petite pécore qui fait la leçon au curé de son village, en attendant de la faire à son amoureux.

Les jeunes femmes conservent quelquefois un peu de cette manie prêcheuse. Charlotte, dans *Le Journal d'une femme*, a l'amour de la vertu et la vocation du sacrifice, mais elle s'en sait trop bon gré. Dans *La Morte*, Aliette, qui a épousé un incrédule avec l'arrière-pensée de le convertir, réussit à l'ennuyer si bien qu'il cherche des distractions ailleurs. Berthe de Savigny, dans *Le Sphinx*, et Jeanne de Tryas, dans *Chamillac*, savent être irréprochables avec moins de raideur. Elles y ont d'autant plus de mérite que l'une voit son mari la tromper sous ses yeux avec sa meilleure amie, et que le fiancé de l'autre pousse l'amour des convenances mondaines jusqu'au pédantisme le plus agaçant. Mais ces aimables femmes, qui n'ont jamais eu la pensée d'une faute, sont moins intéressantes peut-être que celles qui ont eu des luttes à soutenir et à qui leur vertu a coûté plus cher. Le sujet que Feuillet affectionne entre tous, c'est ce que lui-même, dans une de ses premières comédies, a appelé *la crise*, c'est-à-dire l'épreuve qui se produit tôt ou tard dans la vie de beaucoup de femmes, et qui décide de leur destinée. Qu'elles en sortent vertueuses ou coupables, c'est cette épreuve qui les révèle ce qu'elles sont, et qui les force elles-mêmes à lire jusqu'au fond de leur cœur.

Il serait injuste de ne les juger que sur l'issue de la lutte. Elles n'ont pas toutes les mêmes combats à livrer, et il dépend quelquefois de fort peu de chose qu'elles soient vaincues ou victorieuses. Dans *Julie*, la faute de l'héroïne tient à un hasard. Que son mari lui eût accordé tout de suite ce qu'elle lui demandait, de garder sa fille auprès d'elle, elle trouvait dans sa présence un soutien et une protection contre l'amour de Turgy. Si Mme de Rias, l'héroïne d'*Un Mariage dans le Monde*, ne devient pas, dans un coup de folie, la maîtresse de M. de Pontis, ce n'est pas par vertu, c'est parce que M. de Kévern, qu'elle aime déjà à son insu, intervient à temps et la sauve d'une faute qu'elle allait commettre par désespoir plutôt que par amour. C'est un trait fort bien observé par Feuillet, que le seul sentiment du devoir est un faible préservatif pour une femme. Ce qui défend ses héroïnes contre un amour, c'est un autre amour, à moins que ce ne soit le respect de leur personne, cette horreur quasi physique de la souillure, qui le fait penser à ce qu'on dit de l'hermine; instinct poétique plutôt que sentiment moral, tel qu'il le représente chez cette charmante Cécile d'Eblis (*Journal d'une femme*), qui ne veut pas survivre à sa faute d'un jour, et qui va en robe de bal se coucher dans la neige comme dans un linceul. Je ne vois guère que Mme de Tècle qui, dans sa résistance à M. de Camors, semble soutenue par des principes moraux et religieux. Encore trouve-t-elle un appui dans l'amour de sa fille, comme la gracieuse vicomtesse d'Aymaret (*Honneur d'artiste*), qui avoue à Pierrepont, quand elle peut le faire sans danger, qu'elle l'a aimé, qu'elle l'aime encore, et que c'est la pensée d'avoir à rougir un jour devant ses fils qui l'a défendue contre lui.

Madame Octave Feuillet considère *Dalila* comme le chef-d'œuvre de son mari, et c'est peut-être en effet ce qu'il a écrit de plus original pour le théâtre. Le personnage de la princesse Falconieri, cette Célimène romantique, lui fait grand honneur. Cette fois sa main n'a pas tremblé : son portrait de la grande dame coquette est impitoyable sans déclamation. C'est le seul caractère de ce genre qu'on trouve dans toute son œuvre. Blanche de Chelles dans *Le Sphinx*, Mme de Campvallon dans *Monsieur de Camors*, ont bien leurs moments de coquetterie, mais de coquetterie fiévreuse et passionnée ; elles ne sont jamais de sang-froid ; leurs nerfs les dominent ; leur amour, violent et sincère, leur fait commettre des imprudences dont une vraie coquette est incapable. Madame de Palme, dans *La Petite Comtesse*, leur ressemble par la spontanéité des sentiments et l'audace de la conduite ; elle s'en distingue par la naïveté, la jeunesse, la candeur, qui éclatent en elle lorsqu'elle se montre telle qu'elle est, parmi les bravades et les fanfaronnades de perversité dont elle est coutumière.

Quel que soit le mérite de ces créations, le personnage de Julia de Trécœur leur est bien supérieur ; le jour où Feuillet l'a conçu, il a atteint au grand art. Oser refaire la *Phèdre* de Racine et y réussir, cela suffirait à la gloire d'un romancier. Feuillet, en traitant ce sujet scabreux, n'a été ni moins chaste ni moins hardi que son modèle. Comme lui, il a osé et su tout dire, sans qu'à l'intérêt passionné qu'excite en nous le caractère de son héroïne se mêle l'ombre d'un sentiment équivoque. Feuillet écrit un roman et non un drame ; il n'a donc pas eu à chercher, comme Racine, des péripéties qui aident au développement de l'action et d'autres qui la conduisent à son dénouement. Depuis le moment où les deux personnages essentiels, M. de Lucan et Julia, se trouvent face à face, il s'est contenté d'indiquer, par une série d'incidents adroitement choisis, la passion, qui, d'abord cachée dans le cœur de la jeune femme et y grandissant malgré elle, exaspérée par les luttes mêmes qu'elle livre et par la résistance contre laquelle elle se brise, déborde enfin comme un torrent et menace de tout emporter. Tantôt ce sont des bouderies, des silences, ou bien des paroles amères, des allusions pénibles; tantôt, au contraire, sous prétexte de repentir et de réparation, des scènes plus dangereuses, des avances compromettantes de la jeune femme à son beau-père, des tête-à-tête inquiétants et mystérieux. Lucan craint à chaque minute que sa femme et le mari de Julia ne prennent l'éveil; il tremble par moments de devenir coupable à son tour, et qu'en présence de tant de beauté et de tant de souffrance, un amour criminel ne se glisse en lui sous forme de pitié. L'allure du récit devient de plus en plus dramatique; nous sentons que le dernier acte approche, et que la mort seule peut dénouer une telle situation. Une dernière fois Julia a voulu revoir Lucan, lui parler; il s'est dérobé à une tentation qu'il juge au-dessus de ses forces. Dans l'ombre du bois où il se croyait caché, et où elle l'a aperçu, il l'entend lui jeter ce mot : « Adieu! » Lorsque le lendemain matin il la voit avec terreur pousser son cheval vers le bord de la falaise, il comprend qu'elle s'est jugée et qu'elle va se punir. L'émotion poignante qui s'empare de lui et de son ami Moras, seuls témoins du suicide, nous la partageons en lisant ces admirables pages. L'impression, profondément dramatique, est produite par d'autres moyens que dans un drame : à l'analyse fine et forte des sentiments, à la marche rapide de l'action, s'ajoutent des descriptions d'un charme pénétrant. La figure de Julia reste inséparablement unie au souvenir de cet étang sombre et triste au bord duquel elle promenait sa souffrance, de cette source dans le bois où elle rafraîchissait son front brûlant, de cette lande d'ajoncs et de bruyères où elle lance son cheval pour aller chercher dans la mer profonde la mort et le repos. Telle qu'elle est, elle est d'une beauté achevée, digne des chefs-d'œuvre du théâtre comme de ceux du roman.

III

LES IDÉES ET LA MORALE.

Si toutes les œuvres de Feuillet étaient faites sur le même modèle que *Julia de Trécœur*, où la personnalité de l'auteur s'efface aussi complètement que dans les romans de Mérimée ou de Flaubert, ce chapitre n'aurait pas sa raison d'être. Mais *Julia de Trécœur* est une exception. Dans la plupart des ouvrages de Feuillet on trouve des jugements sur le monde et sur la vie ; quelques-uns ont été écrits pour soutenir une thèse ; il y a donc intérêt à rechercher quelles sont ses idées, ses tendances intellectuelles et morales.

Ce qui nous frappe d'abord, c'est de voir combien il a rétréci son horizon. Le monde qu'il nous peint est toujours le même : c'est celui du soi-disant Tout-Paris, celui qu'on rencontre aux courses et aux premières. Feuillet le juge sévèrement : il lui reproche avec raison son oisiveté affairée, son égoïsme, son immoralité. Avec tout cela, il ne peut pas s'en déprendre. En maint passage il a défendu la province contre le dédain peu justifié des Parisiens ; cependant on ne trouve presque jamais chez lui de peinture de ces mœurs provinciales qui ont si bien inspiré Balzac. De Paris même il ne connaît que les salons. Non pas qu'il soit en proie, comme d'autres romanciers, à la manie des grandeurs, ou que les brillants dehors de la vie mondaine l'éblouissent et l'empêchent de voir ce qu'elle est au fond. Mais on dirait que cette société qu'il critique est la seule qui l'intéresse, et que le reste de l'univers n'existe pas à ses yeux.

C'est qu'en effet il l'aime telle qu'elle est, et plus qu'il ne veut se l'avouer. Il l'aime comme Montaigne aimait Paris, « jusque dans ses verrues. » Ce monde gâté et séduisant du Second Empire, le monde de M. de Morny et de Mme de Metternich, il en a goûté le charme et l'éclat. Choyé à la Cour, jouant brillamment son rôle dans les charades de Fontainebleau et de Compiègne, il se fatigue par moments de tout ce tapage, il regrette la Normandie et sa solitude des Palliers ; mais il ne faudrait pas le prendre au mot. Il n'aurait pas passé quinze jours à Saint-Lô qu'il demanderait qu'on lui rendît l'enfer dont il vient de sortir. Ses aspirations de moraliste sont donc contrariées ou atténuées par le plaisir qu'il trouve, comme spectateur et même comme acteur, dans une vie qu'il ne peut toujours approuver.

Ce mélange de tendances très diverses, ces contradictions qui n'excluent pas la sincérité, contribuent à son originalité et donnent leur saveur à ses ouvrages. Sainte-Beuve disait de certains de ses proverbes, par exemple *Le Cheveu Blanc*, *le Pour et le Contre*, qu'ils ressemblaient moins à du Marivaux qu'à du Crébillon fils retourné, que Feuillet avait eu l'art de faire du mariage une galanterie et une bonne fortune. C'est piquant, disait-il, est-ce très moral? Doit-on nous ouvrir l'alcôve, fût-ce pour le bon motif? Feuillet, disait-il encore (faisant allusion surtout à *La Crise* et à *Péril en la demeure*), aime à placer ses personnages dans des situations critiques, et à les en faire sortir par un expédient quelconque, un petit moyen vertueux. Les femmes qui ne s'en sont pas tirées à si bon compte aiment pourtant à se laisser tromper par lui et à croire qu'elles n'ont jamais failli. Depuis que Sainte-Beuve écrivait ceci, Feuillet a agrandi et varié sa manière, mais l'inspiration fondamentale est restée la même. Il a toujours aimé à conduire les femmes sur le bord du précipice, à leur donner et à nous donner à nous-mêmes le frisson du péché, sans les laisser aller jusqu'au bout de la faute. Dans *Un Mariage dans le Monde*, Mme de Rias a accepté pour la nuit prochaine un rendez-vous de M. de Pontis. Son amie Mme de Lorris, qui sait que son frère, M. de Kévern, a de l'influence sur elle, le décide à lui écrire ces simples mots : « Vous serez bien malheureuse demain. » Cela suffit. Au fond ce n'est pas Pontis qu'aime Mme de Rias, c'est Kévern, quoiqu'il ait résisté à ses coquetteries, ou parce qu'il leur a résisté. Elle sent chez lui une sympathie sincère, en même temps qu'une volonté forte, sous laquelle elle est heureuse de plier. Il remet de l'ordre et de la dignité dans sa vie ; il la dirige, en attendant que le mari reprenne sa place au foyer. Mais en réalité cette place est déjà prise, et quand M. de Rias revient, il s'aperçoit qu'il est de trop. Peu importe ici la manière dont l'auteur a dénoué la situation : ce qui est significatif, c'est de l'avoir conçue. Feuillet nous dit bien en terminant que les Kévern sont rares, et qu'un mari fera toujours prudemment de ne pas déléguer ses pouvoirs. Mais ceci n'est qu'un conseil pratique, ce n'est pas une conclusion morale. En somme, il ne désapprouve ni M. de Kévern ni Mme de Rias, et il ne veut pas voir que son héroïne n'échappe que par cette sorte d'adultère sentimental à la faute positive qu'elle a été à deux doigts de commettre. Ce qu'on appelle l'honneur est sauf : mais nous ne sommes pas surpris que M. de Rias ne soit qu'à moitié satisfait.

Cette indulgence de l'auteur dans certains cas contraste avec la sévérité exagérée et intransigeante qu'on trouve dans d'autres romans. L'héroïne du *Journal d'une femme*, Charlotte d'Erra, a l'amour, on pourrait dire la manie, du sacrifice. Les devoirs que la vie nous impose ne lui suffisent pas : il lui en faut de plus difficiles à remplir, de plus raffinés. L'homme qu'elle aime, le commandant d'Eblis, se marie à sa meilleure amie, Cécile. Elle se console de sa douleur en épousant par charité un pauvre homme horriblement mutilé à la guerre, objet d'horreur pour les autres et pour lui-même, Roger de Louvercy. Au bout de cinq ans elle est veuve ; elle apprend alors de M. d'Eblis que, lui aussi, il l'aimait, et qu'en demandant la main de Cécile au lieu de la sienne il a voulu laisser la place libre à son ami Roger, passionnément épris d'elle. Son dévouement lui a mal réussi ; sa femme, tête légère, folle de plaisir, le rend, sans le vouloir, très malheureux. Charlotte entreprend de remettre la paix dans leur ménage, mais sans succès : Cécile, dans une heure d'affolement, tombe dans les bras d'un libertin. Elle se tue après s'être confessée à Charlotte ; elle lui écrit avant de mourir qu'elle seule était digne de M. d'Eblis, et qu'en l'épousant elle satisfera au dernier vœu de son amie.

Il ne tiendrait qu'à Charlotte d'être heureuse, si elle n'aimait mieux jouer jusqu'au bout son rôle héroïque. M. d'Eblis soupçonne que sa femme s'est tuée, et pourquoi. Il interroge Charlotte à ce sujet. Une autre qu'elle se contenterait de se taire, et de garder le secret que Cécile lui a confié. Ce serait simple, sensé, honnête, mais ce ne serait pas sublime : elle imagine donc autre chose. Elle lit à M. d'Eblis quelques lignes d'une lettre où Cécile, quelques mois auparavant, lui disait qu'elle n'était pas heureuse, que son mari ne la comprenait pas. Elle laisse penser à ce mari, un peu trop crédule, que c'est là la véritable cause du suicide de sa femme. Elle ment, elle désespère un honnête homme, elle se désespère elle-même, mais elle est satisfaite : elle a soutenu jusqu'au bout sa gageure d'héroïsme, et écrivant son Journal pour sa fille, elle dit en le finissant : « Tu apprendras de ta mère que la passion et le roman sont bons quelquefois avec l'aide de Dieu, qu'ils élèvent les cœurs, qu'ils leur enseignent les devoirs supérieurs, les grands sacrifices, les hautes joies de la vie. »

Je sais bien qu'il faut distinguer entre l'auteur et ses personnages ; mais il est visible que dans la personne de Charlotte d'Erra c'est un idéal du beau moral qu'il nous présente, et cet idéal nous avons le droit de le discuter. Au début du roman, il a mis non pas dans la bouche de Charlotte, mais dans celle de la grand'mère qui l'a élevée, une apologie de l'esprit romanesque : « Ce n'est pas, » dit-elle, « contre les idées romanesques qu'il faut mettre en garde la génération présente... le danger n'est pas là pour le moment... Nous ne périssons pas par l'enthousiasme, nous périssons par la platitude. » Ce n'est pas là une boutade isolée et sans importance ; ce sont des idées auxquelles Feuillet tenait sans doute, car il y est revenu plusieurs fois. Elles prêtent à des développements brillants, et elles contiennent assez de vérité pour qu'on n'aperçoive pas au premier abord ce qui s'y mêle de radicalement faux. Le devoir, dit-il en substance, le devoir tout seul est bien froid, bien sec, bien peu poétique; pourquoi ne pas le poétiser pour nous le faire accepter? Pourquoi ne pas utiliser pour le bien les ressources d'imagination dont le mal seul profite? — Que Feuillet fasse parler ainsi les femmes qu'il met en scène, on le comprend; mais on peut s'étonner qu'il leur donne raison, qu'il confonde volontairement ou involontairement l'idéal conçu par la conscience comme la loi de nos actes avec les créations changeantes et arbitraires de notre imagination. Singulière idée d'ériger en juge souverain « cette maîtresse d'erreur », et de remettre la direction de notre conduite à celle qui sait si bien nous égarer! Pourquoi opposer toujours la platitude de la réalité, la médiocrité de notre vie, à la poésie de nos rêves, à qui elle coupe les ailes? Ce sont là des vieilleries de romances, bonnes pour une Mme Bovary, qui ne peut se figurer son idéal qu'avec des bottes molles et un chapeau tyrolien. Le beau n'est pas l'extraordinaire; la poésie peut éclore dans la plus humble existence : nous coudoyons tous les jours des femmes qui se dévouent simplement à leur devoir, sans rompre avec le bon sens, et sans étaler comme la noble Charlotte le faste de leur stérile vertu.

Il y a dans ce faux idéal romanesque, qui séduit tant d'imaginations féminines, beaucoup de chimère et encore plus d'orgueil. On veut se distinguer du commun des hommes; on aime à se croire d'une essence supérieure; à défaut de mérite vrai, on s'en fait un de ce dédain qu'on affiche pour le vulgaire, et qui, chez la plupart, n'est qu'une forme de l'ignorance et de la sottise. Nous avons peine à comprendre que Feuillet, qui a fort bien défini ce que pourrait être et le rôle que pourrait jouer une aristocratie véritable, ait montré tant de complaisance pour la misérable parodie que nous en offre la société actuelle. Dans le détail il touche souvent juste ; on voit bien qu'il pense comme Francillon, que « les hommes sont en étoupe et les femmes en chiffon. » Mais jamais il n'a l'idée d'en sortir ; il semble que ce soit pour lui le seul air respirable. Le talent de monter à cheval et de bien mettre sa cravate lui paraît-il donc si essentiel à l'idée de « l'honnête homme, » comme disaient nos pères, qu'il ne puisse se résigner à peindre des malheureux qui en seraient privés ? Pense-t-il que ses élégances familières ne peuvent se déployer à l'aise que parmi les marquises et les duchesses ? Ou bien n'y aurait-il pas chez lui, comme dans le monde qu'il fréquente, la haine et la défiance de la démocratie ? Il nous représente une de ses héroïnes, Aliette de Courteheuse, élevée par son père dans le culte du dix-septième siècle, qui est pour lui l'idéal d'une société bien ordonnée, polie, croyante et lettrée. Le baron de Courteheuse pousse si loin cette religion du passé, que son jardin est planté et taillé sur le modèle de ceux de Versailles, que tout son mobilier est du pur Louis XIV : les fauteuils mêmes, raides et incommodes, lui plaisent comme une protestation contre le confortable amollissant des mœurs modernes. Le résultat, c'est que la jeune fille, élevée en plein dix-septième siècle, est fort dépaysée dans un temps où elle ne rencontre plus ni Bossuet, ni Mme de Sévigné, ni M. le Prince. Je ne prétends pas que Feuillet soit atteint au même degré de cette manie rétrospective ; mais il est certain qu'il est tourné vers le passé plutôt que vers l'avenir. Comme tant d'autres, il obéit moins à des principes qu'à des habitudes et à des répugnances : l'horreur que lui inspirent nos conseillers municipaux radicaux lui fait préférer la société des gommeux et des cocodettes.

C'est surtout en matière religieuse qu'il a, sinon une doctrine, du moins une attitude. Son cas n'est pas particulier ; ceux qui professent les mêmes idées que lui s'appellent légion. M. Jules Lemaître fait remarquer très justement qu'il est moins religieux que « bien pensant. » C'est-à-dire que la religion est moins pour lui une affaire de conscience qu'une question de tradition, et aussi de convenance et de bon ton. Quand on est né Français et d'un certain monde, on est catholique comme on est royaliste, pour ne pas se faire remarquer. Cela n'exige ni une foi bien vive, ni des renoncements trop douloureux. L'Église est une bonne mère, à condition qu'on ne fasse pas de scandale et qu'on maintienne son indépendance d'esprit dans de justes bornes. D'ailleurs Feuillet est, bien entendu, un catholique libéral ; il rêve de réconcilier le Grand Turc et la République de Venise, et la papauté avec l'esprit moderne. Il attaque à l'occasion la bigoterie, les pratiques puériles : il s'exprime avec modération sur le compte des incrédules sincères. Mais tout cela n'est qu'un faux vernis de libéralisme, et les vieux préjugés demeurent au fond. On peut en juger par l'étroitesse d'esprit, l'intolérance étourdie avec laquelle, dans son roman de *La Morte*, il tranche la grave question de la religion dans l'éducation. Déjà, dans l'*Histoire de Sibylle*, Raoul de Chalys, à qui son ami Ganderax soutient la possibilité d'une morale non religieuse, le réfutait, quoique se disant lui-même libre penseur, par des arguments qui ne sont pas de premier choix. Mais dans *La Morte*, lorsque Sabine Tallevaut, élevée par un oncle qui est à la fois un savant et une sorte de saint laïque comme Littré, devient empoisonneuse et adultère uniquement parce qu'elle n'a pas appris le catéchisme dans son enfance, il est permis de trouver que l'auteur compte trop sur la crédulité de son public. Mme de Beaumesnil, cette dévote de province dont Feuillet se moque dans l'*Histoire de Sibylle*, devait, en faisant son whist avec l'abbé Renaud, le régaler d'anecdotes édifiantes et terribles à peu près dans ce genre. Ce qui est tristement significatif, c'est le succès qu'a obtenu ce roman. Les défenseurs de l'autel avaient cette fois trouvé un livre selon leur cœur; ils ont dû se réjouir à la pensée que l'éducation laïque ne se relèverait pas d'un pareil coup.

On risquerait d'être injuste pour Feuillet en le jugeant sur des productions de cet ordre; on le prendrait pour un Georges Ohnet qui a du style. Il vaut beaucoup mieux que cela, et nous ne pouvons oublier que dans ce roman même de *La Morte* il y a des parties d'analyse fine et vraie qui rachètent (ou qui aggravent, selon le point de vue) la sottise provocante de la conception d'ensemble. Mais il faut bien avouer qu'en général chez lui l'idée n'est pas à la hauteur de l'exécution, et que, s'il a été parfois grand artiste, il est un médiocre penseur. Quand il a voulu se mesurer avec de grands sujets, ou bien il a été lamentablement inférieur comme dans *Montjoye*, ou bien, comme dans *Monsieur de Camors*, il a dissimulé l'insuffisance de sa démonstration sous la multiplicité des épisodes brillants et dramatiques. Il est bien plus à son aise lorsqu'il nous raconte des papotages de salon ou de club, lorsqu'il démêle avec tant de pénétration les origines et les progrès de la désunion dans un ménage, lorsqu'il décrit en traits si vifs et si sûrs l'invasion foudroyante de la passion dans un cœur.

Ce qui fait sa supériorité dans la peinture des mœurs mondaines est justement ce qui empêche son œuvre d'avoir plus de profondeur et de portée. Il est trop près de ses modèles. Non seulement il les connaît à merveille, mais il les aime, et jusqu'à un certain point il leur ressemble ; son horizon intellectuel est sensiblement le même que le leur. Excellentes conditions pour bien voir le détail, pour bien rendre la nuance exacte de cette société particulière ; mais conditions fâcheuses pour un observateur philosophe, qui voudrait nous montrer l'éternel fond humain, et que les remarques de détail devraient amener aux idées générales. Ces idées-là sont rares chez Feuillet, et plût à Dieu qu'il n'y en eût pas du tout ! Celles qu'on y trouve sont souvent de celles que les Bouvard et les Pécuchet des salons débitent le dos à la cheminée, pour la joie et l'édification des caillettes : quintessence de banalité, vérités de convention, aphorismes usés jusqu'à la corde. Ce qu'il y a encore de plus philosophique dans ses romans, ce sont ces conversations spirituelles de vieilles femmes, souriantes sous leurs cheveux blancs, sans illusions, mais sans amertume, et qui ouvrent aux jeunes gens les trésors de leur expérience. C'est d'une sagesse un peu courte à la vérité, mais cela est sensé, gracieux, préférable aux phrases prétentieuses qui cachent mal le vide de la pensée.

Pourquoi, après tout, demander à un auteur autre chose que ce qu'il peut nous donner? Octave Feuillet est le romancier du *high life* sous le second Empire : il faut lire ses romans, comme on lit les comédies de Meilhac, comme on feuillette la collection de *La Vie parisienne*, pour bien connaître un coin de la société d'alors, ses mœurs, ses sentiments, ses préjugés. Le peintre est en un sens aussi intéressant que les peintures. Il porte des préoccupations morales dans des sujets scabreux ; il a les idées d'un provincial avec les goûts d'un Parisien ; il unit au don de l'observation fine et juste des tendances ultraromanesques et un certain penchant pour le faux, pour le chimérique en toutes choses. Comme artiste, il a subi profondément à ses débuts certaines influences, celle de Walter Scott, celle de George Sand, celle de Musset, celle-ci surtout. Mais il a su assez vite se faire une manière bien à lui, et même plusieurs manières, car du *Roman d'un jeune homme pauvre* à *Monsieur de Camors* il y a une évolution manifeste.

Enfin une fois dans sa carrière il s'est élevé au-dessus de lui-même, et il a écrit *Julia de Trécœur*, où, sans sortir de son cadre habituel, il a su nous peindre non plus des gens du monde, mais des hommes, allier aux pénétrantes analyses du roman les effets puissants du drame, faire grand et vrai.

LE THÉATRE D'ÉMILE AUGIER

I

PIÉCES DE DÉBUT. — LA COMÉDIE MORALE. — LA PEINTURE DES MŒURS.

M. Jules Lemaître faisait remarquer naguère, à propos d'une reprise des *Effrontés* qui avait médiocrement réussi, que la pièce était dans « l'âge ingrat, » n'ayant plus la grâce de la nouveauté, n'ayant pas encore la consécration du temps. Je crois bien que c'est le cas pour tout le théâtre d'Augier. Les reprises de *Maître Guérin*, du *Fils de Giboyer*, du *Mariage d'Olympe*, n'ont pas eu plus de succès que celle des *Effrontés*. Le courant est ailleurs; il faut attendre que le vent ait changé. Même résultat si l'on considère la critique. Que les symbolistes et décadents de tout poil soient sévères pour Emile Augier, il y aurait de la naïveté à s'en étonner; mais ils ne sont pas les seuls; par exemple la *Revue des Deux-Mondes*, recueil grave, a publié, au moment même où l'on inaugurait le buste d'Emile Augier, à la fin de 1895, un article de M. Spronck qui était une véritable exécution. Cette réaction contre les succès d'antan me paraît exagérée, et je voudrais essayer de dire pourquoi.

Ceux qui aujourd'hui reprochent à Augier de n'être pas « dans le mouvement » oublient ou ignorent qu'il y a été à son heure, ce qui est l'essentiel. Soyons tant qu'on voudra des hommes de notre temps; cela ne doit pas nous empêcher, pour apprécier un auteur dramatique, de voir où en était le théâtre au moment de ses débuts. Or, il n'est pas douteux qu'en 1844, lorsqu'on joua *La Ciguë*, le roi du théâtre était Scribe. L'éclat de certaines œuvres romantiques nous fait un peu illusion; nous nous imaginons trop que, les premiers obstacles une fois vaincus, Victor Hugo et Alexandre Dumas ont marché de succès en succès. C'est une grande erreur. Ils ont eu autant d'échecs que de triomphes, et leurs victoires mêmes étaient toujours contestées par une partie du public. Il ne faut pas oublier que Casimir Delavigne, dont les hardiesses pseudo-romantiques furent toujours des plus tempérées, se faisait applaudir en même temps que Victor Hugo, et qu'en somme la majorité des spectateurs d'alors préférait *Louis XI* à *Marion Delorme*. Ainsi, au temps même des grandes victoires romantiques, la réaction contre le romantisme se préparait sourdement; la chute des *Burgraves* et le succès prodigieux de *Lucrèce* ne furent que la manifestation éclatante d'un état d'esprit qui allait s'accentuant depuis quelques années. Victor Hugo avait surmené son public, qui aspirait en secret à un nouveau Casimir Delavigne, et qui crut le retrouver, revu et corrigé, dans la personne de Ponsard. Ne viendrait-il pas un jour où l'on se lasserait aussi de Scribe? En tout cas, en 1843, ce jour paraissait encore loin; deux de ses succès les moins contestés, *Adrienne Lecouvreur* et *Bataille de Dames*, sont, l'un de 1849, l'autre de 1851.

Les débuts d'Emile Augier se sont faits sans fracas et n'ont rien eu de révolutionnaire; *La Ciguë* se joua à petit bruit et eut surtout le suffrage des lettrés. Il est curieux que ce soit le critique romantique, Th. Gautier, qui ait été le plus enthousiaste et qui ait salué l'avènement d'un nouveau poète dramatique. Peut-être jugea-t-il la pièce un peu autrement que nous ne le faisons; avec son imagination d'artiste, il se laissa prendre à la poésie de ce décor athénien, qui le faisait rêver du Parthénon et de Phidias; il mit dans son feuilleton la couleur locale qui manque dans la pièce et que l'auteur n'avait pas eu la prétention d'y mettre. Avec tout cela, on s'étonne un peu qu'un critique qui avait traité si sévèrement la renaissance de la poésie classique dans Ponsard se soit montré si bienveillant pour un poète qui se rattachait visiblement à la même tradition. Il dut être sensible à ce qui est, en effet, le charme principal de *La Ciguë* : cet air de jeunesse et de sincérité que l'œuvre entière respire. L'intrigue était naïve, la composition trop symétrique; aucun souci de la vraisemblance; l'auteur n'avait même pas essayé de nous faire prendre au sérieux cette antiquité de fantaisie qui servait de cadre à son ouvrage. Mais ces gaucheries mêmes n'étaient pas sans grâce; cela avait le suprême mérite de n'être pas l'article courant, le vaudeville éternel que Scribe et ses disciples débitaient depuis vingt ans à leur clientèle. Sans doute, les imitations ne manquaient pas; il est bien rare qu'elles manquent chez un poète qui débute. Pour la langue, pour le rythme dramatique, Augier s'était inspiré de Molière; pour les sentiments, de Musset. Mais il y avait dans ces imitations de la fraîcheur et de la bonne foi; c'étaient ses idées, ses aspirations et celles de la jeunesse contemporaine que le poète revêtait des formes de style et de pensée qu'il empruntait à d'autres.

Alexandre Dumas fils a dit que c'était Musset qui avait porté le premier coup à l'influence toute-puissante de Scribe. Il veut parler du théâtre de Musset, qui commença à se jouer en 1847, et qui fut, en effet, par la pureté du style, par l'originalité des idées et des sentiments, une vraie révélation pour le public saturé des intrigues de convention et des personnages stéréotypés du faiseur à la mode. Mais ce n'est pas seulement par son théâtre, c'est par toute son œuvre, et surtout par ses poésies, que Musset commençait alors à exercer sur la jeunesse un empire qui a duré vingt-cinq ans. Il y a eu des poètes aussi admirés, il n'y en a pas eu de plus aimés. Toute une génération a senti d'après lui; ses plus tristes héros, les Frank ou les Rolla, avaient leurs adeptes; on avait Musset dans les fibres, dans le sang. Je n'en voudrais pour preuve que la belle page où Taine, dans son *Histoire de la littérature anglaise*, explique pourquoi il le préfère à Tennyson. Augier, quelque bien équilibré qu'il fût, a subi cette influence, comme tous ses contemporains. Les héros de ses premières pièces, Clinias dans *La Ciguë*, Chalcidias dans *Le Joueur de Flûte*, Fabrice dans *L'Aventurière*, sont des personnages à la Musset. Ils n'ont plus les allures fatales, l'éloquence déclamatoire d'un René, d'un Bénédict, d'un Antony; ils ne maudissent plus le jour qui les a vus naître et la société qui les opprime; ils ont ou ils croient avoir le dégoût de la vie, mais ils ne s'en prennent qu'à eux-mêmes, à leur précoce expérience, à leur scepticisme et à leur corruption qu'ils exagèrent. Ils sont un peu fanfarons de vice, ce qui ne les empêche pas d'avoir un culte sincère, encore que tout platonique, pour la candeur, la pureté virginale, les vertus qui leur manquent le plus.

Cette influence de Musset se combine, dans les premières pièces d'Augier, avec des éléments très différents. C'est d'abord une gaieté saine, une belle humeur robuste, qui fait penser à Regnard, et qui n'a rien de commun avec la fantaisie étincelante de Musset. Tout n'est pas de premier choix dans la partie comique de *La Ciguë* ou même de *L'Aventurière*; les plaisanteries sont grosses quelquefois, mais il y a de la verve et souvent un rire communicatif. Le rôle de don Annibal, le spadassin ivrogne, est excellent dans son ensemble : c'est un rajeunissement très heureux d'un type de la vieille comédie latine. L'autre élément caractéristique, c'est la préoccupation morale, très visible dès les premières comédies d'Emile Augier, et qui le distingue à la fois de Scribe et des romantiques.

Je ne veux rien exagérer; je sais qu'il y a dans *La Ciguë*, dans *Le Joueur de Flûte*, dans *L'Aventurière*, plus de fantaisie et de convention que de peinture de la réalité, et qu'il y aurait quelque ridicule à traiter des fantoches aussi sérieusement que des hommes en chair et en os. Il n'en est pas moins vrai que le sujet de *La Ciguë*, c'est l'éveil de l'amour pur dans un cœur qui s'est cru mort, usé par la débauche. *Le Joueur de Flûte* n'est, en apparence, que le vieux sujet de *La Courtisane amoureuse*; mais il ne faut pas comparer bien longtemps la comédie d'Augier au conte de La Fontaine, pour voir que l'inspiration en est entièrement différente. La courtisane de La Fontaine veut, au prix de toutes les humiliations, posséder celui qu'elle aime, celle d'Emile Augier tient surtout à racheter son passé; l'amour lui enseigne le remords et la fait naître à la vie morale. *L'Aventurière* est un panégyrique de la famille et de la vie régulière. Fabrice, vieux à trente ans pour avoir trop vécu, envie le bonheur simple et pur des deux amoureux qui suivent la voie droite qu'il a quittée. Que n'ai-je fait comme vous! leur dit-il :

> Ma jeunesse au soleil se fût épanouie,
> Par un hymen fécond doucement réjouie;
> Enfin, peu soucieux de la fuite du temps,
> J'attendrais la vieillesse entre de beaux enfants...

Il n'est pas jusqu'à Clorinde, l'aventurière, qui

ne soupire après le repos de la vie bourgeoise :

> Je ressemble au marin fatigué de la mer;
> Et comme il porte envie à la tranquille joie
> Des rivages heureux que son vaisseau côtoie,
> Ainsi je porte envie au monde régulier...

Mais ce monde dont elle rêve, elle n'y entrera pas. L'auteur pourra s'attendrir sur elle et montrer celle qui a tant joué la comédie de l'amour, touchée à son tour d'un amour sincère; sa conclusion n'en reste pas moins nette et rigoureuse : la société ne peut permettre à la femme qui a failli de franchir le seuil de la famille.

On peut donc dire que l'inspiration morale est sensible chez Emile Augier dès ses débuts. Cependant ce n'est qu'en écrivant *Gabrielle* qu'il prend position, et c'est ce qui donne à cette pièce une importance particulière, tout à fait indépendante de sa valeur d'art. *Gabrielle* valut à son auteur un prix de l'Académie Française et les anathèmes des romantiques. Récompense et injures s'adressaient moins aux qualités et aux défauts de la pièce qu'à la thèse que l'auteur avait soutenue, à la morale qu'il avait prêchée. La thèse, c'était la réhabilitation du mariage, par opposition à la doctrine des romantiques, qui divinisaient la passion. Qu'on se rappelle l'*Antony* d'Alexandre Dumas. Antony, aimé d'Adèle d'Hervey, qui lui résiste, la prend de force au moment où elle va rejoindre son mari, et, au moment où le colonel d'Hervey vient rejoindre sa femme, il la tue pour qu'elle ne soit plus à lui. Mais ce qui est encore plus significatif que l'action de la pièce, c'est la thèse que l'auteur soutient. Suivant lui, la rencontre d'Adèle et d'Antony a quelque chose de providentiel; l'amour d'Adèle est une compensation aux infortunes d'Antony le bâtard; il semble que son malheur et son amour lui donnent des droits sur ce qu'il aime. Le mariage, voilà l'obstacle; la société, voilà l'ennemie. Mêmes idées dans les premiers romans de George Sand. Indiana et Valentine sont mariées sans amour et malgré elles; la destinée leur doit une revanche : ce sera l'amour de M. de Ramières et de Bénédict. Dans *Jacques*, la thèse est encore plus hardie. Là, c'est le mari qui, sachant qu'il n'est plus aimé, se tue pour laisser le champ libre à son rival. Lutter ne serait pas seulement une folie, mais un attentat contre la liberté souveraine de l'amour qui naît où il veut, dans le mariage ou hors du mariage; et c'est un homme marié qui soutient cette théorie.

Le sens commun suffisait pour faire justice de ces doctrines, mais non pas pour dissiper le prestige de l'éloquence et de la poésie. Le sens commun, c'est Scribe qui, suivant la vieille tradition de la comédie, ne prend pas l'amour au sérieux, encore moins au tragique. La passion vraie est à peu près aussi absente de son théâtre que l'idée du devoir. Il ne cherche pas à réformer la société bourgeoise, il la peint comme il la voit, et il l'admet sans objections. C'est un vrai réaliste, un réaliste sans le savoir. Il pense qu'à un certain âge il faut se marier, choisir une femme dans le monde auquel on appartient, la prendre le plus riche possible. Quant à l'adultère, il vaut mieux s'en abstenir, non parce que c'est une faute, mais parce que c'est une gêne; la chaîne qu'une maîtresse nous fait porter est plus lourde que celle du mariage. C'est cette philosophie un peu courte qui fait le fond de son théâtre. Cela pouvait suffire sous Louis-Philippe, dans une société qui, se croyant solide, ne voyait dans les doctrines des romantiques, comme dans celles des fouriéristes et des saint-simoniens, que des billevesées sans conséquence. Mais après le grand ébranlement de 1848, lorsque tant de principes que l'on croyait intangibles avaient été remis en discussion, il était naturel qu'on songeât à réhabiliter la famille et le mariage, comme on cherchait à restaurer les idées religieuses et à défendre la propriété contre les attaques des socialistes.

Bien entendu, je n'accuse pas Emile Augier de s'être associé à la réaction bourgeoise de 1849-1850, d'avoir été l'allié de M. Thiers ou de M. de Falloux. Il a subi l'entraînement général, mais en poète de bonne foi, non en homme politique. Ce qu'il y a d'absolu et de naïf dans sa conception serait, à défaut d'autre preuve, un gage de sa sincérité. La doctrine romantique poussée jusqu'à ses extrêmes conséquences, c'était que la passion, étant d'origine divine, a des droits supérieurs à ceux de la société, institution purement humaine. Mais peu d'écrivains faisaient preuve d'une logique aussi intrépide que George Sand dans *Jacques*; on se contentait en général de plaider la cause de la passion, et surtout de poétiser les désordres dont elle est la cause et l'excuse. C'est à cette tradition déjà ancienne, puisqu'on pouvait la faire remonter jusqu'à *René* et même jusqu'à *Werther*, qu'Emile Augier s'est bravement attaqué. Il n'a pas triché avec les difficultés, il les a abordées de front. Il s'agissait de prouver non pas seulement que le devoir est préférable à la passion, mais que dans le devoir seul est la vraie poésie. Le vers célèbre qui termine la comédie :

O père de famille ! ô poète ! je t'aime !

en résume toute la morale. La poésie du héros de la pièce, Julien Chabrière, n'est ni dans son esprit, qui est positif et pratique, ni dans ses aventures, car il a une vie terre à terre et n'en souhaite pas d'autre ; elle est dans son amour pour sa femme et son enfant, dans le labeur assidu auquel il se condamne pour leur faire une existence facile et douce. Les détails prosaïques que l'auteur a multipliés dans la première scène et sur lesquels les critiques romantiques se sont tant récriés, étaient nécessaires pour bien graver dans notre esprit l'idée maîtresse de la pièce, à savoir que l'idéal n'est pas dans les nuages où le cherche Gabrielle, mais dans les humbles devoirs de la vie de tous les jours, si on les accepte, comme le fait Julien, avec courage et avec joie.

Dès le commencement de la pièce, il y a divorce moral entre le mari, homme de bon sens, et la femme, vaporeuse, en proie aux chimères romanesques. Augier a voulu que le mari ne se doutât de rien, qu'il eût dans sa femme et dans l'amoureux de celle-ci, Stéphane, une aveugle confiance, qu'il a soulignée en opposant au calme souriant de Julien la jalousie ridicule de Tamponet. Il importe, quelque opinion qu'on ait de la pièce, de bien comprendre le but que l'auteur s'est proposé. S'il avait pensé à faire une étude sérieuse de l'âme de son héroïne, il est clair qu'il s'y serait pris autrement. Il n'aurait pas supposé que Gabrielle, qui, au premier acte, n'a pas encore permis à Stéphane de lui parler d'amour, est prête à se faire enlever par lui quelques heures après. Il aurait mis plus de gradation et au moins un intervalle de quelques jours entre le commencement et la fin de l'aventure. Et il aurait été alors obligé de mieux expliquer comment la confiance inaltérable du mari peut subsister malgré les allures inquiétantes de la femme. Mais si ces objections se sont présentées à l'esprit d'Augier, il n'en a pas tenu compte, parce qu'elles ne portaient pas sur l'essentiel de son drame.

L'action se divise en deux parties. Dans la première nous assistons à la séduction de Gabrielle par Stéphane; elle se termine par un coup de théâtre : Julien était sans défiance, un hasard le met au courant du danger qui le menace. Comment y échappera-t-il? C'est le sujet de la seconde partie, la plus courte, mais la plus importante. C'est sur le mari, personnage un peu effacé, que toute notre attention se concentre, et aussi notre sympathie, grâce à son sang-froid, à son courage, et aussi grâce à la confiance périlleuse et magnanime qu'il persiste à témoigner à Stéphane. Ses efforts sont vains, les deux amants vont fuir. C'est à ce moment que Julien, parti un instant, revient à l'improviste, et que, dans un long discours, qui occupe toute une scène, il plaide et gagne sa cause. On s'est beaucoup égayé de ce discours. Si grand que soit le pouvoir de l'éloquence, il est rare, a-t-on dit, qu'elle opère de pareils miracles; Julien est un peu naïf de s'y fier. C'est possible; je n'en tiens pas moins la scène pour excellente. D'abord, en fait, elle a réussi au théâtre; je dis de plus qu'elle devait réussir. Que les moyens employés pour l'amener soient discutables, je l'accorde; mais enfin le public l'attend, et s'intéresse à la hardiesse de ce mari qui joue son bonheur sur un coup de dés. D'ailleurs, si l'on pense à ce que doivent être les sentiments de Julien, sa conduite n'est pas aussi déraisonnable qu'elle en a l'air. De quoi s'agit-il pour lui ? Ce n'est pas de mettre Stéphane à la porte ou de lui donner un coup d'épée; le danger écarté aujourd'hui pourrait renaître demain. Ce qu'il veut, c'est reconquérir le cœur de sa femme, le reconquérir non pas pour un moment, mais pour toujours. J'admets qu'il faille se prêter avec une certaine complaisance à l'intention du poète, que la scène soit moins une peinture qu'un symbole de la réalité. Mais ce qui nous rend cette complaisance plus facile, c'est l'intérêt que nous prenons à cette situation si véritablement dramatique : les deux complices s'entendant condamner par un juge dont ils ne savent pas que leur faute est connue, troublés par ses paroles dont la vérité les pénètre malgré eux, tandis que lui-même interroge avec anxiété leurs regards et leur attitude, sans savoir encore ce qu'il doit craindre et ce qu'il peut espérer.

Il n'est pas douteux que *Gabrielle* donne prise à bien des critiques. La psychologie en est un peu rudimentaire. Le caractère de Gabrielle, la femme romanesque, est esquissé assez mollement. Celui de Julien n'existe guère; tout ce qu'on en peut dire, c'est qu'il est ce qu'il faut qu'il soit pour que les situations conçues par l'auteur puissent se développer. Stéphane est un personnage sacrifié, et l'on en voit aisément la raison. La pièce tout entière est une lutte entre la poésie frelatée de la passion et la poésie vraie du devoir. Que Julien soit exalté, que Stéphane soit rabaissé, on pouvait s'y attendre; la question est de savoir si nous pouvons nous contenter de cette solution trop simpliste, et si l'auteur, en faisant triompher la vertu à trop bon marché, ne provoque pas des objections qui ruineraient ou affaibliraient sa thèse.

Sous prétexte de défendre le mariage, faut-il nier que l'amour puisse exister en dehors de lui? Les romantiques ont divinisé la passion outre mesure, soit; mais à la condamner trop rigoureusement ne risque-t-on pas de tarir même la source des passions légitimes, de présenter le mariage d'amour comme une imprudence, et d'en revenir par une voie détournée à préconiser le mariage de raison, tout comme le faisait Scribe? Mais, sans aller jusqu'à cette conséquence, et en se renfermant dans la thèse soutenue par l'auteur, il est vrai sans doute que le devoir, que la morale ont leur poésie, la plus haute de toutes, si l'on veut ; mais il est faux qu'il n'y ait pas d'autre poésie que celle-là. La nature ne connaît pas ces limites étroites; partout où la vie se manifeste, partout où il y a joie et surtout souffrance sincère, la poésie jaillit d'elle-même; tous les moralistes du monde n'y feront jamais rien.

Il y aurait donc beaucoup à dire sur le fond même de *Gabrielle*, en même temps que sur la conception des caractères. Mais le succès qu'obtint la pièce ne s'en justifie pas moins par d'excellentes raisons. La thèse soutenue par Augier est un peu étroite, mais elle cadrait admirablement avec les préoccupations du public d'alors, et surtout l'auteur a su la présenter avec force, nous l'imposer; pas un seul moment il n'a perdu de vue son objet, l'idéalisation du mariage dans la personne du mari. On a pu lui reprocher des défauts de vraisemblance, mais non le manque d'unité : tout dans la pièce prépare cette dernière scène, si discutée, mais si habilement conçue, qui, en définitive, a décidé du succès de l'œuvre.

Il ne faut donc pas s'étonner si pendant assez longtemps Augier resta pour le public « l'auteur de *Gabrielle*. » D'abord le sujet était pris dans le vif des préoccupations contemporaines ; cette défense du foyer et du bon sens rassurait les bourgeois, un peu affolés par les théories sociales extravagantes qui s'étaient fait jour en 1848. Ensuite la netteté avec laquelle l'auteur avait soutenu sa thèse et pris parti donnait l'occasion de lui coller une étiquette, de le classer dans un certain groupe, la prétendue « école du bon sens ; » le public aime ces formules simples, qui dispensent d'étudier les choses de près, et permettent d'avoir des opinions littéraires à peu de frais. En réalité, pendant sa période d'apprentissage, Augier s'est essayé dans des genres très différents, depuis la comédie purement classique (*Un homme de bien*) jusqu'au drame historique (*Diane*), et on ne voit pas très nettement le lien entre *La Ciguë* et *Gabrielle*, entre *L'Aventurière* et *Philiberte*. Il n'a décidément échoué que lorsqu'il a voulu suivre directement les traces de Molière ou celles de Victor Hugo. Il n'avait pas, surtout à ses débuts, la force plastique nécessaire pour faire vivre cette figure de Tartufe à demi honnête qu'il a voulu créer dans le personnage de Féline d'*Un homme de bien*. Quant au drame historique, on est un peu surpris, après avoir lu *Diane*, qu'un homme comme Augier, qui avait le sens critique et savait se juger lui-même, ait risqué une pareille tentative. Ce n'est pas que le talent manque dans cette œuvre mal venue, mais ce talent est juste le contraire de celui qu'il faudrait. L'auteur a-t-il cru sérieusement qu'on pouvait refaire *Marion Delorme* en se passant de tout ce qui en fait le charme : l'inspiration pittoresque, la grande éloquence, et les beaux cris de passion de Didier ? S'est-il figuré qu'il était plus vrai, parce qu'il embourgeoisait tous ses personnages, y compris Louis XIII et Richelieu ? La pièce est très instructive pour nous, parce qu'elle nous montre très clairement les tendances naturelles de l'auteur : le goût de moraliser et le don de la composition dramatique, en même temps que ses lacunes : l'absence de qualités pittoresques et de grande poésie.

Le sujet de *Philiberte* lui convenait mieux parce que le cadre était moins vaste et que la restitution du milieu y avait moins d'importance. L'action se passe sous Louis XVI, mais elle pourrait tout aussi bien se passer de nos jours, et avec quelques retouches on ne s'apercevrait pas qu'on a changé de siècle. L'intérêt de la pièce est surtout psychologique. Il s'agit de peindre la méfiance, la réserve, les luttes intérieures de deux âmes fières : Philiberte, qui, étant riche et se croyant laide, ne pense pouvoir être aimée que pour sa dot; Raymond, qui, étant pauvre, n'ose ni demander la main d'une héritière, ni même, malgré l'évidence, croire qu'il en est aimé. Il était inévitable qu'un pareil thème évoquât le souvenir de Marivaux; mais en réalité la pièce d'Augier ne ressemble aux siennes ni par les données essentielles du sujet, ni par la manière de le traiter. Ce qui caractérise presque tous les héros de Marivaux, c'est qu'ils ne voient pas ou ne veulent pas voir clair dans le fond de leur cœur; et c'est tout naturel, puisqu'il s'attache à peindre des passions naissantes, encore mal conscientes d'elles-mêmes, ou des passions déjà sur leur déclin, mais qui n'ont pas le courage de se l'avouer. Il y a là une riche matière pour le développement dramatique : les amoureux en face l'un de l'autre n'osent pas faire les avances décisives; ils craignent de se compromettre; ils ne font un pas que pour reculer; l'action avance, mais lentement en apparence, quand même l'amour fait des progrès rapides; et nous avons sans cesse le plaisir de lire à cœur ouvert dans l'âme des héros qui, jusqu'au bout, ne veulent pas se découvrir à eux-mêmes leur secret.

Il n'y a rien de tel dans la comédie d'Augier : Raymond sait très bien qu'il aime Philiberte, et Philiberte qu'elle aime Raymond; seulement chacun d'eux, pour des raisons différentes, n'ose pas faire connaître à l'autre ses vrais sentiments. Ils sont séparés par un malentendu qui sera dissipé non pas par des conversations entre eux, mais par des incidents étrangers : Philiberte, courtisée par un fat qui lui fait une déclaration pour le mauvais motif, comprend qu'on peut aimer d'elle autre chose que sa fortune, et au moment où elle désespère de forcer Raymond à se prononcer, elle apprend qu'il s'est battu en duel pour elle, ce qui lui permet de faire les avances. Il y a là des situations piquantes, une action agréablement menée encore qu'un peu languissante, de l'esprit chez les personnages secondaires, quelquefois des accents assez touchants et une certaine hauteur morale chez les héros. Mais nous ne voyons rien, en somme, qui rappelle l'art si délicat de Marivaux, sa science profonde du cœur, et cette richesse d'invention dramatique qui fait que de tant de pièces qu'on dirait écrites sur le même sujet, il n'y en a pas deux qui se ressemblent.

J'arrive à l'œuvre d'Augier qui a peut-être le plus de chances de devenir classique, celle qui s'est jouée

6.

le plus souvent et avec le plus de succès, *le Gendre de Monsieur Poirier*.

De même qu'à propos de *Philiberte* on parle de Marivaux, il semble que *le Gendre de Monsieur Poirier* doive faire penser à Molière et au *Bourgeois gentilhomme*; ici le rapprochement serait plus juste. Mais l'influence de Molière ne s'est exercée qu'indirectement. La pièce d'Émile Augier et Jules Sandeau a été tirée d'un roman de celui-ci, *Sacs et Parchemins*. Or, dès les premières lignes de son roman, Sandeau évoque le souvenir de M. Jourdain. Il s'est demandé ce qu'il serait devenu de nos jours, sous Louis-Philippe, après la Révolution Française et l'avènement de la bourgeoisie. Son roman est une réponse à cette question. Le titre fait pressentir quel en est l'esprit général et le développement. Il s'agit d'un marché entre les possesseurs des *sacs* et ceux des *parchemins*, le bourgeois apportant sa fortune, le gentilhomme vendant son nom. M. Levrault, drapier enrichi, donne sa fille à un noble ruiné, le marquis de la La Rochelandier. Marché de dupe des deux parts; M. Levrault, qui voudrait être pair de France et danser à la Cour, est déçu dans ses ambitions, la Révolution de 1848 éclatant un peu trop tôt; en même temps il est ruiné, et le gendre n'a plus les écus du beau-père pour se consoler d'avoir épousé sa fille.

On peut remarquer que l'auteur, après s'être proposé le thème du *Bourgeois gentilhomme*, a dévié chemin faisant, et que la conclusion à laquelle il aboutit est plutôt celle de *George Dandin*, c'est-à-dire la condamnation des mariages disproportionnés. On aurait dû s'y attendre et se dire que le sujet du *Bourgeois gentilhomme* est devenu impossible à traiter de nos jours, du moins dans l'esprit où Molière l'avait conçu. Il suppose en effet entre les roturiers et la noblesse, une ligne de démarcation si nette, que les premiers ne peuvent songer sans absurdité à la franchir. Il faut non seulement que le gentilhomme dédaigne le bourgeois, mais que celui-ci trouve ce dédain naturel. A ses yeux le gentilhomme est d'une autre espèce que lui, et sa sottise consiste en ce que, sachant qu'il ne pourra pas s'approprier sa noblesse, il veut cependant en usurper les dehors, copier le langage, le costume, l'air des nobles, et être pris pour un gentilhomme au moins par les garçons tailleurs. Un bourgeois de notre temps, si naïf qu'on le suppose, n'aura pas cette forme de naïveté. Il est l'égal du gentilhomme devant la loi; et s'il n'a pas reçu la même éducation, il l'aura fait donner à ses fils et à ses filles. Il vit dans une société égalitaire où, en droit, il n'y a plus de privilèges, où le seul qui subsiste en fait c'est celui de l'argent; or il est riche. Que lui reste-t-il donc à envier? De se distinguer de ses égaux en pénétrant dans cette société fermée, dans cette caste exclusive qui vaut par son exclusivisme même, et aussi parce qu'elle s'appuie sur un long passé, tandis que l'aristocratie financière et bourgeoise ne date que d'hier. Nous assisterons ainsi à cet amusant spectacle, bien fait pour réjouir le cœur des sceptiques, de la bourgeoisie toute-puissante se reniant elle-même, et n'ayant pas de cesse qu'elle n'ait pénétré dans les rangs de la noblesse, que la veille encore elle s'imaginait dédaigner du haut de ses écus.

Peut-être, dans le sujet tel que Sandeau l'avait compris, restait-il un peu trop de l'ancienne conception de Molière. Son héros, M. Levrault, est une caricature, et les ambitions qu'on lui prête sont purement grotesques. Augier, dans sa comédie, n'a pas cru devoir supprimer ce trait. Le bonhomme Poirier rêve, lui aussi, de devenir pair de France. Il y a là surtout un moyen dramatique. Tant que Monsieur Poirier a pu espérer que son gendre favoriserait son ambition, il s'est montré bon prince, a supporté ses gouailleries sans mot dire, l'a laissé vivre en grand seigneur; une fois déçu, il change de tactique, serre les cordons de la bourse, et fait comprendre qu'il est le maître. Mais le véritable intérêt de la comédie est ailleurs : il est dans le contraste des deux caractères, ou, si l'on veut, des deux classes sociales que représentent le marquis de Presles et Monsieur Poirier. Cette opposition est très bien marquée dans la scène où il est question du payement des dettes du marquis. Il a eu affaire à des usuriers qui lui ont prêté à cinquante pour cent. Il se croit tenu de faire honneur à sa signature; son beau-père prétend qu'en remboursant ses créanciers de leurs déboursés réels, et en y ajoutant les intérêts, il aura satisfait à la plus scrupuleuse probité.

Gaston. — Il ne s'agit pas ici de probité, c'est une question d'honneur.

Poirier. — Quelle différence faites-vous donc entre les deux?

Gaston. — L'honneur est la probité du gentilhomme.

Poirier. — Ainsi, nos vertus changent de nom quand vous voulez bien les pratiquer? Vous les décrassez pour vous en servir! Je m'étonne d'une chose, c'est que le nez d'un noble daigne s'appeler comme le nez d'un bourgeois.

Gaston. — C'est que tous les nez sont égaux!

Poirier. — Croyez-vous donc que les hommes ne le soient pas?

Cette égalité à laquelle M. Poirier croit en théorie, il en fait bon marché en pratique, puisqu'il a voulu donner sa fille à un marquis et faire souche de gentilshommes.

Mais que les hommes soient égaux ou non, que ce soit la naissance ou l'éducation qui les fasse différents les uns des autres, ce qu'il y a de certain, c'est que ces différences existent, et que les idées et les habitudes de Gaston de Presles n'ont rien de commun avec celles du bonhomme Poirier. Le beau-père et le gendre pourraient à la rigueur se tolérer l'un l'autre s'ils vivaient séparés; mais dans le même hôtel, à la même table, les froissements seront continuels; on passera sa vie à escarmoucher, que ce soit à propos d'un menu de dîner ou d'une discussion politique; aux impertinences de l'un répondront les mauvais procédés de l'autre, jusqu'à la brouille finale et inévitable.

On pouvait tirer de là une œuvre d'analyse sèche et triste, comme certaines pièces de Becque ou du Théâtre-Libre; on pouvait en tirer un drame comme l'a fait Dumas dans *l'Étrangère*, où M. Mauriceau est un Poirier fin de siècle, où le duc de Septmonts est un marquis de Presles poussé au noir. Émile Augier, tout en marquant très nettement en quoi les deux principes en lutte sont irréconciliables, a voulu conserver à son œuvre une couleur aimable et souriante, par conséquent lui donner un dénouement heureux. C'est ce qui lui a fait imaginer le personnage d'Antoinette Poirier, marquise de Presles. Dans le roman de Sandeau, la fille du bourgeois était une petite personne sèche et positive, pour qui le mariage avec un marquis n'avait été qu'un calcul d'ambition. Dans la comédie, au contraire, Antoinette est une nature généreuse et fière, qui unit aux vertus bourgeoises toute la noblesse native d'une grande dame. C'est peut-être moins vrai, mais, au point de vue dramatique, c'est admirablement conçu. On pouvait reprocher au *Gendre de Monsieur Poirier* de renfermer deux pièces en une, une comédie de caractère jusqu'au milieu du troisième acte, un drame à partir de là. C'est le personnage d'Antoinette qui sert de lien et qui fait l'unité. Les incidents dramatiques de la seconde partie, la lettre trouvée et décachetée, le duel, ne font que compléter le rapprochement qui s'était fait au deuxième acte entre Antoinette et son mari. Il ne voyait en elle qu'une petite pensionnaire insignifiante; dans son différend avec ses créanciers il a découvert qu'elle avait du cœur; elle achève sa conquête lorsqu'après avoir eu la preuve qu'elle est trahie, elle refuse tour à tour de pardonner et de se venger, lorsqu'après lui avoir imposé de renoncer à son duel, elle lui crie : « Et maintenant va te battre! » Si l'on peut douter que le marquis de Presles fasse jamais bien bon ménage avec Monsieur Poirier, on peut espérer qu'il aura pour sa femme l'amour qu'elle mérite, et c'est sur cette impression que l'auteur a voulu nous laisser.

II

COMÉDIES RÉALISTES. — COMÉDIES SOCIALES.

Lorsqu'on passe du *Gendre de Monsieur Poirier* au *Mariage d'Olympe*, qui a été jouée un an après, on est d'abord saisi du contraste entre les deux pièces : autant il y a de gaieté et d'agrément dans l'une, autant l'autre est dure et triste. Entre les comédies qu'Augier avait données jusqu'alors il y avait un air de famille, il s'en dégageait une impression d'honnêteté souriante. Ici, pour la première fois, il a poussé la peinture au noir. Pour le fond du sujet il y a de l'analogie entre *Le Mariage d'Olympe* et *L'Aventurière*; mais quelle différence d'inspiration! Doña Clorinde est une aventurière gracieuse et poétique, Olympe est une héroïne de police correctionnelle. En condamnant la première, nous la plaignons; lorsqu'on abat la seconde d'un coup de pistolet, nous nous disons qu'elle n'a que ce qu'elle mérite. Au fond l'esprit de l'auteur est resté le même; *L'Aventurière, Gabrielle, Le Mariage d'Olympe*, reposent sur une même conception, absolue et intransigeante, de la morale sociale; mais il y a dans *Le Mariage d'Olympe* un accent tout nouveau, une âpreté de ton et un parti pris de réalisme qui attirent forcément notre attention.

L'explication de ce changement, on la connaît : c'est l'influence exercée sur Augier, comme sur tous ses contemporains, par les débuts d'Alexandre Dumas fils. *La Dame aux Camélias* était une œuvre tout à fait originale. Ce débutant, chose rare, ne relevait que de lui-même. Ce vieux sujet de la courtisane amoureuse, que Victor Hugo, qu'Émile Augier, après tant d'autres, avaient traité, Dumas l'avait si bien renouvelé qu'on ne s'apercevait même pas qu'il avait eu des devanciers. L'impression avait été profonde; tout Paris avait pleuré à cette admirable pièce; mais en même temps le scandale avait été grand. On n'avait plus affaire à une pure œuvre d'art, comme *Marion Delorme*; avec Armand Duval et Marguerite Gautier on se sentait en pleine réalité. Quelques précautions que l'auteur eût prises, quelque irréprochable que fût sa doctrine, ce qui dominait tout, c'était l'émotion si vive, si contagieuse, qui se dégageait de sa pièce. Il avait eu beau réserver les droits de la société, la société se sentait atteinte, et chaque père de famille pouvait craindre que son fils, au risque d'être malheureux comme Armand Duval, ne voulût aimer et être aimé comme lui.

Théodore Barrière avait essayé je ne dis pas de répondre à la thèse de Dumas, qui était inattaquable, mais de dissiper le prestige dangereux qui s'attachait à son héroïne. Il disait en somme : on vous a fait le roman de la courtisane, je vais en écrire l'histoire. Cette histoire, c'était *Les Filles de marbre*.

Ce qui montre l'impression qu'avait faite la pièce de Dumas et les inquiétudes qu'elle avait excitées, c'est le succès qu'obtint la comédie plate et prétentieuse, à peine lisible aujourd'hui, de Théodore Barrière. A la délicieuse Marguerite de Dumas il avait substitué Marco, la fille de marbre, d'une banalité écœurante ; Armand Duval s'était transformé en Raphaël, sculpteur larmoyant et insupportable, qui finit par mourir phtisique. De tout cela il résultait clairement que les artistes, surtout quand ils n'ont pas cent mille francs de rente, ont tort de perdre leur temps avec les petites dames. Cette morale suffit, paraît-il, à rassurer les spectateurs d'alors, qui firent un succès à la pièce.

Augier ne jugea pas sans doute que *Les Filles de marbre* fussent une réponse satisfaisante à la comédie de Dumas ; il voulut lui aussi dire son mot, et il écrivit *Le Mariage d'Olympe*. Il faut, pour bien entrer dans la conception de la pièce, se rappeler que ç'a été une œuvre de circonstance, un pamphlet dramatique écrit contre la théorie de la rédemption par l'amour. Le raisonneur de la pièce pose nettement la thèse dès la première scène : « Mettez un canard au milieu des cygnes, vous verrez qu'il regrettera sa mare et finira par y retourner. » En d'autres termes, les conversions des courtisanes ne peuvent être ni sérieuses ni durables. « Vous n'admettez donc pas de Madeleines repentantes ? » lui dit-on. « Si fait, répond-il, mais au désert seulement. »

Supposons qu'au lieu de mourir, Marguerite Gautier eût épousé Armand, qu'en serait-il advenu ? Armand aurait-il essayé de l'imposer à son monde, à sa famille? Qui ne voit les difficultés et les dégoûts inévitables qu'il aurait rencontrés dans une pareille entreprise? Se serait-il condamné à vivre à l'écart avec elle? Mais, au bout de quelques années, de quelques mois peut-être, la lassitude, la satiété, les regrets amers de son imprudence ne l'auraient-ils pas détaché d'elle? Aurait-il pu d'ailleurs oublier si bien le passé qu'une circonstance fortuite, comme la rencontre d'un des anciens amants de Marguerite, ne l'en fît cruellement souvenir? Lorsque Marion dit à Didier qu'il aura sa grâce, qu'il vivra, il lui répond qu'il aime mieux mourir :

> Vois-tu? mort, tu m'aimeras mieux.
> J'aurai dans ta mémoire une place sacrée ;
> Mais vivre près de toi, vivre l'âme ulcérée,
> O ciel! Moi qui n'aurais jamais aimé que toi,
> Tous les jours, — peux-tu bien y songer sans effroi? —
> Je te ferais pleurer, j'aurais mille pensées
> Que je ne dirais pas sur les choses passées.
> J'aurais l'air d'épier, de douter, de souffrir.
> Tu serais malheureuse! — Oh! laisse-moi mourir.

Certes il y aurait un drame à écrire sur une pareille situation, et ce serait même là le véritable drame à écrire, si l'on se proposait de démontrer qu'on ne doit dans aucun cas épouser une courtisane. Car si le mariage, même avec la meilleure, la plus aimante, offre si peu de chances de bonheur, que penser de ceux où la femme est une femme ordinaire, et non une créature d'exception?

Je ne sais si cette conception s'est présentée à l'esprit d'Augier; en tout cas, il en a adopté une autre. Pour lui la rédemption par l'amour est une chimère, et s'il y a des exceptions à cette règle, il ne veut pas les connaître. Toute courtisane, même rangée et respectable en apparence, aura tôt ou tard « la nostalgie de la boue. » Son héroïne, Olympe Taverny, s'est fait épouser par un naïf; la voilà comtesse de Puygiron et admise, à force d'habileté, dans la famille et dans le monde aristocratique de son mari. Que va-t-il arriver? Elle s'ennuie à mourir dans ce milieu dont les idées, les habitudes, les plaisirs, tout lui est étranger. L'ennui la pousse à une imprudence; elle se laisse faire la cour, elle accepte même une parure, comme au temps jadis. Surprise en faute, elle essaye, mais vainement, de se tirer d'affaire par un mensonge, puis par une infamie, en essayant de déshonorer une jeune fille innocente; c'est alors que le marquis de Puygiron, l'oncle de son mari, arrête par un coup de pistolet le cours de ses exploits.

Tout cela ne dure que trois actes : ce serait bien peu si l'auteur avait voulu peindre des caractères. Mais ce n'est pas de psychologie qu'il est préoccupé, c'est de morale. Les personnages sont nettement et brièvement posés. Ce sont des caractères tout d'une pièce, avec aussi peu de nuances que possible : Olympe, la courtisane rusée et sans scrupules; le marquis de Puygiron, le type du gentilhomme intransigeant en morale comme en politique. Ce sont moins des caractères que des forces qui vont se heurter l'une contre l'autre pour aboutir à un dénouement tragique. Le système dramatique qu'Émile

Augier a inauguré ici, c'est celui qui servira à Dumas pour écrire ce chef-d'œuvre, *Le Supplice d'une femme*. Rien que des faits ; les caractères indiqués en quelques mots ; une situation unique, dont les conséquences éclatent sous nos yeux dans un raccourci puissant. Mais Augier n'a pas osé aller jusqu'au bout de sa conception : trop rapide pour le développement des caractères, l'action dans *Le Mariage d'Olympe* ne l'est pas assez pour produire l'effet foudroyant que l'auteur avait voulu.

Plusieurs des objections qu'on lui a faites ne portent que si l'on cherche dans la pièce une étude de caractères. Sarcey, par exemple, reproche à Augier d'avoir simplement indiqué ce qu'il y avait de plus intéressant dans le sujet, l'embarras d'Olympe jetée dans un monde tout nouveau pour elle, ses gaucheries de toutes sortes, ses piqûres d'amour-propre, le ressentiment qu'elle en concevra contre le monde et contre son mari. Weiss prétend que la pièce tout entière porte à faux. « Jamais, » dit-il, « une femme comme Olympe ne commettra les imprudences qu'on lui prête. Une femme honnête et considérée peut être saisie, à l'extrême rigueur, de la nostalgie de certaines choses ; elle, jamais. La nostalgie de la boue, quand on n'a pas encore la considération et que tout à coup on en jouit ! le regret de l'avant-scène des Variétés, quand on est magnifiquement assise à l'Opéra de Vienne, dans la loge d'une véritable princesse... allons donc ! » Malgré tout l'esprit de Weiss, je ne sais si cela est sans réplique ; et la loi qu'il établit peut bien souffrir quelques exceptions. Mais la question n'est pas là. Le tort d'Augier n'est pas d'avoir donné tel ou tel caractère à son héroïne, c'est de nous avoir laissé le temps d'y penser. Il s'amuse à une scène, pleine de verve, d'ailleurs, entre Olympe et sa mère Irma, mâtinée de concierge et de marchande à la toilette. Mais puisque nous devons aboutir au dénouement que l'on sait, de pareils intermèdes ne sont pas à leur place ; Olympe est une bête de proie, un monstre qu'il faudra finir par abattre ; voilà ce que nous ne devrions pas perdre de vue un seul instant, et ce qui supposerait une action plus pleine et plus forte que celle qu'on nous donne. Il y a dans toute la pièce quelque chose d'ambigu ; nous flottons sans cesse entre la comédie de genre et le drame pur. Le réalisme de l'auteur est quelquefois de pacotille, mais surtout il jure avec l'impression finale qu'il veut produire. On comprend donc très bien que le manque de netteté et d'unité ait nui au succès de la pièce, qui a toujours séduit les lettrés par le brillant de l'exécution et l'esprit du dialogue, mais qui ne s'est jamais imposée au grand public.

Les années qui précèdent et qui suivent immédiatement *Le Mariage d'Olympe* sont parmi les plus intéressantes de la vie littéraire d'Émile Augier. C'est le moment le plus brillant du Second Empire et celui où éclôt la littérature qui le caractérise. *Le Demi-Monde, Les Faux Bonshommes, Madame Bovary* en sont des spécimens. Ce qui domine, c'est une impression de pessimisme, de désenchantement, de positivisme pratique. C'est l'ère des hommes de Bourse et des *sportsmen* qui commence. L'argent est le roi du jour; l'amour fait l'effet d'une friperie romantique. Et les écrivains mêmes qui font la satire de ces nouvelles mœurs en subissent l'influence. Ils sont secs et positifs par système, s'ils ne le sont pas par tempérament; on se méfie de la poésie; si l'on a un idéal, on le cache; on ne se passionne plus que pour le réel ou ce qu'on appelle de ce nom. Augier paraît tour à tour avoir été dépaysé dans ce milieu, gêné par ces nouvelles tendances, et avoir essayé de s'y adapter. Non pas que son point de vue ait changé : il demeure essentiellement optimiste, défenseur du vieux bon sens et de la morale. Mais tantôt il reste fidèle à ses origines littéraires, il est l'homme de la comédie tempérée, quelque chose d'intermédiaire entre Ponsard et Musset; tantôt il s'efforce de renouveler son inspiration en s'appropriant les formules à la mode et en faisant des concessions au réalisme.

On reconnaît la première manière d'Émile Augier dans les pièces comme *La Pierre de Touche*, *Ceinture Dorée*, *Un Beau Mariage*. Dans *La Pierre de Touche*, la donnée est ultra-romanesque; nous sommes au pays de Fantasio, où de grands seigneurs millionnaires laissent leurs millions à des pianistes de génie. C'est dans le cadre d'un conte bleu que l'auteur a placé la peinture, en soi assez triste, de l'argent faisant lever peu à peu dans un cœur qu'on croyait honnête les mauvais instincts qui s'y cachaient. Dans *Ceinture Dorée*, au contraire, le cadre est réel; le roman est dans le cœur de cette jeune fille trop riche, Caliste, qui rêve d'un mariage d'amour et que sa fortune même empêche de réaliser son rêve. Personnages romanesques encore, les héros d'*Un Beau Mariage*, Pierre et Clémentine : Clémentine méfiante parce qu'elle est riche et se croyant épousée pour sa fortune, Pierre trop timide et trop fier pour laisser deviner tout son amour. Dans toutes ces pièces, Augier, contrairement à la poétique du jour, glisse au lieu d'appuyer; la réalité lui semble trop laide pour être abordée directement et peinte en elle-même ; il cherche à en atténuer l'impression, à dégager la gaieté ou l'émotion qu'elle peut contenir.

La Jeunesse, autre comédie de la même période, est une œuvre de transition, intéressante à ce titre, quoique dans l'ensemble ce soit une œuvre manquée. Le héros est un jeune avocat qui aime sa cousine et n'ose l'épouser : ni elle ni lui ne sont assez riches. Ce thème se prêtait-il à une comédie en vers? Je ne sais, à moins que le but de l'auteur ne fût de gourmander éloquemment la jeunesse trop positive de nos jours, de lui prêcher la confiance en l'avenir, la divine imprévoyance. Dans cette pièce, d'une inspiration toute idéaliste et morale, ce qu'il y a de meilleur, c'est un portrait qu'on appellerait volontiers réaliste, si réalisme était synonyme de vérité. C'est celui de Mme Huguet, mère du héros. Ayant fait un mariage d'amour, elle s'est juré de préserver son fils de la même folie; ayant peiné, économisé toute sa vie, ayant souffert par l'argent, elle ne veut pas qu'il souffre comme elle, et elle n'a plus qu'une pensée, une passion, le faire riche pour le faire heureux. Elle le met en garde, non seulement contre les surprises de son cœur, mais contre les excès de délicatesse qui pourraient nuire à sa carrière. Femme irréprochable, elle consent à recevoir la femme très compromise d'un avoué qui peut le servir. Les déviations morales que peuvent produire à la longue, dans une âme honnête et tendre, la peur de la pauvreté, la crainte perpétuelle du lendemain, sont admirablement peintes. Ce portrait d'une mère bourgeoise est un tableau en raccourci de la bourgeoisie française, avec ses vertus solides que stérilise son sens étroitement pratique, son amour exclusif et aveugle de la sécurité.

Les Lionnes Pauvres sont de l'Augier seconde manière. Le sujet a deux qualités essentielles à une œuvre réaliste : il est pris dans les mœurs actuelles, et dans les mauvaises mœurs. Il s'agit non plus de l'adultère pur et simple, mais de la vénalité dans l'adultère ; l'héroïne, Mme Pommeau, est entretenue par son amant, Léon Lecarnier. Notez que l'action ne se passe pas dans le demi-monde, mais en plein cœur de la bourgeoisie ; le mari de Mme Pommeau est premier clerc d'un notaire de Paris. M. Pommeau gagne dix mille francs par an, sa femme en dépense trente mille. Comment se fait-il que le mari ne se doute de rien ? Voici ce qu'en dit le raisonneur de la pièce : « Ces pauvres maris sont si innocents ! Ils s'extasient sur les progrès de la fabrication, le bon marché de la main-d'œuvre, le bas prix des soies, la fraîcheur des cachemires soi-disant de rencontre, qu'on a toujours pour rien. Quant au procédé, ils n'y voient que du feu, et ne soupçonnent pas qu'il soit jamais entré chez eux un écu clandestin. »

Ce sujet parut hardi en 1858, et Augier eut maille à partir avec la censure. Sans l'intervention du prince Napoléon, la pièce n'aurait pas été jouée. Le personnage de la femme et celui du mari paraissaient également difficiles à faire accepter. Il est probable que Dumas, en pareil cas, eût pris le taureau par les cornes et eût imposé son idée telle quelle au public. Augier paraît y avoir pensé d'abord. « On nous a demandé, » dit-il dans sa préface, « pourquoi nous avons pris Séraphine après sa chute complète, au lieu de montrer par quelle pente on arrivait dans cet abîme... La peinture de la dépravation graduelle de Séraphine nous a paru aussi dangereuse que tentante. Nous avons craint que le public ne se fâchât tout rouge à la transition de l'adultère simple à l'adultère payé. » Ainsi il a reculé devant sa propre audace, et après avoir conçu une pièce purement réaliste, il s'est arrêté à mi-chemin. Le centre du sujet devait être la figure de Séraphine ; c'est dans son caractère, dans ses antécédents, dans le contraste entre ses goûts de luxe et la vie modeste à laquelle elle est condamnée, dans les tentations qui guettent une femme comme elle, qu'il fallait chercher l'explication de sa chute. Faute de le faire, l'auteur diminuait singulièrement la portée de son œuvre, et au lieu de fonder l'intérêt sur la peinture d'un caractère, il le réduisait à l'invention des situations.

« Une donnée aussi scabreuse, » dit encore Augier, « ne pouvait être sauvée que par l'émotion, et l'émotion ne pouvait être obtenue que par la situation du mari ; c'est donc là, surtout, que nous avons cherché la pièce. » Remarquons qu'il dit la situation, et non le caractère du mari. Et en effet, si c'était le développement de ce caractère qui eût été son but principal, Augier n'aurait pas attendu jusqu'à la fin du quatrième acte pour faire connaître la vérité à Pommeau. Car c'est lorsqu'il apprend son déshonneur et l'infamie de Séraphine qu'il peut nous montrer et nous montre, en effet, ce qu'il y a en lui d'honnêteté courageuse. Mais si, au lieu de se proposer une peinture de caractère, Augier voulait chercher l'émotion par la surprise savamment graduée, par des coups de théâtre, par des effets purement dramatiques, il a eu raison de construire sa pièce comme il l'a fait. Dès le premier acte la catastrophe est préparée. Nous savons que Séraphine est coupable ; Pommeau ne soupçonne rien, mais peu à peu la vérité se fait jour. Le cercle de ceux qui l'ignorent se rétrécit de plus en plus, et il n'est pas possible que lui aussi ne finisse pas par être mis au courant. L'habileté de l'auteur consiste à nous amener sans cesse jusqu'au bord de cette révélation, puis à imaginer des incidents qui l'ajournent et qui sauvent provisoirement l'héroïne jusqu'au moment où le scandale doit éclater. L'intrigue est très habilement conduite ; cela rappelle *Une Chaîne* de Scribe, où toute l'action tourne autour d'une révélation du même genre, que nous attendons, que nous craignons sans cesse, et que l'auteur, par des merveilles d'adresse, a évitée jusqu'au bout. La différence, (et elle est grande), c'est que Scribe, qui ne prend pas ses personnages au sérieux, n'excite qu'un intérêt de curiosité, tandis qu'Augier cherche l'émotion et arrive à la produire. Il s'est dit qu'il fallait nous intéresser au mari, et il a tourné tous ses efforts de ce côté. Pommeau, dans sa pièce, est un bonhomme tout simple, un cœur d'or, resté candide quoiqu'il ait passé sa vie dans une étude de notaire. Ce « patriarche de la basoche, » comme on l'appelle, un peu gourmé, un peu Prudhomme, n'a nullement l'air d'un héros. Mais chez cet homme, si calme en apparence, l'honnêteté est une passion ; lorsqu'au quatrième acte il apprend l'infamie de sa femme et se dit qu'on a pu l'accuser de connivence, ce mari si bon et si faible devient tout d'un coup impitoyable. Les deux côtés de son caractère sont ainsi mis en relief tour à tour, et ce contraste ajoute à l'effet dramatique.

Tout cela est intéressant et pathétique ; mais combien nous sommes loin des peintures réalistes que le sujet semblait nous promettre ! Que l'on compare le bonhomme Pommeau avec un personnage dont la situation a quelque analogie avec la sienne, le Bovary de Flaubert. Flaubert étudie son héros comme un médecin étudie son malade ; il ne se départ pas un instant de son sang-froid ni de sa clairvoyance ; il ne nous fait grâce d'aucune des vulgarités, d'aucun des ridicules du pauvre Charles Bovary ; il ne permet pas même à la souffrance de l'ennoblir. Je ne dis pas que le pathétique soit absent, mais l'émotion que nous ressentons est amère, et la pitié que l'auteur nous inspire pour la nature humaine est toujours voisine du mépris. Cette sérénité dédaigneuse est tout à fait étrangère à Émile Augier. Il est le moins impassible des hommes; il méprise de tout son cœur, mais il admire chaudement, et cette émotion communicative est une partie essentielle de son talent.

Il a donc obéi à sa nature en nous traçant le portrait quelque peu idéalisé de son héros bourgeois. Cela n'est pas réaliste du tout, mais cela est logique, intéressant, pathétique. La figure de Séraphine, au contraire, s'évanouit à mesure qu'on la regarde de près. Augier, nous l'avons vu, n'a pas osé la peindre de face, mais on pouvait espérer qu'il en tracerait un profil net et ressemblant. Il n'en est rien. Nous ne savons d'elle que des détails extérieurs et anecdotiques. Nous connaissons l'histoire de ses dentelles, de son service de table, de ses chapeaux payés par son amant; nous assistons à ses marchés avec Mme Charlot, la revendeuse à la toilette, aux confidences forcées qu'elle fait à sa femme de chambre, devenue nécessairement sa complice. En reconstituant ainsi avec précision le milieu et les habitudes de Mme Pommeau, l'auteur a suivi le goût du jour, et s'est peut-être persuadé qu'il faisait vrai et vivant; mais il n'a gardé de la réalité que l'écorce. Jusqu'à la grande scène d'explication du quatrième acte, le caractère de Séraphine est à peine dessiné, et au cinquième acte elle disparaît; tout l'intérêt se porte sur le mari qui cherche et qui apprendra au dénouement le nom du larron de son honneur.

Du *Gendre de Monsieur Poirier* au *Mariage d'Olympe*, du *Mariage d'Olympe* aux *Lionnes Pauvres*, on peut suivre la marche de l'auteur vers un idéal dramatique nouveau. La poésie, la fantaisie, la peinture générale de la nature humaine ont fait leur temps ; il s'agit de découvrir les ressorts de la vie contemporaine, de peindre dans les mœurs présentes ce qu'il y a de plus caractéristique. Il se trouve ainsi naturellement amené à traiter des sujets d'actualité ; aux *Lionnes Pauvres* succèdent *les Effrontés* et le *Fils de Giboyer*. Mais en changeant de sujets il ne peut changer ni la forme de son esprit, ni sa méthode dramatique, et ses pièces d'actualité ne ressembleront pas à celles de Barrière ou de Sardou. Il a cependant fait des concessions soit au goût du jour, soit à la nature des sujets qu'il traite ; il y a dans ses satires politiques et sociales un peu plus de mouvement extérieur, des personnages plus nombreux et plus variés, une plus grande recherche de l'effet dans le dialogue ; mais sujets et personnages continuent à l'intéresser moins en eux-mêmes que par la signification générale qu'ils portent en eux et qui les dépasse. Il y a dans ces comédies des allusions, parfois peu déguisées, aux hommes et aux événements du jour, mais c'est pour l'auteur un moyen et non un but ; il n'a jamais cherché l'intérêt purement anecdotique.

Si un écrivain d'aujourd'hui se proposait de traiter un sujet comme celui des *Effrontés*, il en prendrait sans doute plus à son aise, et sa besogne serait simplifiée d'autant. Voyez comment M. Lavedan s'y est pris pour écrire *Viveurs!* Il dessine rapidement quelques silhouettes, puis il fait passer ses personnages du salon du couturier dans celui d'un restaurant connu, ou dans la salle d'attente du médecin à la mode. On pourrait appliquer le même procédé à la peinture du monde des journalistes et des financiers. Mais au temps déjà lointain dont nous parlons, Sarcey n'était pas le seul qui eût conservé le préjugé de la pièce « bien faite, » et l'on se donnait du mal pour marier les deux amoureux au dénouement. Ç'a été pour Augier une vraie difficulté de mener de front l'intrigue romanesque, considérée comme nécessaire, et la peinture de mœurs, qui était le vrai sujet. Nous sommes moins choqués que les critiques d'alors de ce qu'il y a d'un peu décousu dans la marche de l'intrigue; si, en revanche, le coquin de la pièce, Vernouillet, nous paraît d'une innocence relative, ce n'est pas la faute d'Augier, qui ne pouvait deviner quels progrès rapides feraient les successeurs de son héros.

Il y a dans *Les Effrontés* un acte à côté, le deuxième, qui est parfait dans son genre; il y traite en deux ou trois scènes le sujet que Scribe a esquivé dans *Une Chaîne*; le quatrième acte, celui du bal, est animé, amusant, et se termine par une scène très dramatique; mais c'est le premier et le troisième acte, avec leurs discussions politiques et sociales, qui donnent à la pièce son vrai caractère. Qu'importe que certaines idées soient devenues banales à force d'être vraies, que d'autres, après les dures expériences que nous avons faites, nous paraissent des utopies? La critique de la bourgeoisie régnante n'en est pas moins juste et forte. C'est un légitimiste et un socialiste qui s'en chargent, mais qui donc pourrait-ce être? Ce n'est sans doute ni Charrier, ni Vernouillet, trop intéressés au maintien de l'état de choses. D'ailleurs, le marquis d'Auberive et Giboyer sont parmi les types les plus curieux de la pièce. Il y a de la convention dans le personnage du marquis; mais ce légitimiste rouge, ce clérical voltairien, n'est pas, après tout, impossible à concevoir. Quant à Giboyer, après avoir puissamment contribué au succès de la pièce, il a été très critiqué depuis. Il est un peu démodé, c'est vrai; les Giboyers d'aujourd'hui ont de la tenue; quand ils vont dans le monde, ils ne portent pas leur pipe dans la poche de leur habit noir; ils ont plus de linge et moins de littérature. Giboyer, bohème encore teinté de romantisme, paraît vieux jeu. Malgré tout, c'était un personnage intéressant, pittoresque, et d'une vérité relative, que celui de ce pauvre diable, cet éclopé de la vie, victime de ses vices, à vendre au plus offrant et capable de vilaines besognes pour gagner son tabac, avec quelques bons instincts qui surnagent on ne sait comment, et même des convictions dont il fait litière par nécessité ou par cynisme, mais qui lui échappent par bouffées et qui le rendent éloquent.

Ce qui a fait du tort au bohème des *Effrontés*, c'est celui du *Fils de Giboyer*. C'est le même nom, mais ce n'est pas le même homme. C'est que, d'une pièce à l'autre, Giboyer est devenu père, ce qui, dans la pensée de l'auteur, suffit à expliquer le changement. Il continue à vendre sa plume et à insulter le lendemain le parti qu'il servait la veille ; mais il fait preuve du dévouement le plus héroïque pour le fils qu'il n'a pas reconnu et qu'il adore. Prévost-Paradol remarquait avec raison que cette psychologie, un peu trop élémentaire, était celle qui avait inspiré à Victor Hugo sa Lucrèce Borgia et son Triboulet, Fantine et Jean Valjean. Louis Veuillot appelle Giboyer « un Figaro croisé de Marion Delorme. » Augier, d'ailleurs, avait pris les devants et essayé de prévenir cette critique lorsqu'il faisait dire au marquis d'Auberive : « Étrange garnement ! c'est la courtisane qui gagne la dot de sa fille. » Tout n'est pas faux sans doute dans cette vue sur la nature humaine ; le mélange du bien et du mal est notre fond, et on peut concevoir qu'un sentiment pur conservé dans une âme soit le germe de son relèvement. Mais avant d'admirer la conversion du pécheur, il faut au moins attendre qu'il se soit converti. et Giboyer ne l'est pas, puisque son dévouement à son fils ne l'empêche pas de continuer son triste métier. Faire du vice le piment de la vertu, cela est au moins étrange de la part d'un esprit équilibré comme celui d'Augier, surtout de la part d'un homme qui, dans *Le Mariage d'Olympe*, s'était montré si rigoriste et avait à peu près nié la possibilité du repentir. D'ailleurs toute l'intrigue sentimentale dans *Le Fils de Giboyer*, en particulier le dénouement, est d'un romanesque échevelé, et le mariage de Maximilien et de Fernande est digne d'un conte bleu.

Il n'y attachait peut-être pas grande importance ; l'intrigue d'amour était chose secondaire dans une pièce qui est avant tout un pamphlet politique et social. Il s'agissait pour lui de peindre la bourgeoisie française convertie à la réaction cléricale par peur de la démocratie. C'est une pièce de combat, comme *Rabagas*, et qui ne souleva pas en son temps moins de colères. De pareilles tentatives sont aussi dangereuses que séduisantes. Je ne parle pas des attaques et des calomnies qu'elles attirent à l'auteur ; tout cela passe : c'est d'ailleurs la rançon inévitable d'un succès éclatant. Mais le danger véritable, c'est de perdre son sang-froid dans l'ardeur de la lutte, et d'oublier les conditions sans lesquelles une œuvre d'art ne peut être durable. Ce qui plaît d'abord, ce qui fait du bruit, les allusions transparentes, les attaques virulentes contre les adversaires, tout cela se refroidit bien vite. Que nous importe aujourd'hui qu'Augier ait visé ou non M. Guizot et Mme Swetchine? Mais alors on guettait, on saisissait au vol les allusions vraies ou fausses. Parmi les scènes qui, dans leur nouveauté, réussirent le mieux, était celle du vicomte d'Outreville, ce jeune cafard, avec la baronne Pfeffers. Il n'y a pas besoin d'être légitimiste ou clérical pour trouver aujourd'hui que c'est une caricature assez grossière, une médiocre imitation de *Tartufe*.

On retrouve la même outrance dans le caractère de Maréchal. C'était la figure principale de la pièce ; il représentait, en effet, l'apostasie de la bourgeoisie devenue infidèle aux principes de 1789, depuis que, n'en ayant plus besoin pour arriver, elle les a jugés subversifs. Que cette volte-face intéressée ait excité la verve satirique d'Augier, on le comprend; mais la passion l'a mal inspiré. La bêtise de son bourgeois dépasse toute mesure; il l'étale avec une complaisance invraisemblable. Ce n'est pas du Molière, ce n'est même pas du meilleur Labiche. Ce qui éclate dans le portrait de Maréchal, comme dans celui de Giboyer, comme dans toute la peinture de ce monde orléano-légitimiste qui fait le fond du tableau, c'est une partialité passionnée pour la démocratie, une belle confiance dans l'avenir, une horreur sincère pour les partis rétrogrades. Veuillot ne s'y trompait pas, et il faisait plus que plaider *pro domo sua* en dénonçant le nouveau Figaro; il défendait tout l'ordre social ancien menacé par les paradoxes de Giboyer. Si l'on s'en tient au point de vue purement littéraire, il y a beaucoup à dire sur la conduite de l'intrigue et sur la conception des caractères; cependant la pièce reste intéressante non seulement comme document historique, mais parce que les défauts en sont rachetés par le diable au corps, parce qu'il y a dans ce pamphlet dialogué un mouvement qui emporte toutes les objections.

La grande qualité du *Fils de Giboyer*, c'est que c'est une pièce écrite de verve. *Maître Guérin* est une étude de mœurs très distinguée, avec des parties supérieures, mais l'ensemble est froid; on a le sentiment que l'auteur a dû peiner pour la faire : cela inspire l'estime et produit l'ennui. Il y a trois sujets différents : 1° les intrigues de maître Guérin et la peinture de son intérieur, imitée de Balzac, *passim*, et d'*Eugénie Grandet* en particulier; 2° l'inventeur maniaque, M. Desroncerets, et sa fille Francine, d'après *La Recherche de l'Absolu;* 3° les tracasseries variées, les manèges de coquetterie traversés d'intérêts d'argent entre Arthur et Cécile Lecoutelier. Augier s'est donné bien du mal pour rattacher ces trois sujets les uns aux autres; il n'y a guère réussi; le fil, trop ténu, casse à chaque instant; il faut le renouer. Je soupçonne que l'auteur, qui n'avait pas la dextérité et la souplesse d'un Scribe ou d'un Sardou, a dû lui-même s'embrouiller dans toutes ces manœuvres et contre-manœuvres, et c'est peut-être pour cela qu'elles nous paraissent si peu claires. C'est une comédie à lire par extraits; telle scène entre Desroncerets et maître Guérin ferait très bon effet dans un recueil de morceaux choisis; la peinture des caractères, l'art du dialogue, rien n'y manque. Tout le personnage de maître Guérin est, d'ailleurs, parfaitement conçu : cet homme d'affaires madré, ce tyranneau domestique, avare et libidineux, est un type excellent, que fait valoir le contraste avec Mme Guérin, dévouée, humble, obéissante, incapable de résister, sauf s'il s'agit du bonheur de son fils. On ne peut pas dire que ces caractères n'aient pas de relief, qu'ils ne soient pas dramatiques; il ne leur manque, pour produire tout leur effet, que d'être placés dans une action qui les ferait ressortir. C'est une preuve entre autres que les personnages de théâtre ne vivent pas seulement de leur vie propre, mais de la vie générale que l'auteur a mise dans son œuvre. L'idée directrice importe plus encore que l'exactitude et la profondeur de l'observation.

Emile Augier a qualifié lui-même *Les Effrontés* et *Le Fils de Giboyer* de pièces sociales. Les caractères individuels qu'il y avait mis en scène reproduisaient donc pour lui non seulement des hommes, mais des classes, et les vues générales sur l'organisation de la société de son temps y avaient encore plus d'importance que la peinture des vices ou des ridicules. En écrivant *Maître Guérin*, il était rentré dans les conditions ordinaires de la comédie de mœurs. *Paul Forestier*, qui a été représenté quatre ans plus tard, est un drame de passion, l'étude d'un cas de psychologie pathologique, qui se rapprocherait de *Gabrielle* par la préoccupation morale, et des drames de Dumas par une certaine curiosité des dessous de la nature humaine. C'est en gros le même sujet que celui d'*Une Visite de Noces*, pièce qu'il a peut-être eu la gloire de susciter, mais qui lui est si supérieure par l'intensité de l'émotion et l'acuité de l'analyse. Quoi qu'il en soit, *Paul Forestier*, pas plus que *Maître Guérin*, n'offre de trace des idées de morale sociale qui paraissent avoir hanté l'esprit de l'auteur pendant cette période. Nous les retrouvons, au contraire, dans d'autres pièces, dans *La Contagion*, dans *Lions et Renards*, dans *Jean de Thommeray*.

Passons condamnation sur *Lions et Renards*. Parmi les œuvres manquées d'Emile Augier, il n'y en a guère qui le soit plus complètement. Il y a recommencé la guerre au cléricalisme, mais avec infiniment moins de succès que dans *Le Fils de Giboyer*. Ce qu'il y a de curieux, c'est qu'un esprit aussi net et aussi positif, au moins en apparence, se laisse si facilement tenter par des conceptions ultraromanesques. *Lions et Renards*, comme le disait spirituellement un critique du temps, c'est le *Nicomède* de Corneille. Nicomède, c'est Pierre Champlion, l'explorateur héroïque, qui, avec l'aide de Laodice, autrement dit Catherine de Birague, tient tête aux Romains, c'est-à-dire aux Jésuites. Sans remonter si haut, on peut trouver un ancêtre à M. de Sainte-Agathe dans le Rodin d'Eugène Sue, et la conception générale de la lutte sociale n'est pas beaucoup moins fantastique ni plus profonde dans *Lions et Renards* que dans le *Juif-Errant*. Ce n'est vraiment pas là qu'il faut aller chercher un tableau de la société contemporaine à la veille de 1870.

Ce tableau, l'auteur l'a essayé dans *La Contagion*. Il a voulu peindre le Paris du Second Empire, au moment du succès de *La Belle Hélène*, au moment où Mme de Metternich chantait aux Tuileries les chansons de Thérésa. Mais ce n'est point un observateur qui s'amuse simplement de ce qu'il voit et qui nous en amuse, c'est un satirique qui dénonce un péril social. Le fléau qu'il combat c'est « la blague, » c'est-à-dire la dérision systématique des grandes idées et des nobles sentiments. Qu'on ne lui reproche pas de se mettre en colère pour peu de chose et de prendre une massue pour écraser une mouche. « Blaguer » la famille, la patrie, la liberté, ne peut être longtemps un jeu innocent. Sous prétexte de n'être pas dupe des mots, on finit par ne plus croire aux choses; aux convictions démodées succède le culte exclusif de l'argent; le héros du jour, c'est l'homme fort, le baron d'Estrigaud, dont la principale ressource est de jouer à la Bourse, et qui finira par solder ses différences avec les économies de sa maîtresse. A ce coquin de grande allure Augier a opposé l'ingénieur honnête et naïf, André Lagarde, qui, entraîné par lui dans le monde des affaires et du luxe, arrive à rougir de sa propre candeur et à se laisser presque gagner par la contagion. Peut-être le contraste entre ces deux hommes est-il un procédé trop simple, et l'a-t-il amené à mettre trop peu de nuances dans sa peinture, à exagérer un peu la naïveté de l'un et la canaillerie de l'autre. Quand M. Ludovic Halévy, dans *L'Abbé Constantin*, s'est mis à peindre la vertu, on a bien vu qu'il n'en avait pas l'habitude, il a forcé la dose. De même Emile Augier, quand il fait le portrait de d'Estrigaud : son forban du grand monde s'applique trop à l'être, on dirait qu'il professe la corruption en vingt leçons à l'usage des bons jeunes gens. Cela manque d'aisance et de naturel, et tout le tableau du monde d'alors manque de richesse et de variété. C'est là que l'auteur de *Madame et Monsieur Cardinal* aurait pu mettre utilement quelques touches. Lorsque Augier a repris ce sujet sous une forme un peu différente, dans *Jean de Thommeray*, il n'a pas mieux réussi. La peinture de la démoralisation graduelle de son provincial sous l'influence de la vie de Paris est le plus souvent faible et banale. Il n'y a vraiment là rien de caractéristique, rien qui nous fasse revivre ce carnaval effréné, cette gaieté fiévreuse, cet étourdissement volontaire, qui ont précédé nos désastres.

III

LES DERNIÈRES PIÈCES.

Ces grands tableaux de mœurs contemporaines ne sont certainement pas ce qu'Augier a fait de mieux. Peut-être ne faut-il pas s'en prendre seulememt à une lacune de son talent, mais à la nature des sujets qu'il a traités. Ils sont très intéressants à première vue, mais peut-être plus propres au roman qu'au théâtre, qui s'accommode mieux de quelque chose de moins vaste et de plus précis. En tous cas, Augier, dans ses deux dernières pièces, qui sont parmi ses meilleures, s'est tourné d'un tout autre côté. M. Spronck prétend que, dans *Madame Caverlet* et *Les Fourchambault*, l'influence d'Alexandre Dumas est très visible. Il serait un peu étrange qu'elle eût attendu si longtemps avant de se faire sentir. Si le sujet des *Fourchambault* rappelle celui du *Fils Naturel*, les deux pièces ne se ressemblent guère, et jamais les différences essentielles de nature des deux écrivains n'ont été plus sensibles. Dans *Madame Caverlet*, l'auteur a plaidé la thèse du divorce, chère à Dumas fils ; il a, comme lui, montré que d'un article de loi pouvaient sortir des situations dramatiques poignantes ; tout cela est vrai, et cependant je ne connais pas une pièce d'Augier qui lui appartienne davantage, qui soit plus véritablement originale.

« Le divorce, » dit Treilhard dans son Rapport au Corps législatif, « rompt le lien conjugal ; la séparation laisse encore subsister ce lien ; à cela près, les effets de l'un et de l'autre sont peu différents ; cette union des personnes, cette communauté de la vie, qui forment si essentiellement le mariage, n'existent plus... Quel est donc l'effet de cette conservation apparente du lien conjugal dans les séparations, et pourquoi retenir encore le nom avec tant de soin lorsqu'il est évident que la chose n'existe plus ?... On interdit à deux époux, devenus célibataires de fait, tout espoir d'un lien légitime... Cependant, l'un des deux époux était du moins sans reproche ; il avait été séparé comme une victime de la brutalité ou de la débauche ; fallait-il l'offrir une seconde fois en sacrifice par l'interdiction des sentiments les plus doux et les plus légitimes...? »

C'est sur cette situation difficile que la séparation de corps fait aux époux, qu'Émile Augier a construit sa pièce. Supposons une femme que l'inconduite affichée et persévérante de son mari a obligée de plaider en séparation ; tous les torts étaient du côté de son mari, puisque c'est à elle que l'arrêt du tribunal a adjugé les deux enfants nés du mariage. Supposons maintenant que cette femme, restée seule à vingt-cinq ans, rencontre un homme digne d'elle, qui l'aime et qui l'épouserait si elle était divorcée. On l'accuse d'être sa maîtresse et, sur ce faux bruit, la parente qui l'avait recueillie la chasse de sa maison. Seule, sans appui, elle s'est confiée à la loyauté de cet homme qui, de fait, est devenu son amant, mais qu'elle considère comme son époux devant Dieu. Elle n'a pas eu à s'en repentir, et depuis quinze ans qu'ils vivent ensemble, elle a trouvé dans ce faux ménage tout le bonheur que le mariage légitime lui avait refusé.

Mais, dans une situation fausse, le bonheur est à la merci d'un accident. Jusqu'à présent, rien n'est venu se jeter à la traverse. Les deux amants ont quitté Paris, où habite le mari ; ils sont venus se fixer à Lausanne, où personne ne les connaissait, et où ils passent pour un ménage parfaitement régulier. Par précaution, d'ailleurs, autant que par délicatesse, ils mènent une vie des plus retirées ; ils ne veulent ni trahir leur secret, ni mentir pour le déguiser. Quant aux deux enfants, un garçon de vingt ans et une fille de dix-huit, ils croient que leur père était Anglais, et que leur mère a, par conséquent, pu divorcer et se remarier. Celui qu'ils croient leur beau-père a toujours été parfait pour eux, et ils l'aiment comme s'ils étaient ses enfants.

Deux incidents vont faire tout crouler : 1° On demande la jeune fille en mariage. D'où nécessité de mettre au courant de la situation le père de famille qui fait la demande, et qui la retire discrètement. Mais la jeune fille sait qu'on l'a demandée. Comment lui faire comprendre ce revirement ? 2° Le premier mari, ou pour mieux dire l'unique mari, a oublié sa femme pendant quinze ans, parce qu'il aurait eu une pension à lui servir. Mais ayant appris qu'elle a hérité d'un million, il vient la sommer de réintégrer le domicile conjugal ; faute de quoi il fera constater sa position irrégulière. Pour mieux assurer le succès de sa manœuvre, il veut mettre son fils dans ses intérêts. Il lui révèle la véritable situation de sa mère, et lui persuade qu'en la reprenant avec lui il sauve son avenir et celui de ses enfants.

Tout le drame est là ; le reste est accessoire. L'auteur a réduit l'action au minimum, pensant avec raison que les complications de l'intrigue ne pourraient qu'affaiblir l'intérêt, qui est tout entier dans la situation légale des personnages, les conséquences qu'elle entraîne, les fautes et les douleurs qu'elle provoque. Mme Merson, étant née française, n'a pu qu'être séparée de corps, non divorcée. Dès lors, sa liaison avec Caverlet devient une faute, et elle est obligée de mentir pour conserver le respect de ses enfants. Au bout de quinze ans, la vérité éclate ; son fils en est instruit, et il suffit d'un hasard pour que sa fille l'apprenne aussi. Nulle issue possible. Quand son mari lui offre de la reprendre, elle lui répond avec raison : « Je serais aussi lâche de rentrer chez vous, que vous de m'y recevoir. Il y a des pardons qui dégradent autant celui qui les accepte que celui qui les accorde. Quant à moi, si je pouvais oublier vos fautes, je ne pourrais pas oublier la mienne. » Ne pouvant retourner chez son mari, elle ne peut davantage continuer, au vu et su de ses enfants, de vivre avec son amant. Que faire ? Il faut qu'elle s'arrache le cœur, qu'elle rompe de ses propres mains cette union qui est toute sa vie. Ses adieux à Caverlet sont d'un pathétique profond :

CAVERLET. — Ne nous plaignons pas, ne soyons pas ingrats! Nous avions fait un pacte avec la destinée; l'heure de l'échéance arrive, envisageons-la d'un cœur ferme.
HENRIETTE. — Hélas! j'avais toujours espéré au fond de l'âme que je ne vivrais pas jusque-là. Je n'ai pas mérité cette grâce, puisque Dieu ne me l'a pas faite... La mort m'eût été si douce auprès de toi!
CAVERLET (*la regardant dans les yeux*). — Veux-tu?
HENRIETTE (*se jetant dans ses bras*). — Oh! oui, ensemble!
CAVERLET. — Je suis un monstre d'égoïsme. Tu appartiens à tes enfants.
HENRIETTE. — Mes enfants!
CAVERLET. — Pardonne-moi ce cri de désespoir, il est indigne de nous. Le bonheur est fini, ma bien-aimée; le devoir se lève; qu'il nous trouve prêts. Tu vas partir.
HENRIETTE. — Si vite? Et ces adieux éternels auront été si courts?
CAVERLET. — Remercions le ciel qui ne nous permet ni défaillance ni délibération : nous ferions quelque lâcheté.

Deux autres scènes nous font pénétrer dans le vif de la situation. Leur séparation obligée n'est pas la seule rançon que les deux amants doivent payer pour leur bonheur passé. Ce qui n'est pas moins cruel, c'est la pensée qu'ils ont à rougir devant les enfants de Mme Caverlet. Celle-ci, dans une scène très hardiment conçue, essaye de préparer sa fille Fanny à cette dure révélation. Elle prend un biais; elle lui parle d'une de ses amies qui habite Paris et qui, mal mariée, a formé une liaison irrégulière.

Fanny. — Et tu me demandes mon indulgence pour elle! tu lui accordes la tienne!

Henriette. — Hélas! elle était si jeune! Elle avait tant besoin d'affection!

Fanny. — Elle n'avait donc pas d'enfants?

Henriette. — Elle en avait!

Fanny. — Elle ne les aimait donc pas?

Henriette. — Oui, tu as raison, elle ne mérite pas de pitié!

Ainsi, à chaque effort qu'elle fait pour excuser sa faute, elle rencontre sa condamnation dans la bouche de sa fille, et l'effet du dialogue consiste moins encore dans ce que dit la pauvre mère que dans ce qu'elle ne dit pas, dans la nécessité où elle est de renfermer ce secret qui l'étouffe..

L'autre scène, sortie aussi des entrailles du sujet, est entre M. Caverlet et Henri Merson. Henri, à qui son père vient de révéler la vraie situation, rencontre M. Caverlet et lui reproche durement d'avoir menti à sa sœur et à lui depuis quinze ans. Caverlet se défend en attaquant Merson, en apprenant à Henri que son odieuse conduite envers sa femme a rendu la séparation nécessaire.

Henri. — Ce n'est pas vrai.

Caverlet. — Tu doutes de ma parole? C'est ton droit quand elle accuse ton père. Mais tu en croiras peut-être l'arrêt de la justice.

Henri. — Que m'importe après tout? Mon père a été coupable, soit! Il n'a pas eu la conscience de ce qu'il faisait. Mais il l'a aujourd'hui, il s'accuse, il se repent, il veut réparer.

Caverlet. — Et il commence la réparation en déshonorant la mère aux yeux des enfants. Si c'est là son repentir, quelle serait donc sa vengeance?

La scène continue, mais Henri n'attaque plus, il se contente de défendre son père. Il parle de son affection pour ses enfants.

Caverlet. — Ah! oui, ses enfants! Dis-moi un seul de ses devoirs de père qu'il ait rempli! Dis-m'en un seul auquel j'aie failli! Est-ce lui qui t'a élevé, qui a été ton précepteur, ton guide et ton ami? Cette passion même de l'honneur, qui te torture aujourd'hui, mais qui est la première dignité de l'homme, et dont tu ne voudrais pas guérir, quoique tu en souffres, qui te l'a mise au cœur, lui ou moi?
Henri. — Vous n'aviez pas prévu qu'elle se retournerait un jour contre vous!
Caverlet. — Ah! j'avais espéré que ce jour-là tu m'aimerais assez pour pardonner à une autre de m'aimer aussi; j'avais espéré que ce jour-là je me serais légitimé à force de dévouement! Je me suis trompé...

A mesure qu'il parle et que, cessant de se défendre, il s'accuse lui-même et se déclare prêt à disparaître, la dignité de son attitude, sa souffrance, l'éloquence et la vérité de ses paroles font impression sur le jeune homme; il comprend qu'il a eu tort d'accuser celui qui est plus malheureux que coupable, et à qui, d'ailleurs, il doit tout. « O Dieu! » s'écrie-t-il, « où est le droit, où est le devoir, où est la vérité? »

Ce n'est pas là seulement un cri pathétique, c'est le résumé d'une situation douloureuse et inextricable. Les deux enfants, les seuls qui n'aient rien à se reprocher, souffrent autant que les coupables, et ces coupables, que d'excuses n'ont-ils pas à faire valoir? Qui donc aurait le courage de les condamner? Ce qu'il y a d'admirable dans ce plaidoyer pour le divorce, c'est que l'auteur s'efface et laisse parler les faits; la douleur de ses personnages est assez éloquente et lui suffit pour gagner sa cause. La simplicité même de l'action ajoute à l'effet du drame, qui est tout entier dans le pathétique des situations et le développement des sentiments.

Les Fourchambault sont une pièce plus compliquée, moins originale peut-être, mais mieux appropriée au grand public, que l'extrême sobriété, l'émotion poignante et discrète de certaines scènes de *Madame Caverlet* déroute un peu. Le sujet des *Fourchambault* est, en un sens, le même que celui du *Fils Naturel*; l'originalité d'Augier n'en reste pas moins entière. Dumas et lui se sont posé le même problème. Un homme a eu jadis un enfant de sa maîtresse; il n'a ni épousé la mère, ni reconnu l'enfant. Supposez que le père et le fils se retrouvent vingt ans plus tard; que va-t-il se passer? Dumas a exprimé la quintessence du sujet dans une scène magistrale, très dure à la fois et très belle, où le fils demande compte au père de sa conduite. Augier s'y est pris d'une façon toute différente. Chez Dumas le père est un cœur sec, un parfait égoïste; chez Augier c'est une nature bonne et faible; c'est par faiblesse qu'il a été autrefois un séducteur, par faiblesse que, sur les injonctions de ses parents, il a abandonné sa maîtresse et son enfant. Au lieu de faire dire de cruelles vérités par le fils à son père, Augier a imaginé une autre vengeance. Le fils que M. Fourchambault a jadis abandonné, Bernard, admirablement élevé et dirigé par sa mère, a fait une belle fortune. M. Fourchambault, au contraire, marié richement, mais peu à peu ruiné par le luxe et le train de sa femme, est à la veille de faire faillite. Bernard, qui ne soupçonne pas les liens qui l'attachent à lui, vient apprendre la nouvelle à sa mère. Au grand étonnement de son fils, Mme Bernard lui dit qu'il doit intervenir. M. Fourchambault a frappé à toutes les portes inutilement ; c'est Bernard qui doit non seulement lui prêter l'argent qui lui manque, mais se faire son associé, son commanditaire, remettre sa maison sur pied.

BERNARD. — Ah! pour le coup, c'est de la folie. De l'argent, passe encore ; mais mon temps, mon travail! Est-ce que je peux tenir le ménage de ce bonhomme?
Mme BERNARD. — Il le faut, je le veux, tu le dois.
BERNARD. — C'est mon père.
Mme BERNARD. — Oui.
BERNARD. — Tu l'aimes donc toujours?
Mme BERNARD. — Non, mais c'est le seul homme que j'aie aimé.

Le coup de théâtre est pathétique, mais ce qui fait surtout la beauté de la situation, c'est la grandeur morale de cette femme qui ne veut se venger de son séducteur qu'à force de générosité. Mais cette générosité, Fourchambault ne la connaîtra pas ; il n'y aura donc ni punition pour lui, ni vengeance pour Mme Bernard. — Sans doute, et la joie d'avoir rendu le bien pour le mal sera sa seule récompense. Mais en est-il une plus haute pour une âme comme celle que l'auteur a voulu nous peindre? Et peut-elle mieux se prouver à elle-même, prouver à son fils et à nous, quelle faute M. Fourchambault a jadis commise en l'abandonnant?

Le fils sauvant son père, et le sauvant sur l'ordre de sa mère, voilà la situation fondamentale du drame, celle qui en fait la haute moralité. Augier en a imaginé une autre, elle aussi essentiellement liée au sujet, et qui a contribué puissamment au succès de la pièce. De son mariage, M. Fourchambault a eu un fils, Léopold, qui connaît en gros l'histoire de son père avec Mme Bernard, mais qui ne sait pas le nom des acteurs et qui est à cent lieues de soupçonner que Bernard est son frère. Augier s'est avisé, pour lui apprendre le secret, d'un moyen bien original et bien dramatique. Bernard aime, sans s'en rendre compte, une jeune créole, orpheline et pauvre, Maïa, à qui Léopold fait la cour. Les cancans de la ville s'en mêlent, la voilà compromise; Bernard signifie à Léopold que son devoir est de l'épouser. Léopold répond sur un ton ironique et railleur qu'il n'a pas à rendre l'honneur à Maïa, puisqu'il ne le lui a pas pris. Bernard s'emporte; le souvenir du déshonneur de sa mère lui remonte à la mémoire; il se rappelle que c'est sur les conseils de son père que M. Fourchambault, croyant sa maîtresse infidèle, refusa de l'épouser; il crie à Léopold :

... Je reconnais votre sang! Vous êtes bien le petit-fils de votre grand-père.

Léopold. — Je m'en flatte.
Bernard. — Il n'y a pas de quoi.
Léopold. — Ce qui veut dire?
Bernard. — Que votre grand-père était un vil calomniateur.
Léopold. — Répétez donc ça!
Bernard. — Le dernier des misérables!
(*Léopold jette son gant à la figure de Bernard, qui pousse un cri, s'élance sur lui, puis s'arrête.*)
Bernard. — Vous êtes bien heureux d'être mon frère.
Léopold. — Votre frère?... seriez-vous...? Vous êtes le fils de la maîtresse de piano! Oh! bien alors, qu'à cela ne tienne! Ne vous gênez pas! Je connais l'anecdote, et je vous certifie que nous n'avons pas une goutte de même sang dans les veines.
Bernard. — Le voilà, le crime de votre grand-père, vous le recommencez! Mais je viens en trois jours d'infliger à ses calomnies une série de démentis sans répliques; par commandement de ma mère, j'ai sauvé de la faillite votre père, qui est mon père.
Léopold. — Par commandement de votre mère?
Bernard. — Oui, Monsieur, elle tient encore à l'honneur d'une famille qui a fait si bon marché du sien. J'ai pris la barre de votre embarcation en détresse; j'ai remis dans votre maison l'ordre matériel et l'ordre moral; j'ai arraché votre sœur, qui est ma sœur, à un mariage funeste; tout cela par commandement de ma mère. Enfin, moi, je viens d'être souffleté par vous et je ne vous ai pas écrasé. Qu'en dites-vous maintenant?
Léopold. — Je dis que votre mère est la plus noble des femmes, je dis que c'est le même sang qui coule dans nos veines, je dis que c'est moi que j'ai frappé sur votre joue. O mon frère, pardon!
Bernard (*indiquant du doigt la joue soufflétée*). — Efface!

Ce dernier mot soulève toujours des applaudissements au théâtre; mais il n'est pas seulement beau en lui-même, il est la conclusion admirablement amenée d'une scène qui est un modèle de composition. Dès le début, nous entendons gronder l'orage dans les interrogations menaçantes de Bernard, dans les répliques brèves et ironiques de Léopold, et c'est au moment où l'explosion se produit que, sur un simple mot, la scène tourne, et que, par un revirement très naturel à la fois et savamment préparé, les deux frères tombent dans les bras l'un de l'autre.

Ces deux scènes donnent la note caractéristique de la pièce, qui, plus qu'aucune des œuvres d'Augier, mérite le nom de *tragédie bourgeoise*. Elle ne met en scène que des bourgeois, et elle peint les défauts et les vices de la bourgeoisie, mais ce n'est pas son principal but, et elle se propose un autre idéal. Ce n'est pas une satire sociale ; car en attaquant les choses elle ménage les hommes, et l'auteur ne songe pas à flétrir les coupables, mais à nous faire plaindre les victimes de leurs fautes. C'est Bernard et sa mère, c'est Maïa, l'orpheline, à qui il nous intéresse ; mais il ne condamne sévèrement ni M. Fourchambault, qui a péché par faiblesse, ni son fils Léopold, plus étourdi que méchant. L'esprit de la pièce est un esprit de générosité qu'on appellerait presque romanesque ; mais, comme le dit un des personnages, n'est-ce pas le roman qui a raison, n'est-ce pas l'idéal qui est la vérité ? Mme Bernard pardonnant à celui qui l'a abandonnée jadis et le sauvant de la ruine, voilà ce qui donne à l'œuvre son véritable caractère. C'est une conception à la Corneille, ramenée aux proportions de la vie bourgeoise, que l'auteur a voulu nous représenter en l'idéalisant.

IV

CONCLUSION.

La vie bourgeoise! voilà le domaine qu'Émile Augier a exploité pendant trente ans, et j'ai essayé de montrer quel parti il en avait tiré, ce qu'il fallait penser de son œuvre. Les tendances dominantes de son esprit se sont manifestées dès ses débuts, dès *L'Aventurière* et *Gabrielle;* de bonne heure il a pris position à la fois contre les romantiques et contre Scribe, et le public l'a enrôlé, s'il ne s'est pas enrôlé lui-même, dans l'école du bon sens. Il est resté fidèle à son drapeau, et la forme générale de son esprit n'a pas changé. Mais en même temps il est visible qu'il a subi certaines influences, en particulier celle du réalisme; ce qui caractérise la seconde partie de sa carrière dramatique, c'est la tentative d'adapter les procédés réalistes à la traduction d'un idéal romanesque et moral. Weiss ne pouvait pas prendre son parti de cette seconde manière d'Émile Augier : le poète de *La Ciguë*, de *L'Aventurière*, de *Philiberte* se trompait, pensait-il, sur sa vraie nature, en s'essayant dans les peintures fortes et cruelles, en écrivant *Le Mariage d'Olympe* et *Les Lionnes Pauvres*. Il suffit de nommer ces deux pièces pour se rendre compte de ce qu'il y a d'exagéré dans cette opinion : il serait étrange qu'Augier eût fait fausse route, et qu'en même temps il eût composé deux de ses œuvres les plus originales et les plus fortes. Il y a pourtant dans le paradoxe de Weiss une part de vérité. Augier n'a jamais été un impassible : également prompt au rire et à l'émotion, c'est à travers ses impressions qu'il voit la nature, et il tient à nous la faire sentir plus encore qu'à nous la faire comprendre. Il n'est jamais froid; il faut qu'il se passionne pour ou contre les hommes ou les choses. Ce n'est pas un observateur qui se laisse pénétrer lentement par les faits, et qui nous en rend exactement l'image; c'est un poète qui les transforme et qui les anime de sa propre vie.

C'est ce qui explique la conception de ses comédies et sa façon de peindre les caractères. Il a écrit quelques pièces à thèse, mais toutes le sont en un sens, parce que les personnages qu'il nous représente ont moins d'importance pour lui que l'idée qu'il veut rendre. Il arrive, comme dans *Gabrielle*, que les caractères soient à peu près complètement sacrifiés. Là où ils conservent leur relief, il est clair qu'ils ont été modelés sur les nécessités de l'action plutôt que conçus pour eux-mêmes. Dans *Le Mariage d'Olympe* le personnage de l'héroïne, celui de Pommeau dans *Les Lionnes Pauvres*, sont un exemple frappant de cette méthode d'invention. Olympe n'est pas un personnage individuel et caractérisé, à la façon de la baronne d'Ange ou d'Albertine Delaborde; c'est la courtisane-type, celle qui aura fatalement la nostalgie de la boue, et que le marquis de Puygiron pourra tuer sans remords. Je ne prétends pas que ce caractère soit faux, et même qu'il ne soit pas plus conforme à la vérité générale que celui d'une Marguerite Gautier ; je dis seulement que l'auteur l'a conçu en vue de son dénouement qui, lui-même, était contenu en germe dans l'idée de son drame. Il fallait qu'Olympe fût tout d'une pièce, inaccessible aux remords, à l'honneur, à la pitié, à tout autre sentiment que l'égoïsme, l'intérêt, la basse ambition, que ce fût une sorte de monstre non moins complet dans son genre que la Cléopâtre de Corneille. Inversement, dans *Les Lionnes Pauvres*, la conception du drame exigeait que tout l'intérêt se portât sur le mari, et il est curieux de voir comment l'auteur a compris son personnage pour répondre à cette nécessité. Il aurait pu se borner à nous le faire plaindre, nous le présenter simplement comme un pauvre homme qui a eu le malheur d'épouser une coquine. Ce n'est pas assez ; il faut qu'en le plaignant nous l'admirions, que ce brave homme se transfigure dans les deux derniers actes, devienne un martyr et un héros.

Il n'y a pas là seulement l'influence de la conception de l'action sur celle des caractères ; il y a l'effet naturel du travail de la composition sur un écrivain du tempérament littéraire d'Augier. Il se passionne pour ses personnages à mesure qu'il les crée, et, dans la chaleur de l'exécution, il ajoute de nouveaux traits qui ne sont pas toujours d'accord avec la donnée première. J'ai déjà signalé une déviation de ce genre dans le caractère de Giboyer ; on pourrait en trouver d'autres exemples dans le Maréchal du *Fils de Giboyer*, le d'Estrigaud de *La Contagion*, le Sainte-Agathe de *Lions et Renards*. Je sais bien qu'il y a dans le théâtre d'Augier des figures plus vraies, des caractères pris sur le vif de la réalité, et qui se soutiennent d'un bout à l'autre, par exemple maître Guérin et Mme Huguet, à qui il n'a manqué, pour produire tout leur effet, que d'être mieux encadrés. M. Poirier tient le milieu entre ces portraits, d'une ressemblance si frappante, et les personnages qui ont été suggérés par la conception générale d'une pièce, et qui sont construits plus encore qu'observés. Son brusque changement d'allures et de langage à partir du moment où le marquis refuse de servir son ambition était une partie essentielle du plan de la comédie, et l'auteur a été conduit, pour mieux marquer le contraste, à exagérer au début sa complaisance pour son gendre, comme sa rudesse une fois qu'ils sont brouillés. Mais cette imperfection légère disparaît dans l'habileté avec laquelle la pièce est conduite, dans l'adaptation parfaite des caractères à l'action.

Les qualités éminentes d'Augier sont des qualités proprement dramatiques. Je n'entends pas par là la connaissance du métier; il la possède, comme tous les maîtres, sans avoir pourtant la dextérité prestigieuse d'un Scribe ou d'un Sardou. Le mérite dont je parle est d'un genre supérieur. Personne n'inventera plus de situations et d'effets dramatiques que Scribe n'en a inventé; ce qui est surprenant, c'est que, sachant si bien fabriquer de jolies boîtes, il n'ait pas pensé à mettre quelque chose dedans. C'est vraiment l'art pour l'art ou, si l'on veut, le métier pour le métier. Augier n'est pas de cette école,

> Et son vers, bien ou mal, dit toujours quelque chose.

Il y a dans son théâtre des situations et des mots célèbres. Dans *Le Gendre de Monsieur Poirier*, au cinquième acte, le mot d'Antoinette à son mari : « Et maintenant va le battre ! » Au dénouement des *Lionnes Pauvres*, le mot de Pommeau : « Ah ! bandit, c'était toi ! » Dans *Les Fourchambault*, à la fin de la scène des deux frères, le mot de Bernard : « Efface ! ». M. Spronck, tout en constatant le succès qu'ils ont à la scène, n'en fait pas beaucoup de cas. Il lui répugne d'être de l'avis du grand public, et lui aussi il dirait volontiers en haussant les épaules : « Ris donc, parterre, ris donc ! » Je lui accorde qu'il y a des beautés supérieures à celles-là. Ce qui n'empêche pas que, pour les trouver, il faut avoir le don du théâtre. D'ailleurs, des mots de ce genre ne doivent pas être isolés de ce qui les explique. Le mot de Bernard : « Efface ! » n'a de valeur qu'en ce qu'il résume d'une façon saisissante le coup de théâtre qui termine la scène, le soufflet donné par l'un des frères à l'autre amenant entre eux une reconnaissance suivie d'une réconciliation.

C'est quelque chose de savoir trouver des situations, et c'est un talent qu'Émile Augier a eu dès le début, dès *La Ciguë*. Mais parmi les situations, il faut distinguer entre celles qui sont simplement des trouvailles ingénieuses et celles qui mettent en relief l'idée même du drame. Dans *Les Lionnes pauvres*, qui sont une pièce remarquablement faite au point de vue du métier, on pourrait signaler plusieurs situations traitées avec toute l'habileté de Scribe lui-même; mais je les donnerais toutes pour la scène du quatrième acte, entre Pommeau et Séraphine, où l'infamie de la femme est pour la première fois révélée au mari. C'est, comme le dit très justement Sarcey, « la scène à faire, » celle que le public attend. J'en dirai autant de la scène tant décriée du dernier acte de *Gabrielle;* sans elle il n'y a plus de pièce.

L'art de « filer » une scène peut s'apprendre dans une certaine mesure; mais les écrivains nés pour le théâtre possèdent seuls le don du mouvement, qui fait que nous avançons sans cesse au lieu de piétiner sur place, le don du rythme dramatique, qui consiste à mesurer par l'allure plus lente ou plus rapide du dialogue, par des arrêts subits, par un pas en avant ou un retour en arrière, le progrès des sentiments, le choc des idées, les tours et les détours de la passion. Si l'on veut voir à quel point Émile Augier possède ce secret, qu'on étudie, au troisième acte du *Gendre de Monsieur Poirier*, la grande scène entre M. Poirier et le marquis de Presles. C'est merveille de voir comment M. Poirier, d'abord de fort méchante humeur, s'apaise quand il croit son gendre disposé à servir son ambition, et se laisse peu à peu aller à des confidences, jusqu'au moment où Gaston lui éclate de rire au nez. La scène des deux frères, dans *Les Fourchambault*, est dans un autre genre un exemple non moins frappant. Il y a là un art singulier de révéler par les paroles des personnages moins encore les sentiments qu'ils expriment que ceux qu'ils veulent cacher, de montrer dès le début la passion qui s'échappe par un mot, puis qui se contient tout en s'échauffant intérieurement de plus en plus, jusqu'au moment où elle éclate. Ce don de traduire ainsi par l'allure et le ton du dialogue les mouvements du cœur et les nuances successives des sentiments, c'est une partie essentielle de ce qu'on peut appeler le style dramatique. Le style, au théâtre, n'est-ce pas surtout l'expression la plus parfaite, la plus adéquate, des caractères? Il importe donc d'abord que les caractères soient vrais et fortement conçus, et c'est par là qu'Augier pèche le plus. Mais, étant donnés les personnages tels qu'il les imagine, il sait leur faire parler le langage qui leur convient, et la forme dramatique est chez lui plutôt supérieure à la conception.

Mais c'est bien de cela qu'il s'agit aujourd'hui! La belle affaire quand nous aurons prouvé qu'Augier sait composer et écrire, et que, poète dramatique, il a eu la connaissance et le don du théâtre! On nous demandera s'il a été un penseur, et s'il a renouvelé notre conception de la vie humaine. Si nous répondons qu'il s'est borné à peindre la société française sous le Second Empire, à défendre contre l'invasion des mœurs nouvelles les principes de la vieille morale et la cause du bon sens, nous aurons nous-mêmes prononcé sa condamnation : il sera proclamé bourgeois, c'est tout dire. Ce mot de bourgeois c'est le : *Tarte à la crème!* des raffinés actuels. C'est une formule extrêmement commode, parce qu'elle est claire en apparence et très vague dans le fond. Lorsque Flaubert disait : « J'appelle bourgeois quiconque pense bassement, » cette déclaration n'était pas aussi nette qu'il le croyait peut-être, car il faudrait savoir si, dans cette bassesse dont il parle, il comprend celle du cœur, ou s'il ne s'en prend qu'à l'infériorité intellectuelle. J'inclinerais plutôt vers la première interprétation. Mais Flaubert n'est qu'un vil modéré à côté des Goncourt, qui écrivent dans leur journal le passage suivant : « C'est un grand événement de la bourgeoisie que Molière, une solennelle déclaration de l'âme du Tiers-État. J'y vois l'inauguration du bon sens et de la raison pratique, la fin de toute chevalerie et de toute haute poésie en toutes choses. La femme, l'amour, toutes les folies nobles, galantes, y sont ramenées à la mesure étroite du ménage et de la dot. Tout ce qui est élan et premier mouvement y est arrêté et corrigé. Corneille est le dernier héraut de la noblesse, Molière est le premier poète des bourgeois. » Je crois rêver en lisant ce morceau, tant j'ai de la peine à me figurer l'état d'esprit de celui qui l'a écrit. L'auteur du *Misanthrope* et de *Don Juan*, le type du poète bourgeois! En quoi Molière est-il « la fin de toute chevalerie »? Lorsqu'il peint comme l'on sait la passion d'Arnolphe ou celle d'Alceste, ramène-t-il donc l'amour « à la mesure étroite du ménage et de la dot? » Je n'insiste pas, ne croyant pas que Molière ait besoin d'être défendu, et d'ailleurs, ce n'est pas de lui, mais d'Émile Augier qu'il s'agit. Cependant la citation n'était pas inutile, car les attaques contre l'un ou contre l'autre sont inspirées par le même esprit.

Au fond, on en veut surtout à Augier de deux choses : il est gaulois, et il est peu chrétien. Il est gaulois : il ne craint pas la plaisanterie grasse, et quoiqu'il défende le mariage et la morale, il ne se croit pas obligé, en parlant des péchés de jeunesse, de prendre les airs pudibonds de Tartufe en face de Dorine. Il est peu chrétien : non pas qu'en matière religieuse, il soit aussi hardi que Molière, mais il a, comme Pascal, la faiblesse de ne pas aimer les Jésuites. Or rien de tout cela n'est de bon goût aujourd'hui. On vous pardonnera d'être immoral et cynique, mais non pas de risquer une plaisanterie un peu vive; vous seriez soupçonné d'aimer Béranger et Paul de Kock. En religion on vous dispensera de pratiquer et même de croire, à condition de vous incliner bien bas devant « le vieillard du Vatican ». Autrement on vous appellera Homais, et vous serez jugé. Augier n'avait pas prévu ces modes nouvelles, et quel tort il se ferait dans l'avenir pour avoir écrit *Le Fils de Giboyer*; s'il l'avait prévu, il était peut-être homme à n'en prendre pas grand souci.

Mais enfin, ce ne sont pas quelques propos gaillards ou son anticléricalisme notoire qui peuvent suffire à faire d'Augier un bourgeois. Ce serait dans tous les cas un bourgeois bien différent de ceux de nos jours, qui vont à la messe et mettent leurs fils en pension rue des Postes. Un bourgeois voltairien est maintenant un être fossile, qui date au moins de Louis-Philippe. A quoi donc se reconnaît le *bourgeoisisme* d'Émile Augier? C'est, autant que je puis le comprendre, à ses opinions sur le mariage et sur la question d'argent. Quelles sont donc ces opinions? Tout simplement celles que professent les quatre-vingt-dix-neuf centièmes de nos contemporains, bourgeois ou non. Il a défendu le mariage, en combattant la théorie de la poésie de l'adultère et celle de la rédemption par l'amour; il a montré les inconvénients des *beaux mariages*, mariages d'ambition ou mariages d'intérêt. Ce n'est pas très neuf, j'en conviens, mais que voulait-on qu'il fît? Comme le dit Giboyer à propos de ce prédicateur qui avait eu sur la charité des pensées toutes nouvelles : « A-t-il dit qu'il ne faut pas la faire? » De même, en matière d'argent, Augier pense évidemment ce que nous pensons tous, qu'il ne faut en faire ni trop ni trop peu de cas, et que, suivant le mot de Dumas, « c'est un bon serviteur et un mauvais maître. » M. Spronck lui reproche de ne pas avoir compris la poésie de la haute banque et l'utilité sociale des grands brasseurs d'affaires. Avouons que cette étroitesse d'esprit est excusable, et qu'au lendemain du Panama nous ne sommes guère disposés à être plus indulgents que lui pour les Vernouillet et les d'Estrigaud.

Ce qu'on blâme sous le nom de *bourgeoisisme*

pourrait donc être simplement du bon sens. A ce compte, Horace et Boileau, Molière et Voltaire seraient enveloppés dans la même proscription. Ne faudrait-il pas aller jusqu'à condamner la comédie en général? Car elle est par essence obligée de s'appuyer sur l'opinion moyenne d'un temps et d'un pays, et ses créations les plus originales, ses fantaisies les plus hardies, ne peuvent réussir auprès du public, qui juge en dernier ressort, que si elles sont conformes au sens commun. Je sais bien qu'il y a des distinctions à faire, et qu'il y a bon sens et bon sens. Celui d'Augier n'est pas celui du premier bourgeois venu; car pour que celui-ci prenne plaisir à l'œuvre du poète, il faut bien qu'il y retrouve des idées analogues aux siennes, mais il faut aussi qu'il y trouve autre chose dont il ne se serait pas avisé tout seul. Mais le bon sens d'Augier n'est pas non plus celui de Molière, car il en est dérivé; l'un a créé, l'autre imite. Que l'on dise donc, si l'on veut, que son talent n'est ni complet ni de premier ordre, que ses caractères n'ont ni la profondeur ni le relief de ceux des grands maîtres, qu'on n'y trouve pas de ces mots qui nous font pénétrer jusqu'au fond de la nature humaine. Mais qu'on nous accorde qu'il a été un peintre agréable et généralement fidèle des mœurs de son temps, qu'il y a de l'esprit et de la verve dans ses satires sociales, une émotion pénétrante dans certains de ses drames bourgeois; enfin qu'il possède à un haut degré quelques-unes des qualités dramatiques, l'invention des situations et le don du dialogue. Nous n'en demandons pas davantage. Il est vrai que ce jugement, essentiellement modéré, risque d'être taxé, lui aussi, de bourgeois. Qu'importe, s'il est juste?

LE THÉATRE DE DUMAS FILS

I.

L'ŒUVRE DE DUMAS ET LA CRITIQUE.

Avant d'aborder directement l'étude du théâtre d'Alexandre Dumas fils, on pourrait écrire tout un chapitre sur les critiques qui s'en sont occupés. D'abord, les critiques qui ont rendu compte de ses pièces le lendemain de la première représentation ou de l'une des reprises. Rien n'est plus instructif que la lecture de ces articles. On y suit au jour le jour, avec le développement du talent de l'auteur, les transformations du goût public. Sans ce témoignage irrécusable, on aurait de la peine à se figurer les résistances que Dumas a eu à vaincre, moins chez le grand public, qui lui a été généralement favorable, que chez les lettrés. La *Revue des Deux-Mondes* lui a été particulièrement hostile, non seulement à ses débuts, mais longtemps après qu'il avait donné ses premiers chefs-d'œuvre. Tour à tour Pontmartin, Gustave Planche, Montégut, Saint-René

Taillandier, Louis Etienne, se sont acharnés sur lui. Gustave Planche, malgré son étroitesse d'esprit et ses préjugés, est encore un des moins injustes. Les deux seuls critiques qui aient rendu justice à Dumas sont Edmond About dans un article, très insuffisant d'ailleurs, sur le *Demi-Monde*, et Challemel-Lacour dans la remarquable analyse qu'il a faite des *Idées de Madame Aubray*. Mais ceux-là étaient des critiques de passage et n'avaient pas le ton de la maison. Pendant plus de vingt ans, la revue des douairières orléanistes fit grise mine à l'auteur compromettant de *La Dame aux Camélias*, à l'écrivain qui avait débuté sous le patronage de M. de Morny. Elle commença à s'adoucir après l'éclatant succès de *Monsieur Alphonse*, qui ouvrit à Dumas les portes de l'Académie; mais ce ne fut qu'en 1881, lorsque Ganderax devint le critique attitré, que les traditions se modifièrent décidément, qu'il fut permis d'admirer, et d'être enfin de l'avis du public.

Quand, au lieu de faire une douzaine de chroniques dramatiques par an dans une revue, on écrit un feuilleton par semaine dans un journal, le point de vue ne saurait être le même. On a beau avoir des préférences et même des idées très arrêtées, on est obligé de tenir compte des goûts et des opinions du public, avec lequel on est constamment en communication. Si Francisque Sarcey avait débuté dans la critique quelques années plus tôt, nous aurions dans la suite de ses chroniques un tableau complet de la carrière dramatique de Dumas. Nous saurions non pas seulement comment un juge des plus compétents a apprécié des œuvres comme *La Dame aux Camélias* ou *Le Demi-Monde* dans leur nouveauté, mais, ce qui ne serait pas moins intéressant, ce qu'en pensait alors le vrai public, celui qui, comme dit Molière, ne cherche point de raisonnements pour s'empêcher d'avoir du plaisir. Cette première partie nous manque. Heureusement nous avons la seconde, et depuis *L'Ami des Femmes* jusqu'à *Francillon* il n'y a pas de comédie de Dumas sur laquelle Sarcey n'ait écrit un ou plusieurs feuilletons. Et comme entre autres mérites il a celui d'être éminemment sincère et de premier mouvement, comme il ne craint jamais de se déjuger lorsque le public lui a donné tort, ce que nous trouvons dans ses feuilletons, ce n'est pas seulement son opinion personnelle mais l'impression toute chaude que la pièce a faite sur les spectateurs de la première représentation.

Ce qui nous frappe le plus, c'est de voir combien de fois Dumas, dont les débuts avaient été éclatants, et qui, dès 1855, en écrivant *Le Demi-Monde*, s'était mis hors de pair, a dû recommencer la conquête de son public. Son originalité même, la hardiesse et la variété de ses tentatives lui ont été un obstacle. Il a gagné presque toutes les batailles qu'il a livrées; mais on aurait dit souvent qu'il voulait défier le sort, qu'il n'aimait que les succès remportés de haute lutte, dédaigneux des concessions par lesquelles il aurait pu désarmer son public, et tenant moins à le séduire qu'à le dompter. En définitive, Dumas a fini par avoir raison de toutes les résistances. Sauf *La*

Princesse de Bagdad, ses dernières pièces, même *L'Etrangère*, malgré ses singularités, ont réussi du premier coup. Des œuvres qui jadis étaient presque tombées, comme *L'Ami des Femmes*, ont été reprises avec succès. Et notons ce point : dans cette dernière période il y a généralement accord entre le public et la critique. Jules Lemaître, qui a débuté dans la chronique dramatique à ce moment-là, est certes un esprit indépendant : il ne relève d'aucune école, et il a dit son opinion en toute franchise sur Dumas comme sur tout autre écrivain. Il avoue que *L'Etrangère* est de l'hébreu pour lui, et il n'a pas épargné les objections même à des œuvres depuis longtemps consacrées, comme *Le Demi-Monde*. Avec tout cela c'est, comme Sarcey, un fervent admirateur de Dumas ; mais les raisons de leur admiration ne sont pas tout à fait les mêmes. Ce que Sarcey loue le plus dans l'œuvre de Dumas, ce sont ses qualités d'*homme de théâtre*, cette sûreté d'exécution, cette maîtrise incomparable, qui lui ont permis de jouer et de gagner des parties que tout autre aurait perdues. Sur le fond des choses il fait des réserves, et dans le Dumas seconde manière tout ne lui plaît pas. Il n'admire *Une Visite de Noces* qu'en maugréant, et il n'a jamais pu prendre son parti de *La Femme de Claude* ni de *La Princesse de Bagdad*. Ce qui attire au contraire Jules Lemaître, ce qui le séduit dans le talent de Dumas, c'est ce qu'il a d'aventureux. Il préfère aux chefs-d'œuvre incontestés, sur lesquels il n'y a plus grand chose à dire, les pièces qui ont été discutées à l'origine ou qui le sont encore, et qui, moins parfaites que les autres, moins bien adaptées aux conditions du théâtre, nous font pénétrer plus avant dans la pensée de l'auteur ou dans les secrets de la nature humaine.

Cette différence de point de vue entre Sarcey et Lemaître s'explique surtout par celle de leur esprit et de leurs goûts. L'un aime avant tout ce qui est sensé, logique, lumineux, ce qui se laisse comprendre sans peine et s'impose à toutes les intelligences. L'autre a une préférence pour les œuvres où il y a une part de mystère; il leur sait moins de gré d'être belles que d'être suggestives, de forcer son admiration que de le faire philosopher ou rêver. Mais les différences ne s'expliquent-elles pas aussi par ce fait que les deux critiques ne sont pas du même âge et n'appartiennent pas à la même génération ? Lorsque Sarcey a débuté comme chroniqueur dramatique, Dumas ne faisait que commencer son évolution; il réservait bien des surprises à ceux qui, après *La Dame aux Camélias*, *Le Demi-Monde*, *Le Fils Naturel*, croyaient connaître la formule de son talent. *L'Ami des Femmes* et *Une Visite de Noces*, pour ne parler que des deux pièces les plus caractéristiques, effarouchèrent le public, en 1862 et en 1871, et Sarcey, quoique grand admirateur de Dumas, fut plus d'une fois effrayé, sinon scandalisé, de ses audaces. Lorsqu'en 1885 Lemaître écrivit ses premiers feuilletons, les choses avaient bien changé. Pour les gens de son âge, Dumas, académicien depuis dix ans, écrivant pour la Comédie Française, n'était plus le révolutionnaire qui avait mis jadis en colère les partisans de la tradition. Ses pièces, jugées autrefois scandaleuses, impossibles, étaient maintenant acceptées de tous. Il fallait être hardi, en 1871, pour prendre la défense d'*Une Visite de Noces*; ce qui paraissait extraordinaire quinze ans après, c'est que la pièce eût soulevé tant d'orages. D'ailleurs, les romanciers naturalistes et les écrivains du Théâtre-Libre avaient si bien fait l'éducation du public que Dumas, jugé trop radical quelques années auparavant, n'avait plus l'air que d'un simple centre gauche. Il est donc tout naturel que les feuilletons de Lemaître, écrits de 1885 à 1895, alors que Dumas était en possession d'une autorité incontestée sur le public, nous donnent, même quand il juge les mêmes pièces que Sarcey et que tous les deux sont d'accord, une impression différente. Lemaître n'a connu que le Dumas victorieux des dernières années; Sarcey se souvient des batailles d'antan. Ayant suivi à la fois les évolutions de Dumas et celles du goût public pendant vingt-cinq ans, il sait par quelles étapes l'auteur discuté si longtemps est arrivé à la gloire.

Si je n'ai pas encore parlé de Weiss, ce n'est pas que je méconnaisse la valeur et l'originalité de sa critique, c'est qu'elle ne rentre pas dans la même catégorie que celle de Sarcey et de Lemaître. Ce qu'il a écrit de plus important sur le théâtre de Dumas, ce ne sont pas les divers feuilletons qu'il a faits en 1884, pendant son passage aux *Débats*, c'est l'article qu'il avait donné en 1858 à la *Revue Contemporaine* et qui a été réimprimé dans son volume *Le*

Théâtre et les Mœurs. C'est une étude non pas sur un seul ouvrage, mais sur les cinq premières pièces de Dumas, depuis *La Dame aux Camélias* jusqu'à *La Question d'Argent*. Ce qui lui donne un intérêt particulier, c'est que l'auteur, suivant son habitude, ne s'est pas borné à faire de la critique dramatique : son étude est une étude morale et sociale autant que littéraire. Les premières comédies de Dumas ne l'intéressent pas seulement en elles-mêmes, mais parce qu'il y voit un signe d'un état d'esprit nouveau, contemporain du Second Empire. « Quelque chose, » nous dit-il, « avait craqué dans l'âme française et la société française, au Vaudeville, le 2 février 1852 (première de *La Dame aux Camélias*), comme deux mois auparavant quelque chose avait craqué dans l'Etat le 2 décembre 1851. » Aux yeux de Weiss, il y avait eu à cette date réaction en littérature comme en politique; de même qu'au régime libéral de 1830 et de 1848 avait succédé le régime autoritaire, de même les généreuses ardeurs du romantisme avaient fait place à un esprit sec et positif. Les comédies de Dumas étaient un symptôme de cette révolution, tout comme *Madame Bovary* et les *Essais de critique* de Taine. Weiss ne pouvait pas s'en consoler; il restait fidèle à ses premières amours, les écrivains du temps de Louis-Philippe, assez éclectique d'ailleurs, admirateur de Ponsard comme d'Alexandre Dumas père, de Scribe comme de George Sand. Pour lui, l'ennemi c'était le réalisme, dont Alexandre Dumas fils était un des représentants les plus éminents. *La Dame aux Camélias* et *Diane de Lys* lui avaient encore laissé quelque espoir; il y trouvait des traces de romantisme, de noble et poétique extravagance. Mais à chaque pas que le débutant faisait dans la carrière, on le voyait plus clairement se diriger vers un autre idéal : plus que des faits enchaînés par une logique sévère; une pièce est une opération mathématique dont le dénouement est le total. Plus de fantaisie, plus de passion; le raisonnement règne en maître. Weiss est bien obligé de reconnaître les mérites de cet art nouveau. Une œuvre comme *Le Demi-Monde* forçait l'adhésion de tous les gens de goût. Même dans *Le Fils Naturel*, qu'il critique impitoyablement, il avoue que la scène du père et du fils au second acte est un chef-d'œuvre d'exécution comme de conception. Mais il admire de mauvaise grâce, on voit bien que le cœur n'y est pas; il n'a toute sa verve que dans l'attaque.

Lorsque vingt-cinq ans plus tard, il écrivit ses feuilletons des *Débats*, il se montra plus juste. D'abord il n'avait plus la férocité propre à la jeunesse; ensuite il ne faisait plus la guerre aux idées du Second Empire dans la personne d'un de ceux qui les représentaient à ses yeux. Il faut ajouter, pour être juste envers Weiss, que les débuts de Dumas, si brillants qu'ils fussent, ne faisaient pas prévoir tout ce qu'il devait être plus tard. Combien la première en date de ses pièces à thèse, *Le Fils Naturel*, est différente de la seconde, *Les Idées de Madame Aubray!* Qui donc, en 1858, lorsque Weiss écrivait son étude sur Dumas, pouvait concevoir l'idée d'une comédie comme *L'Ami des Femmes* ou comme *Une Visite de Noces?* Quand on étudie le théâtre de Dumas dans l'ensemble de son développement, on est frappé de ce qu'il a de logique, et il est assez facile de l'exprimer par une formule ; mais ce sont là des découvertes qu'on ne fait qu'après coup ; et lorsque Weiss lui-même, à propos d'une reprise de *Diane de Lys*, en 1884, se plaît à montrer que cette comédie, jouée en 1853, renfermait tous les germes de ce que Dumas a fait depuis, ce n'est que l'illusion d'un esprit ingénieux qui, faisant un retour vers le passé et voyant quels liens l'unissent au présent, s'imagine avoir pressenti ce qu'il n'a pu que constater, et ce qu'il n'était donné à personne de prévoir. Au fond de tout ce que Weiss a écrit sur Dumas fils, il y a cette idée qu'il personnifie plus que tout autre écrivain la réaction contre le romantisme, contre les façons de penser, de sentir et d'écrire de 1830. Cette vue renferme une part de vérité, mais non pas toute la vérité. Et surtout elle ne rend pas compte du changement capital qui s'est produit entre *Le Fils Naturel* et *Les Idées de Madame Aubray*, lorsque Dumas, au lieu de s'en tenir au point de vue de la stricte justice, comme dans la première de ces deux pièces, s'est élevé, en composant la seconde, jusqu'à l'ordre de la charité.

Les articles publiés dans la *Revue Bleue* en 1876 par M. Charles Bigot, en 1882, par M. Cartault, portent non plus sur quelques pièces de Dumas, mais sur l'ensemble de son théâtre, ou du moins sur les pièces jouées jusqu'alors. L'étude de M. Bigot, très intéressante d'un bout à l'autre, se compose de deux parties. Dans la première, où il juge Dumas comme auteur dramatique, il lui rend pleine justice. Il a, dit-il, les deux qualités essentielles : la vie et la force. Si ses personnages ne sont pas toujours vrais, ils sont vivants, du moins à la lueur de la rampe. Il a fait une révolution sur la scène française par la rapidité qu'il a introduite dans l'action. Quelle différence de mouvement et de plénitude entre ses prédécesseurs et lui! Que de choses il fait tenir en un acte! Avec cela, une variété éblouissante : il sait servir à chaque fraction de son public le plat qu'elle aime; il y a du pathétique pour les femmes, des propos cyniques pour les boulevardiers, des tirades morales pour M. Prudhomme. Il escamote les difficultés avec une habileté merveilleuse; il sait, à force de préparations discrètes et savantes, nous faire accepter les situations les plus invraisemblables; il y a dans son style du galimatias, de la sensiblerie banale; mais il y a souvent de la vigueur et même de la simplicité.

Aux restrictions qui se mêlent déjà à ces éloges, M. Bigot en ajoute d'autres. Dumas, dit-il, a beaucoup d'esprit, mais il a le tort de donner le sien à tous ses personnages. Il y a une certaine monotonie dans son inspiration. Il ne varie pas ses sujets comme Augier; il ne nous représente guère qu'un coin de Paris, une seule passion, l'amour, et l'amour dans des conditions toutes spéciales. Il ne sait pas peindre les jeunes filles, et d'ailleurs il évite de le faire; ses honnêtes gens sont des nigauds. Ses vrais héros, ce sont les boulevardiers, les fêtards, les courtisanes, les intrigantes. Mais, dans ce cercle étroit, nul n'a créé de types plus vigoureux. *Le Demi-Monde* et *Monsieur Alphonse* sont deux des œuvres les plus fortes de ce temps. *La Dame aux Camélias* est une pièce étrange et malsaine, mais pénétrée d'un souffle brûlant; dans *La Princesse Georges*, la simplicité et la rapidité de l'action sont admirables, et la figure de l'héroïne est un pur chef-d'œuvre.

M. Bigot, malgré des restrictions, est grand admirateur des comédies de Dumas; il réserve ses sévérités pour ses théories. Il s'amuse des contradictions qu'il y découvre; il relève le contraste entre le fracas avec lequel l'auteur les expose et le vide qui est au fond. Dumas, dit-il, croit trop que le public qui lit se compose en majorité d'imbéciles, comme celui qui va au théâtre. D'ailleurs il ne se moque pas toujours de ses lecteurs; il lui arrive de se prendre au sérieux, et c'est alors surtout qu'il est comique. Ignorant, il aime à parler science, et quelle science que la sienne! un ramassis baroque de notions attrapées au hasard. Au travers de tout cela, des inspirations heureuses, des bouffées d'éloquence. Ce qui manque, c'est le bon sens et l'équilibre. On a dit qu'il s'était avisé un peu tard de faire son catéchisme; mais on s'aperçoit trop qu'il n'a jamais fait sa philosophie.

Au fond, dit M. Bigot, Dumas n'est pas de notre race, pas plus que son père. Tout l'indique : son dédain pour la femme, sa personnalité exubérante, la faiblesse de sa raison unie à sa puissance d'invention, son goût pour les solutions sanglantes, son mysticisme. « C'est un nègre trempé tout jeune dans le Styx parisien. » Il n'a jamais connu ce monde de moyenne bourgeoisie d'où presque tous nous sommes sortis, qui est le cœur et qui fait la force de la France. Elevé dans la bohême, il en a pris et gardé les habitudes, le libertinage d'esprit, le goût des propos de garçons, des mots crus et cyniques, l'amour de la réclame et du tapage, un penchant à confondre l'originalité avec la bizarrerie. Ce qui est à son honneur, c'est que, grandi dans ce monde-là, il ait eu au moins des velléités morales; ses œuvres y ont gagné une élévation relative. « C'est une pauvre et triste poésie que celle de *La Dame aux Camélias;* mais chaque âme prend le rayon de soleil où elle peut le trouver, et peut-être ces mêmes livres de M. Dumas qui, dans certaines sphères, ont pu dépraver plus d'une âme, ont-ils ailleurs apporté à quelque esprit dégradé un éclair de la vie morale. »

M. Cartault est, dans l'ensemble, moins sévère que M. Bigot. Il insiste sur les origines de Dumas: ses origines littéraires, le romantisme, ses origines morales, la bohême. Dumas, dit-il, après avoir beaucoup vécu avec des courtisanes, s'aperçut qu'il y avait des jeunes filles. « Il découvrit la famille, et crut de bonne foi l'avoir inventée. » Ses débuts dans le roman furent médiocres, intéressants seulement en ce qu'on y trouve le germe d'idées qu'il a développées depuis.

M. Cartault admire franchement et presque sans réserve le théâtre de Dumas, qui à ses yeux est de beaucoup le premier des auteurs dramatiques contemporains. Il étudie la structure si forte de ses pièces, et il montre que la sensation de rapidité qu'elles nous donnent tient moins à l'agitation extérieure qu'à la logique intime avec laquelle elles sont construites. Les imitateurs de Dumas s'y sont trompés, et en essayant de copier la rapidité de l'action qu'ils trouvaient chez lui, ils se sont attachés à une forme vide. Quant aux caractères, ce qui distingue Dumas des auteurs classiques, c'est que ceux-ci ont étudié l'éternel fond humain, tandis qu'il s'est attaché à peindre l'homme social. « L'avare, l'ambitieux, l'hypocrite sont de tous les temps et de tous les pays ; la baronne d'Ange, le fils naturel, M. Alphonse, la princesse Georges, n'existent qu'en vertu de certaines lois constitutives du mariage et de la famille. Ils sont les produits du milieu contemporain... »

Dumas a les défauts de ses qualités. Son style si rapide a pu quelquefois être qualifié de « style télégraphique. » En creusant trop la nature humaine pour abstraire le type des observations individuelles, il s'expose à négliger la vie ; il crée des êtres de convention, comme la femme de Claude. Ses tentatives de littérature scientifique ne lui ont pas toujours réussi. Sa physiologie nous intéresse moins que sa psychologie. L'impression que nous fait *L'Ami des Femmes* est celle que nous éprouvons dans un hôpital d'incurables. L'axiome : « Rien de ce qui est humain ne m'est étranger » n'est vrai qu'au moral. Un accès de folie, une fièvre typhoïde chez un de nos semblables n'éveille en nous aucune émotion esthétique.

Quant aux théories de Dumas, sans les juger aussi

impitoyablement que M. Bigot, M. Cartault ne les prend qu'à moitié au sérieux. Il trouve qu'on a eu tort de l'accuser d'immoralité ; on lui en veut surtout de ne pas sauver les apparences et d'appeler crûment les choses par leur nom. On l'accuserait avec plus de raison d'illogisme. Comment, en effet, étant aussi résolument partisan de la famille, au sens traditionnel, a-t-il pu plaider avec tant d'énergie pour le divorce et pour la recherche de la paternité ? Il y a à la fois chez lui un conservateur déterminé et un révolutionnaire. Parviendra-t-il, dit M. Cartault en finissant, à mettre ses idées d'accord les unes avec les autres ?

M. Parigot, dans son *Théâtre d'Hier*, a étudié Dumas à côté d'Augier, de Sardou, de Becque et de quelques autres. Il a essayé de définir le système dramatique de l'auteur, qui, dit-il, a emprunté à Sedaine et à La Chaussée la conception du drame bourgeois, mais en le transformant au point de le rendre méconnaissable. Suivant lui, si l'on veut rattacher Dumas à une tradition, on peut lui trouver deux prédécesseurs : l'un est Scribe, dont il s'est assimilé les habiletés, les ficelles ; l'autre est Corneille, dont il a hérité le goût de la composition, de l'unité, de la force, le besoin de progression et de logique, la préférence pour les caractères rigoureusement dessinés et le développement rectiligne de la passion. Si M. Parigot admire la logique et la vigueur des conceptions et du dialogue de Dumas, il ne pense pas beaucoup de bien de ses idées. Il lui reproche de se contredire souvent, et surtout de vouloir appliquer à la société des idées qui ne s'appliquent qu'au monde fictif créé par lui dans son théâtre. Il n'aime ni les dissertations philosophiques de Rémonin dans *L'Etrangère*, ni les sermons de Madame Aubray. La science et la religion de Dumas lui paraissent également de mauvais aloi. En somme, il fait beaucoup de cas de lui comme artiste, et très peu comme penseur.

M. Doumic qui, dans ses *Portraits d'Écrivains*, nous a donné sur Dumas un chapitre plein de vues intéressantes, est beaucoup moins sévère que M. Parigot pour ses théories. C'est qu'il a bien compris que ses théories faisaient corps avec son talent. Si Dumas n'avait pas eu foi dans ses idées, s'il n'avait pas dans ses drames, comme dans ses préfaces et ses brochures, prêché avec ardeur certaines réformes, son théâtre serait probablement tout autre. Des pièces comme le *Demi-Monde* et *Un Père Prodigue* auraient marqué le dernier terme de son évolution. C'est pour le coup que Weiss aurait eu raison de le classer parmi les réalistes. M. Parigot lui-même a très justement observé que pour Dumas le réalisme n'est qu'un moyen, non un but, qu'il ne se contente pas, comme les réalistes, de peindre les surfaces, qu'il veut atteindre jusqu'aux dessous de la nature humaine.

Mais ce que M. Parigot n'a pas voulu voir, et ce que M. Doumic a très bien montré, c'est que les idées sociales de Dumas (vraies ou fausses, peu importe), sont l'âme même de ses pièces, que ses qualités caractéristiques, la vérité et la précision de l'observation, la logique impeccable, sont mises par lui au service des doctrines qui lui tiennent au cœur, de l'idéal dont il s'inspire. On sait que Dumas attachait une grande importance à ses dénouements. « Un dénouement, » disait-il, « est un total mathématique. Si votre total est faux, toute votre opération est mauvaise. » Or M. Doumic fait spirituellement et très justement remarquer que pas un des dénouements de Dumas n'est ce qu'il devrait être si l'auteur avait voulu copier la réalité. Dans la vie réelle Raymond de Nanjac aurait épousé la baronne d'Ange; Madame de Simerose serait devenue la maîtresse de M. de Montègre, et ainsi de suite. Faut-il en conclure que Dumas ne connaissait pas le monde et la vie? Evidemment non; cela prouve seulement qu'au lieu de nous montrer comment les choses se passent habituellement, il cherche comment elles devraient se passer.

Ainsi Dumas, qui avait des dons remarquables d'observateur et d'écrivain réaliste, a souvent pris le contre-pied du réalisme, parce que pour lui le but de l'art est bien moins de peindre ce qui existe, que d'en tirer une leçon. Le réaliste, dit M. Doumic, s'attache à ce qu'il y a de plus ordinaire, de plus commun dans la vie; Dumas n'étudie que des cas d'exception. Le réaliste a pour constante préoccupation de s'efforcer de ne pas intervenir dans le jeu naturel des événements; Dumas au contraire arrange les faits, et il nous faut même quelquefois, comme dans *Une Visite de Noces*, une singulière complaisance pour admettre ses combinaisons. Le réaliste emprunte ses types à l'humanité moyenne; Dumas fait souvent ses personnages plus grands que nature. Le réaliste est frappé de voir que nos tentatives, nos idées, avortent le plus souvent, que ce qui caractérise la vie, c'est l'inachevé, l'incomplet. Dumas nous présente des actions complètes, il va jusqu'au bout de ses idées. Dans le dialogue, un réaliste devrait s'appliquer à reproduire « la grisaille de la conversation courante. » Dumas sait que le dialogue des personnages est surtout un moyen d'exprimer la pensée de l'auteur. Son dialogue est donc « très écrit, » très artificiel, mais plein de sens et d'un admirable relief.

En ce qui touche ce dernier point, je dois faire remarquer que Weiss a dit tout le contraire. Il reproche à Dumas d'avoir transporté au théâtre « le ton gris de la conversation, » de s'être figuré « que chacun de nous, quoi qu'il dise, fait de la prose comique sans le savoir, » d'avoir volontairement, et avec un parti-pris de réalisme, encombré son dialogue de ces mots parasites, de ces répliques banales qui s'échangent dans la rue ou dans un salon, mais qu'un véritable écrivain dramatique devrait supprimer impitoyablement. Pour moi, j'inclinerais à croire que Weiss et M. Doumic ont tous les deux raison, qu'on trouve dans l'œuvre de Dumas de quoi justifier leurs observations contradictoires. J'ai déjà dit ailleurs que l'étude de Weiss ne portait que sur les premières comédies, et c'est dans les pièces comme *Diane de Lys, Le Fils Naturel, La Question d'Argent*, que ses critiques, trop sévères, trouvent parfois leur application. M. Doumic, au contraire, a étudié l'œuvre de Dumas dans son ensemble, et s'il a un peu trop abondé dans le sens de sa thèse, s'il a exagéré les différences entre Dumas et les réalistes, sa thèse en elle-même me semble inattaquable. Pour me servir de ses propres expressions, l'art de Dumas « part du réalisme, mais pour le dépasser; il a pour base le réel, pour fin un idéal. »

M. Paul Bourget, en prenant Dumas pour sujet d'un de ses *Essais de psychologie contemporaine*, ne se proposait pas le même but que M. Doumic ou M. Parigot. Ce qui l'intéresse dans le théâtre de Dumas, c'est moins ce théâtre lui-même que les idées et les tendances de l'auteur, considéré soit dans sa nature propre, soit comme représentant d'une classe d'hommes et d'une génération. Non pas qu'en parlant d'un auteur dramatique, M. Bourget se soit donné le ridicule d'oublier ou de dédaigner les qualités d'art et de métier qui ont fait sa réputation. Il a au contraire parlé, d'après Dumas lui-même, mais avec plus de précision que lui, des dons qui sont nécessaires pour réussir au théâtre; il a analysé avec beaucoup de pénétration et de justesse les caractères du dialogue dramatique, et ce genre particulier d'imagination qu'il appelle l'*imagination des crises*, qui distingue l'homme de théâtre du romancier. Mais enfin ce que veut faire M. Bourget, ce n'est pas de la critique dramatique, c'est de la psychologie appliquée, et ce qu'il étudie surtout chez Dumas, c'est le fond de sa nature, c'est le tempérament intellectuel qui s'est manifesté dans son œuvre.

Dumas n'est, dit-il, ni un pur artiste, ni un psychologue, c'est un moraliste qui avait des dons merveilleux d'homme de théâtre. Or il semble qu'il y ait contradiction entre les habitudes d'esprit du moraliste, qui se plaît aux développements d'idées générales ou bien à l'étude des sentiments dans leurs nuances les plus délicates, et les instincts de l'auteur dramatique, qui se réunissent aux exigences de son art pour lui faire tout sacrifier à l'action. Cela est vrai, et Dumas lui-même a senti, dans la seconde partie de sa carrière, la gêne où le mettait cette dualité de sa nature. Mais aussi quel intérêt puissant ne communiquent pas à ses pièces les préoccupations morales dont il était obsédé! Les discussions passionnées que ses pièces ont excitées, le succès éclatant qu'elles ont obtenu, ne s'expliquent pas seulement par le talent de l'auteur, mais par ce fait que ses pensées répondaient aux nôtres, et qu'il a su nous parler le langage que nous attendions.

Parmi les idées de Dumas, M. Bourget s'est attaché à celle qui lui a paru le centre de toutes les autres, sa conception de l'amour. Il montre fort bien que cette conception est radicalement pessimiste, que Dumas enveloppe dans la même condamnation les amours vénales de la rue et la prostitution poétique et sentimentale des salons. Dumas n'ose pas nier l'existence de l'amour vrai, de celui qui se fait pardonner ses fautes et même ses crimes par sa sincérité. Mais le fond de sa pensée, c'est que l'amour est une illusion, un piège que nous tend le génie de l'espèce, pour parler comme Schopenhauer. A cette conception pessimiste de l'amour se rattache la création de certains personnages chers à Dumas, comme Olivier de Jalin et de Ryons, qui, soit par abus de l'esprit d'analyse, soit par habitude de libertinage, en arrivent non seulement au scepticisme, mais, ce qui est plus grave, à l'impuissance absolue d'aimer.

La conclusion logique de cette façon de raisonner et de sentir, ce devrait être, semble-t-il, le nihilisme métaphysique, suite naturelle et dernier terme du nihilisme sentimental. Les conclusions de Dumas sont cependant tout autres. Il aboutit au mysticisme, dont l'influence est si marquée dans *La Femme de Claude* et *L'Etrangère*. C'est que Dumas, moraliste et homme d'action, arrivant sur les frontières du nihilisme de Schopenhauer, a reculé d'horreur. Il a dit : « La nature ne veut pas la mort ; la mort n'est qu'un de ses moyens ; la vie est son but. » Et alors, il a cherché dans l'au-delà la solution qu'il ne trouvait pas dans la réalité. Il a abouti à une sorte de manichéisme. Tandis que les névropathes, pour échapper à eux-mêmes et fuir l'odieuse réalité, cherchent un refuge dans des ivresses factices, Dumas a demandé un remède à une religion plus ou moins vague. Par là encore il a exprimé à sa façon le besoin que ressentent tant d'âmes à l'heure présente : il est resté l'auteur moderne par excellence ; il a su trouver jusqu'au bout les mots qu'il fallait nous dire pour nous toucher.

Je ne répondrais pas que ce Dumas-là soit absolument le vrai. Quand on est, comme M. Bourget, à la fois philosophe, poète et romancier, on a beau vouloir être un peintre exact, il est difficile qu'on n'ajoute pas quelque chose à son modèle. Les Olivier de Jalin, les Ryons, les Lebonnard, à qui Dumas a donné tout son esprit, toute son expérience du monde, et ce qu'on peut à la rigueur appeler sa philosophie, ne sont peut-être pas des philosophes aussi conséquents que les fait M. Bourget. Ils ne se sont pas nourris, comme lui, de Spinoza, de Kant et de Schopenhauer. Stan, le raisonneur de *Francillon*, qui est de la même lignée qu'eux, parle bien de velléités de suicide qui lui passent par la tête ; mais je doute qu'il sache ce que c'est que le fameux *suicide cosmique* du philosophe allemand. M. Bourget a vu les héros de Dumas à travers les siens, qui après souper sont sujets à des accès de métaphysique, et imaginent « la religion de la souffrance humaine » en allumant leur cigare. Rien de pareil dans les personnages de Dumas. L'auteur est un moraliste et non un philosophe, comme M. Bourget l'a très bien montré ; pourquoi donc alors veut-il lui prêter des théories auxquelles il n'a pas songé, et faire de lui un Schopenhauérien sans le savoir ?

L'analyse qu'il nous donne de sa conception de l'amour est forte et pénétrante, mais elle a le défaut d'être trop générale et trop abstraite. Lorsque Dumas nous dit qu'il a choisi l'amour pour point central de ses observations, il nous explique pourquoi : « C'était bien certainement là que la bêtise humaine se constatait le mieux. Il faut que tout le monde y passe plus ou moins :

> Qui que tu sois, voici ton maître,
> Il l'est, le fut ou le doit être.

a dit Voltaire. » Il n'y a ni métaphysique ni profondeur là dedans; c'est l'expression toute simple d'une vérité de sens commun. Voyez comme M. Bourget interprète et transforme la pensée de Dumas : « ... il aperçoit dans l'amour la cause la plus féconde qui soit en crises aiguës, où se décèle toute la muette énergie des caractères. Par cela seul que l'amour rapproche étroitement les personnes, plus étroitement qu'aucune autre passion, c'est aussi la passion qui donne le plus souvent naissance à des duels entre ces personnes, duels intimes, duels implacables, où la sauvagerie de l'animal primitif, mâle ou femelle, apparaît comme aux jours d'avant la civilisation... Les voilà donc face à face, cet homme et cette femme, dans la nudité de leur personne physique et de leur personne morale, qui s'affrontent et s'étreignent, comme s'il n'y avait ni science, ni arts, ni progrès des lumières ni adoucissement des mœurs. Conflit mystérieux, parce qu'il n'est point régi par des lois, conflit farouche, parce que la nature s'y montre avec son sérieux tragique! La nature ne connaît ni le rire ni la fantaisie; et l'être qui aime, comme l'être qui a faim, comme l'être qui meurt, sort du mensonge pour rentrer dans cette réalité invinciblement, indiciblement grave, qui accompagne tous les faits essentiels de l'existence. L'arrière-fond de l'homme se dévoile alors, et les crises qu'il subit l'émeuvent jusque dans la racine de sa force... »

Comme dit M. Jourdain, il y a « trop de brouillamini » là dedans, et il n'était pas nécessaire d'évoquer en pareille matière « la sauvagerie de l'animal primitif, mâle et femelle. » Je sais bien que Dumas lui-même, vers le milieu de sa carrière, a cultivé l'éloquence apocalyptique, et que dans cette même Préface de *La Femme de Claude*, d'où est tirée la petite phrase citée plus haut, il nous a fait le portrait de « la Bête » qu'il a aperçue dans une vision mystique, « qui avait sept têtes et dix cornes, et sur ses cornes dix diadèmes. » Mais il nous explique quelques lignes plus loin le sens de ce symbole; cela veut dire que la prostitution est la plaie de la société actuelle. Cela n'est ni profond ni mystérieux. Et d'ailleurs, si des passages comme celui-là sont curieux et jettent un jour sur les préoccupations mystiques qui l'ont hanté à un certain moment, ce n'est pas là qu'il faut chercher des indications sur le sens de son théâtre. Ce théâtre est beaucoup moins abstrait et symbolique que l'étude de M. Bourget ne tendrait à le faire croire. La philosophie de Dumas a un faux air de système, parce qu'il a groupé ses observations et ses réflexions autour de ce point central, l'amour. Il est possible que, comme l'a dit M. Brunetière, dans la seconde moitié de son œuvre l'observation joue un moins grand rôle, que les combinaisons de l'imagination et de la logique y occupent la première place. Mais ce qui domine tout le reste, c'est que, comme M. Bourget lui-même l'a remarqué, nous avons affaire à un auteur dramatique, non à un philosophe. Pourquoi, après avoir mis ceci en relief dans la première partie de son étude, l'a-t-il si souvent oublié dans la seconde?

II

LES PREMIÈRES PIÈCES DE DUMAS.

Si j'ai parlé aussi longuement des principaux critiques qui ont jugé Dumas au jour le jour, ou qui ont étudié son œuvre dans son ensemble, c'est parce que je tenais à montrer que pendant trente-cinq ans, depuis *La Dame aux Camélias* jusqu'à *Francillon*, il n'avait pas cessé de passionner ses contemporains. Il est toujours délicat de prévoir quel sera le jugement de la postérité; mais pour ce qui nous intéresse, nous et les hommes de notre temps, pour ce qui répond à nos pensées, à nos aspirations, nous sommes bons juges.

Il est très rare qu'un auteur dramatique débute par un chef-d'œuvre. Ç'a été le cas pour Dumas. Sa première pièce est l'une de ses meilleures, et tout le monde convient qu'elle marque une date dans l'histoire du théâtre. L'auteur a été probablement un révolutionnaire sans le savoir, comme Molière quand il écrivit *Les Précieuses Ridicules*, ou Racine quand il fit jouer *Andromaque*. Les changements qu'il apportait n'en étaient pas pour cela moins réels, et le public le comprit, au moins confusément. On était las des marionnettes de Scribe, qui cependant continuait à régner au théâtre, et qui l'année précédente encore avait fait jouer avec succès *Bataille de Dames*. Le romantisme était mort, mais il n'était pas remplacé; le triomphe de *Lucrèce* en 1843 n'avait pas eu de lendemain. Les premières pièces d'Augier, même les plus caractéristiques, *L'Aventurière* et *Gabrielle*, marquaient plutôt un rajeunissement de la tradition classique que l'avènement d'un art nouveau. Octave Feuillet, dont les premiers essais étaient fortement teintés de romantisme, n'avait encore écrit que deux ou trois de ses comédies-proverbes; son originalité ne devait se dégager que peu à peu. Le véritable événement littéraire des dernières années avait été la représentation des comédies de Musset. Ce fut une révélation pour les connaisseurs, et Dumas a traduit avec vivacité l'impression qu'il en avait gardée. Mais si ces pièces, à la fois vivantes et divinement écrites, achevèrent de dégoûter le public lettré du style et des procédés de Scribe, elles ne semblent pas avoir exercé une influence directe et immédiate sur le développement de l'art dramatique.

M. Brunetière a soutenu que l'influence qui vers ce moment-là a agi puissamment sur le théâtre et sur le roman, et qui du romantisme a fait sortir le naturalisme, c'est celle de Balzac. Pour le roman, je l'admets volontiers; en ce qui concerne le théâtre, l'assertion paraît plus contestable. Je ne nie pas que certaines œuvres d'Augier, *Les Lionnes Pauvres*, par exemple, et surtout *Maître Guérin*, soient inspirées de Balzac. Quant à Dumas, s'il lui a emprunté quelque chose, c'est, suivant une remarque très juste de Weiss, l'idée de montrer qu'il y a des drames contenus dans un article du Code, c'est qu'en représentant l'homme aux prises avec les obligations légales ou sociales qui pèsent sur lui, on peut trouver des situations aussi intéressantes et plus nouvelles que dans la peinture traditionnelle de la lutte des passions. Mais Balzac et Dumas n'ont pas étudié la société du même point de vue. Ce que Balzac s'est complu à montrer, c'est le rôle capital que joue l'argent dans la vie moderne, tandis que Dumas s'est occupé à peu près exclusivement de la femme, de l'influence qu'elle exerce, des injustices dont elle est victime ; les lois qu'il a attaquées ne sont pas les lois relatives à l'usure ou à la faillite, mais celles qui régissent le mariage et la condition des enfants.

Ce qu'il y a de certain, c'est que ni l'influence de Balzac ni aucune autre ne peut rendre compte d'une œuvre comme *La Dame aux Camélias*. C'est une conception romantique si l'on veut : on y trouve, comme dans *Marion Delorme*, la rédemption par l'amour et la glorification de la passion ; mais on y trouve aussi tout le contraire. Le père d'Armand Duval parle à Marguerite le langage le plus sensé et le plus froidement positif, et, ce qui est caractéristique et ce qui distingue profondément la pièce de Dumas de celle de Victor Hugo, c'est que Marguerite approuve sans hésitation, sinon sans souffrance, l'arrêt qui la condamne. En abandonnant Armand, en renonçant aux quelques mois heureux qui lui restaient à vivre, elle se sacrifie non seulement à l'avenir de son amant, mais aux lois de la société, qui interdisent à la courtisane de rentrer dans la vie régulière par une autre voie que celle de l'expiation.

Weiss avait donc raison lorsque, tout en retrouvant dans *La Dame aux Camélias* des traces de romantisme qui le charmaient, il signalait en même temps le positivisme pratique dont la pièce était imprégnée. Seulement ce qu'il refusait de voir, et ce qui nous paraît, à nous, très clair, c'est que le fait même d'avoir placé l'action de sa pièce en plein Paris moderne, obligeait Dumas à la traiter dans l'esprit où il l'a traitée. L'auteur de *Marion Delorme* était dispensé de conclure : Didier et Marion sont des personnages de rêve, et nul ne pense à tirer de leurs sentiments et de leur conduite la moindre application au monde réel. Il en est tout autrement pour *La Dame aux Camélias*. Le grand effet que produisit la pièce et le scandale qu'elle excita s'expliquent également par l'impression de réalité vivante qui s'en dégage. « L'histoire de Marguerite est une exception, » disait Dumas à la fin de son roman ; mais en étudiant un cas d'exception il touchait à des questions à la fois générales et actuelles où il devait prendre parti. Etait-il libre de choisir ? aurait-il pu donner raison à Armand contre son père, au roman contre la vie réelle, à l'amour contre la famille et la société ? Je n'en crois rien. En théorie on peut discuter les raisonnements et la conduite de M. Duval père; en pratique, pas un père de famille n'agirait autrement que lui. La différence entre Dumas et ses devanciers plus ou moins romantiques (Hugo dans *Marion Delorme*, Augier dans *Le Joueur de Flûte*), c'est qu'au lieu de s'envoler avec eux en pleine fantaisie, il reste sur le terrain solide de la réalité.

Peinture de la vie réelle, cela ne veut pas dire peinture réaliste. Bien des années après avoir écrit *La Dame aux Camélias*, Dumas a dit, dans la préface de *L'Étrangère*, ce qu'il pensait du « naturalisme » au théâtre. S'adressant particulièrement à Zola, qui s'imaginait pouvoir porter dans le drame les mêmes hardiesses que dans le roman, il exprimait son opinion par une formule qui a été souvent citée, et qui est aussi juste que frappante : « La scène ne pourra jamais dire tout ce que dira le livre, pas plus qu'on ne peut toujours, quand on est trois, dire tout ce qu'on peut dire quand on est deux. Au théâtre on est toujours trois. » Quand il écrivait ceci, Dumas avait derrière lui vingt-cinq ans d'expérience. Il est probable qu'à ses débuts il avait des idées moins nettes et moins arrêtées; il était simplement guidé par son bon sens et par son instinct du théâtre, qui lui ont suffi pour faire très exactement et très sûrement ce qu'il se proposait de faire. Il voulait nous attendrir et nous faire réfléchir en même temps, en nous contant l'histoire d'une courtisane purifiée par l'amour. C'est une donnée exceptionnelle; il avait donc le droit de peindre en Marguerite Gautier une créature d'exception, plus noble et plus tendre que ses pareilles. Mais, sous peine de tomber dans la sensiblerie banale, il fallait nous montrer que cette courtisane qui finit par l'héroïsme avait commencé par ressembler aux autres. Il fallait non seulement nous représenter le monde de filles et de viveurs où elle a ses habitudes, mais nous faire voir comment la société qu'elle fréquente et la vie qu'elle mène ont laissé leur empreinte sur ses sentiments et sur son langage. Les carnets de notes et les « documents humains » chers à l'école réaliste ne suffisaient pas ici. Il s'agissait non pas de reproduire les propos qu'Alphonsine Plessis avait pu tenir, mais de faire sentir, par ceux que tiendra Marguerite Gautier, la transformation qui s'opère en elle et dont elle est la première à s'étonner.

En comparant le drame au roman d'où il est tiré, on est frappé de voir combien le roman a un caractère plus réaliste. Pour ne citer qu'un exemple, il y a dans la scène du souper chez Marguerite, telle qu'elle est contée dans le roman, un détail caractéristique. En attendant le souper, Marguerite se met au piano, et commence à demi-voix une chanson libertine.

— Ne chantez donc pas ces saletés-là, dis-je familièrement à Marguerite et avec un ton de prière. — Oh! comme vous êtes chaste! me dit-elle en souriant et en me tendant la main. — Ce n'est pas pour moi, c'est pour vous.

Ceci est la vérité prise sur le fait ; que Marguerite chante des obscénités, c'est tout naturel, comme il l'est qu'Armand en souffre et le lui dise. Il n'y a rien de pareil dans le drame. Non pas que Dumas, en écrivant la scène du souper, ait négligé de nous rappeler chez qui nous sommes. Rien qu'au ton des hommes avec les femmes, à leur façon de les tutoyer, on s'aperçoit que nous ne sommes pas chez une duchesse. Mais il se contente de quelques indications : il n'est pas nécessaire que Marguerite et ses amies disent de gros mots ou même des mots risqués; il suffit que nous comprenions qu'elles peuvent en dire au besoin, et surtout en entendre.

On pourrait suivre de scène en scène les suppressions et les changements par lesquels Dumas a dégagé de la Marguerite Gautier du roman la figure qu'il rêvait pour son drame. Ces changements, qui ne portent quelquefois que sur une phrase ou sur un mot, n'en sont pas moins significatifs. Lorsqu'Armand fait sa déclaration d'amour à Marguerite, elle lui répond qu'il est fou, qu'il n'est pas assez riche pour être l'amant d'une fille comme elle. « Vous avez un bon cœur, vous avez besoin d'être aimé, vous êtes trop jeune et trop sensible pour vivre dans notre monde. *Prenez une femme mariée.* Vous voyez que je suis une bonne fille et que je vous parle franchement. » Voilà le texte du roman. Celui du drame est identique, sauf que les mots que j'ai soulignés ont été remplacés par ceux-ci : « *Aimez une autre femme, ou mariez-vous.* » On voit la différence. Dans le roman, la nature est prise sur le vif. Marguerite, qui s'intéresse à Armand et veut lui donner un bon conseil, le lui donne sous une forme cynique. Dans le drame la pensée reste à peu près la même ; mais il n'y a plus trace de cynisme.

Il est clair que cette méthode d'élimination risquerait de faire perdre au personnage de Marguerite sa vérité et sa couleur, si Dumas n'avait soin de rappeler çà et là, par une phrase, par un mot, à quelle femme nous avons affaire, et quelle est la réalité d'où il fait sortir l'idéal. Lorsqu'Armand dit à Marguerite qui tousse, qui crache le sang, qu'elle devrait se soigner, elle lui répond : « Mais si je me soignais, je mourrais, *mon cher.* » Ces simples mots « *mon cher,* » adressés à un homme qu'elle ne connaît que depuis un quart d'heure, n'en disent-ils pas long sur ce monde débraillé qui est le sien ? Un peu plus loin, Armand veut convaincre Marguerite qu'il a pour elle un amour sérieux ; elle se montre sceptique.

MARGUERITE. — Voyons, dans tout ce que vous me dites, y a-t-il un peu de vrai ?

ARMAND. — Vous le demandez ?

MARGUERITE. — Eh bien ! donnez-moi une poignée de main ; venez me voir quelquefois, souvent ; nous en reparlerons.

ARMAND. — C'est trop, et ce n'est pas assez.

MARGUERITE. — Alors *faites votre carte vous-même,* demandez ce que vous voudrez, puisque, à ce qu'il paraît, je vous dois quelque chose.

Cette phrase vulgaire : « *Faites votre carte vous-même,* » n'est pas mise là au hasard ; c'est une indication sur ce qu'est Marguerite à ce moment, à la fin du premier acte, avant que la passion l'ait transformée. Supérieure par une certaine distinction native à ses amies Olympe et Prudence, elle n'est pourtant encore elle-même qu'une fille entretenue.

On voit donc que l'art de l'auteur ne peut pas se définir par une formule toute faite ; il serait également possible de soutenir par de bonnes raisons qu'il est réaliste ou qu'il ne l'est pas. Il n'était pas le représentant d'un système ou d'une école ; il avait vingt-cinq ans, il cherchait à rendre la vérité comme il la comprenait, et il trouva tout de suite un écho parmi les hommes de sa génération. Ce qu'il y a d'extraordinaire, c'est l'intelligence profonde de l'art dramatique et la parfaite possession du métier que révèle sa pièce de début. Si on veut se rendre compte de l'habileté avec laquelle elle est composée, il faut la comparer au roman d'où elle est tirée. Le héros du roman, à peine guéri de la crise terrible où il a failli laisser sa raison ou sa vie, soulage son chagrin en l'épanchant devant un ami. Il ne se soucie pas de mettre de l'art et de la proportion dans son récit ; il insiste longuement sur des détails qui seraient insignifiants et puérils, s'ils ne trahissaient le besoin qu'il éprouve de revivre les heureux moments de son amour. Cela est naturel ; mais si l'auteur avait suivi la même méthode en écrivant son drame, ce drame ne serait pas ce qu'il est, un chef-d'œuvre de composition. Il fallait mettre dans la pièce ce qui n'était pas dans le roman, une action proprement dite, avec un commencement, un milieu et une fin.

Le centre du drame, c'est la scène du troisième acte entre Marguerite Gautier et M. Duval. Tout ce qui précède nous y achemine; tout ce qui suit en est la conséquence nécessaire. Les deux premiers actes où nous faisons connaissance avec Marguerite, avec sa vie, son monde, ses habitudes, nous préparent à cette résolution extraordinaire d'aller vivre six mois à la campagne en tête-à-tête avec Armand. C'est merveille de voir comment l'auteur a su brièvement nous dire tout l'essentiel; le second acte, en particulier, fait l'admiration des gens du métier. Les premières semaines des amours de Marguerite et d'Armand, leurs brouilles, leurs raccommodements, tiennent quatre-vingts pages dans le roman; tout cela est résumé avec une clarté parfaite dans un acte qui ne dure pas une demi-heure. Ce qu'il faut admirer ici, ce n'est pas seulement le tour de main que Dumas a hérité de son père ou emprunté à Scribe, c'est surtout le don de ne pas perdre un instant de vue la marche de l'action et la progression des sentiments, l'art de faire tout servir, l'enchaînement des scènes et la marche du dialogue, au développement des deux caractères principaux.

Ce qui achève de donner au drame son originalité et sa portée, c'est le problème de morale sociale qui y est posé. Je ne prétends pas que *La Dame aux Camélias* soit ce qu'on appelle une pièce à thèse, mais c'est certainement autre chose que la mise en scène d'une histoire touchante; l'auteur n'a pas voulu seulement nous faire pleurer, mais nous faire penser. Si l'entrevue de Marguerite Gautier et de M. Duval père, qui, dans le roman, n'est racontée que tout à la fin et n'a qu'un intérêt épisodique, est au contraire dans le drame la scène principale, c'est que c'est là que se pose la vraie question. Qu'est-ce que M. Duval peut reprocher à Marguerite? Ce n'est pas de ruiner son fils; c'est elle, au contraire, qui se ruine pour lui. Est-ce, comme il le dit, de le compromettre, et par suite d'empêcher le mariage de sa sœur? Il est difficile de prendre ce reproche au sérieux. Quand il lui dit : « Prenez garde, cet amour, que vous croyez éternel, n'aura qu'un temps; si ce n'est pas vous qui vous lassez, ce sera lui : qu'il vous épouse ou qu'il reste votre amant, il n'y aura dans l'avenir ni dignité pour lui ni bonheur pour vous; » quand il lui tient ce langage, on peut le trouver cruel, on est forcé de convenir qu'il a raison. Mais quand Marguerite lui répond : « Que faut-il donc que je fasse? Quoi! cet amour sincère et désintéressé qui est mon bonheur, ma réhabilitation, mon salut, il faut que je me l'arrache du cœur! Vous condamnez la pécheresse jusque dans son repentir! » qu'est-ce que M. Duval peut lui répliquer? Mais Marguerite étouffe ses cris et ses révoltes, elle se résigne au sacrifice qu'on lui demande. Alors M. Duval lui dit : « Qu'allez-vous faire? — Si je vous le disais, Monsieur, ce serait votre devoir de me le défendre. » Mot admirable, qui donne à cette scène sa véritable signification. Ce n'est pas la morale absolue, c'est la morale sociale que représente M. Duval. Il est préoccupé de l'avenir de son fils, c'est son droit de père de famille; mais comment ne pas remarquer à quelles conséquences singulières, à quel égoïsme aboutit l'idée qu'il se fait de ses devoirs de père? Il va être, à partir de ce moment, l'obligé de Marguerite; il va consentir que, pour lui rendre service, elle reprenne cette vie qui lui fait justement horreur. Qui a le beau rôle ici, de la pauvre fille qui se dévoue à la honte, ou du père de famille respectable qui accepte sans mot dire son sacrifice? Cette scène en dit plus long que bien des déclamations sur les conventions qui servent de base à l'ordre social; l'auteur ne les attaque pas encore directement et de face, mais déjà il n'en est plus dupe : en forçant les honnêtes gens de pleurer sur une courtisane et à lui donner raison au fond de leur cœur, il est déjà dans la voie où il marchera plus tard. On pouvait déjà pressentir, dans l'auteur de *La Dame aux Camélias*, le futur auteur des *Idées de Madame Aubray*.

La seconde pièce de Dumas fût moins heureuse que la première. *La Dame aux Camélias* avait réussi brillamment dans sa nouveauté et n'a cessé de réussir depuis; *Diane de Lys* n'a jamais eu qu'un demi succès. Non pas que le talent y soit moindre : Weiss, qui avait une préférence pour cette pièce, disait que le caractère de Diane était « une perle, » et il n'avait pas tort; mais les raisons pour lesquelles il la préfère expliquent peut-être l'accueil un peu froid que le public lui a toujours fait. *Diane de Lys*, dit Weiss, contient en germe tout le Dumas de l'avenir, en même temps qu'on y retrouve le débutant qui hésite encore entre les souvenirs des œuvres paternelles et un idéal dramatique nouveau. C'est donc une œuvre particulièrement intéressante pour qui veut étudier la formation du talent de l'auteur, mais trop complexe pour être comprise toute entière et du premier coup par des spectateurs qui demandent, avant tout, de l'unité et de la clarté. Elle est très touffue ; c'est de beaucoup la plus longue que Dumas ait écrite ; et surtout elle n'est pas claire, je ne dis pas dans le détail, mais dans l'ensemble. On dirait qu'entre les différentes idées qui se sont présentées à son esprit, l'auteur n'ait pas su se décider à faire un choix. Quel est le véritable sujet du drame ? Est-ce la transformation qui s'opère dans le cœur de Diane, et qui, d'une femme du monde étourdie et coquette par désœuvrement, fait une héroïne passionnée prête à tout sacrifier pour son amour ? Est-ce la situation d'un artiste amoureux et aimé dans un monde qui n'est pas le sien ? Est-ce une sorte d'*Antony* à rebours, où le coup de pistolet du dénouement signifie la victoire de la société légale, incarnée dans le mari, sur la passion individuelle représentée par l'amant ? Tout cela est dans *Diane de Lys;* ces différents aspects de la pièce se succèdent d'acte en acte ou de scène en scène, et attirent tour à tour notre attention sans la fixer.

Il y a dans *Diane de Lys* quelque chose d'admirable, c'est le premier acte, qui a réussi à la représentation aussi bien qu'à la lecture, auprès des lettrés autant qu'auprès du grand public. Ce sens profond de la vie réelle, qui est une des qualités caractéristiques du théâtre de Dumas, est ce qui donne à ce premier acte sa valeur et son charme pénétrant. Ce n'est pas pour le plaisir de nous amuser par une mise en scène pittoresque que Dumas a placé l'action dans l'atelier de Paul Aubry. C'est que, son sujet étant l'amour d'une femme du monde pour un artiste, il importait de rendre sensible à notre esprit et visible à nos yeux la différence des milieux où tous deux ont vécu avant de se connaître. Le pot à tabac posé sur le piano, la robe du modèle jetée sur un fauteuil, le bahut où la comtesse de Lys, cherchant de quoi écrire, trouve pêle-mêle, avec de vieilles lettres, les gants et les bottines de la maîtresse de Paul, chacun de ces traits n'est rien en lui-même, mais réunis ils nous laissent une impression très nette de ce monde facile, bon enfant, un peu bohème, qui est celui du peintre, et qui fait contraste avec la société gourmée où Diane périt d'ennui. Cet atelier où elle a accepté par désœuvrement un rendez-vous d'amour, l'intéresse bientôt beaucoup plus que le rendez-vous lui-même : elle regarde, elle furète ; blasée qu'elle est, elle jouit de la nouveauté de la situation ; il lui semble qu'elle aborde dans un pays inconnu, et elle s'amuse de toutes les petites découvertes qu'elle fait à chaque pas.

Rien ne saurait nous donner une idée plus juste de l'état où est son âme, de ce sentiment de vide et d'ennui, de cette curiosité qui peut l'entraîner aux pires imprudences. Elle ne nous fait pas de confidences, et il n'en est pas besoin : chaque mot qu'elle prononce pendant cette escapade, si pleine pour elle d'émotions inattendues, nous peint cette nature primesautière, cette âme sincère et passionnée qui lui donnent tant de charme et l'exposeront à tant de périls. Et dans ce même acte où nous faisons connaissance avec Diane, l'auteur a dessiné en quelques traits, mais combien nets et vigoureux, la figure inoubliable de Taupin, le sculpteur découragé et misanthrope, le raté sympathique, échoué par insouciance, par habitude de la bohême, dans un mariage avec une maîtresse qui peu à peu s'est incrustée dans sa vie, qui a tué en lui l'inspiration, l'amour de son art, le plaisir de vivre et de travailler. Cette figure ne ressemble guère à celle de Diane; toutes les deux cependant portent bien la marque de l'auteur. On y retrouve la même justesse d'observation et la même sûreté de main. Seulement, tandis que Taupin est visiblement peint d'après nature, le caractère de Diane est à demi observé, à demi imaginé. La femme étourdie, ennuyée, capricieuse des deux premiers actes, l'auteur l'a vue et il nous l'a fait voir : l'amante passionnée, l'héroïne romantique de la seconde moitié de la pièce, il l'a seulement rêvée. Je ne dis pas que la transformation qui s'opère en elle soit impossible, et que le personnage soit contradictoire; mais il est certain que la seconde partie du rôle est très différente de la première, où l'auteur s'inspirait plus directement de la réalité.

Diane de Lys est une œuvre distinguée et incomplète ; *Le Demi-Monde*, au contraire, est un chef-d'œuvre incontestable, classique aujourd'hui, et qui dès le premier jour, il y a quarante ans, avait eu l'approbation des connaisseurs. Dans *La Dame aux Camélias*, on pouvait soutenir que l'auteur avait été servi par son sujet; on pouvait dire qu'il est relativement facile de nous attendrir avec une histoire d'amour, que l'agonie de Marguerite au cinquième acte est un moyen de mélodrame. On ne peut faire au *Demi-Monde* aucune objection de ce genre; il s'agissait ici de faire rire les honnêtes gens, comme dit Molière, de les faire rire en les faisant réfléchir. Or il n'y a pas d'entreprise plus malaisée. Il est possible que la pièce dans sa nouveauté ait bénéficié du scandale même qu'elle excita. Ce monde nouveau auquel l'auteur venait de donner le droit de cité dans la littérature, on avait la curiosité de faire ou de refaire sa connaissance. Mais si la comédie de Dumas n'avait eu que ce genre d'intérêt, il y a beau temps qu'elle serait oubliée. Un des principaux mérites de l'auteur est justement d'avoir résisté à la tentation qui s'offrait à lui d'utiliser tous ses documents et de nous donner une peinture de mœurs anecdotique, au lieu d'une belle et forte comédie.

Je sais bien qu'en ce moment cette sobriété de détails et cette sévérité dans la composition ne sont plus à la mode. Ni *Le Prince d'Aurec* ni *La Douloureuse* ne sont écrits dans ce goût. Mais sans faire fi de M. Lavedan ni de M. Donnay, j'ai idée que quelques-unes des pièces que M. Faguet appelle « pièces Second Empire » pourraient bien vivre plus longtemps que les leurs. Je crois que Dumas aurait pu aisément nous donner des « choses vues » et nous servir la réalité toute saignante. On n'a qu'à lire sa Préface pour se convaincre que les documents ne lui manquaient pas. S'il a conçu son œuvre autrement, ce n'est ni par timidité, ni par impuissance, mais parce qu'il se faisait une plus haute idée de son art, et qu'au lieu de nous montrer des surfaces, il voulait traiter son sujet à fond.

Ce sujet, c'est, comme celui de *L'Aventurière* d'Emile Augier, la tentative d'une irrégulière pour forcer les portes du monde régulier. Seulement l'action ici ne se passe plus dans un décor quelconque d'un vague seizième siècle, mais dans le Paris de nos jours, en pleine réalité. La baronne d'Ange, qui n'est pas baronne, et qui tient sa fortune d'un de ses amants, n'est au fond qu'une courtisane, mais d'une catégorie supérieure, vivant dans ce milieu tout particulier et parfaitement déterminé que l'auteur a appelé le demi-monde. Pour elle, qui est partie de très bas, c'est déjà beaucoup d'y avoir conquis sa place ; mais elle est trop ambitieuse pour s'en tenir là. C'est dans le vrai monde qu'elle veut avoir accès, et elle ne peut y entrer que par le mariage. Non par un mariage de dupe comme ses pareilles en font quelquefois : elle ne se soucie pas d'acheter à beaux deniers comptants le nom d'un décavé quelconque. Ce qu'elle veut, ce n'est pas seulement un mari qui lui donne le bras, mais un homme d'assez bonne famille pour pouvoir imposer sa femme à son monde, assez jeune et assez distingué pour qu'il puisse se croire aimé, et pour qu'elle puisse même s'imaginer qu'elle l'aime. La fortune l'a servie à souhait en mettant Raymond de Nanjac sur son chemin. Officier d'Afrique, ayant à peine vu Paris depuis dix ans, il est tout naturel qu'il se laisse séduire, et le mariage se ferait bien vite sans l'intervention d'Olivier de Jalin. Dans la partie audacieuse qu'elle joue, la baronne d'Ange n'a en réalité à craindre qu'une chose, que Nanjac soit renseigné sur son passé. Contre cette mauvaise chance elle a pris toutes ses précautions : mais un hasard, très naturel à la fois et très imprévu, met justement Raymond en rapport avec l'homme qui peut le mieux le renseigner, avec Olivier, qui un mois auparavant était l'amant de Madame d'Ange.

Dès lors le drame est noué, et l'on voit tout de suite quel est l'intérêt complexe du conflit qui va s'engager entre ces trois personnages. Olivier, Parisien, sceptique et peu passionné, rappelle à certains égards le raisonneur de la comédie classique ; mais l'art de l'auteur est de l'avoir intimement mêlé à l'action, si intimement que c'est lui qui est véritablement le pivot du drame. C'est de lui que dépend le sort de Suzanne ; s'il dit un mot à Raymond, elle est perdue. Ce mot, le dira-t-il? C'est la première question qui se pose pour Suzanne, et aussi pour nous. Les raisons qu'il a de parler et celles qui l'engagent à se taire sont également évidentes. Il est admis qu'un homme se disqualifie en racontant qu'il a été l'amant d'une femme ; mais d'autre part Olivier peut-il répondre à la confiance de Raymond en lui laissant épouser sans rien lui dire sa maîtresse de la veille? Les conventions de l'honneur mondain lui commandent la discrétion, soit; mais le devoir pur et simple, le devoir d'être loyal et vrai, ne l'obligent-ils pas à parler?

L'opinion de l'auteur n'est pas douteuse, il pense qu'Olivier doit dire la vérité à Raymond. Lorsque la baronne d'Ange fait part de ses projets de mariage au vieux marquis de Thonnerins, celui de ses amants à qui elle doit sa fortune, il l'arrête au milieu de ses confidences, et la prie de ne pas lui dire le nom de celui qu'elle épouse : « Je ne veux pas, je ne dois pas le connaître; l'intérêt que je vous porte peut aller jusqu'à désirer que vos souhaits s'accomplissent; mais il ne peut se faire l'auxiliaire des entreprises de votre cœur, si honorables que soient vos motifs; et si, par hasard, vous me nommiez quelqu'un que je connusse, vous me mettriez dans la nécessité de tromper un homme d'honneur ou de vous trahir. » Voilà justement la situation d'Olivier en face de Nanjac, et les critiques qui, comme Weiss et Sarcey, accusent Olivier d'indélicatesse, comme si en dénonçant Suzanne il violait une sorte de secret professionnel, me paraissent faire preuve tout à la fois d'une sévérité exagérée et d'une trop grande complaisance pour les préjugés courants. Il faut, comme le dit très bien Jules Lemaître en touchant ce sujet, que nos mœurs soient d'une étrange veulerie pour qu'on ait pu contester à Olivier le droit d'agir comme il le fait. Il y a une hiérarchie des devoirs, et l'honneur mondain, qui défend à Olivier de parler, doit céder le pas à l'honneur vrai, à l'honneur tout court, qui lui interdit de se taire.

Je ne prétends pas d'ailleurs qu'Olivier ait la conscience absolument nette, et lorsque Mme d'Ange lui reproche d'avoir, en parlant à Raymond, voulu empêcher son mariage, lorsqu'elle lui dit : « Non, mon cher Olivier, tout cela n'est pas juste, et ce n'est pas quand on a participé aux faiblesses des gens, qu'on doit s'en faire une arme contre eux, » nous sommes obligés de convenir qu'elle touche juste, et qu'Olivier n'a pas grand'chose à répondre. La vérité, c'est ce que Dumas dira plus tard à propos de *Denise*, où, dans un cas analogue à celui d'Olivier, Fernand de Thauzette suit une conduite toute contraire. Quand un homme, s'étant mis par sa faute en dehors de la morale absolue, n'a plus pour se guider que les principes vagues et variables de la morale sociale, quoi qu'il fasse, il donnera prise à de justes reproches, et surtout, s'il lui reste une conscience, il ne pourra plus jamais se mettre en règle avec elle.

Mais quoi qu'on pense de la solution donnée par Olivier de Jalin au cas de conscience qui se pose pour lui, l'essentiel c'est qu'il agisse conformément à son caractère, et que cette situation donne lieu à des scènes intéressantes. Olivier n'est pas un homme tout d'une pièce, un Romain de Corneille ; c'est un boulevardier, homme d'esprit et même de cœur, mais n'ayant de préjugés et même de principes que juste ce qu'il en faut pour rester honnête homme dans la société médiocre où il a ses habitudes. Raymond lui est sympathique justement parce qu'il ne ressemble en rien aux viveurs qu'il fréquente, parce qu'il trouve en lui une droiture et une sincérité à laquelle il n'est pas accoutumé; mais il est dérouté à tout bout de champ par la naïveté, la raideur, l'intransigeance de cet Africain. Raymond lui annonce son mariage avec la baronne d'Ange et lui demande d'être son témoin. — Votre témoin! Impossible. — Pourquoi? Olivier allègue des prétextes; mais il faut en venir à s'expliquer. Alors, il essaye de se faire comprendre à demi-mot; mais Raymond insiste et l'oblige à mettre les points sur les i. Il semble que tout soit fini, au contraire tout va être remis en question. Les révélations d'Olivier n'ont pas guéri Raymond de son amour, elles ont seulement surexcité sa jalousie. Olivier lui ayant dit qu'il rapportait des lettres à Mme d'Ange, il lui demande de les lui livrer. Olivier refuse : « Les lettres d'une femme sont sacrées, quelle que soit la femme. — Il est peut-être un peu tard pour invoquer ces maximes-là, mon cher Olivier. » Olivier s'aperçoit qu'il a eu tort de parler: il a voulu sauver Raymond, il n'a réussi qu'à se brouiller avec lui; ce n'est pas à Suzanne que Raymond en veut maintenant, c'est à l'homme qui a été son amant.

En demandant à Olivier de Jalin de lui rapporter ses lettres, Mme d'Ange lui tendait un piège, puisque, ces lettres n'étant pas de sa main, au lieu de servir de preuves contre elle, elles établiraient son innocence aux yeux de Raymond. La manœuvre a réussi; Suzanne est victorieuse, elle s'est même donné la satisfaction d'humilier Olivier. Elle pourrait s'en tenir là ; mais son triomphe ne lui suffit pas, elle veut se venger de l'homme qui a essayé d'empêcher son mariage, et elle se croit sur le point d'y réussir ; Olivier et Raymond vont se battre. A ce moment un incident inattendu la met à deux doigts de sa perte : Raymond acquiert la certitude qu'elle l'a trompé, qu'elle n'a jamais été mariée, qu'elle a été la maîtresse, et la maîtresse payée, de M. de Thonnerins.

La scène est belle ; elle a été préparée par les quatre actes qui la précèdent, et ce ne sont pas seulement les paroles passionnées des deux amants, leurs larmes, leurs attitudes, qui nous intéressent, ce sont leurs sentiments que nous devinons, c'est la situation si fortement conçue où l'auteur les a placés. Le temps est passé des coquetteries par lesquelles Suzanne a pris Nanjac : il a en main la preuve écrite de ses mensonges, et la question est de savoir s'il est homme à pardonner. S'il est inflexible, elle est perdue ; car elle a joué tout son avenir sur une seule carte, son mariage ; si le mariage ne se fait pas, elle n'a plus qu'à rouler dans ce flot de la vie galante qui emporte Mme de Santis et ses pareilles. Et Raymond ? le conflit qui se passe en lui n'est pas moins tragique. Les sentiments d'honneur qui sont le fond de sa nature sont aux prises avec l'amour tyrannique, absolu, que Suzanne a allumé dans son âme et dans son sang : il la méprise, mais il l'aime toujours, et il sent bien, après l'avoir insultée et brutalisée, qu'il n'aura jamais le courage de la quitter, et que lui, l'honnête homme, il finira par donner son nom à cette coquine. Pourquoi persiste-t-il dans son duel, désormais absurde, avec Olivier ? Parce qu'il déteste en lui non seulement un témoin du passé de Suzanne, mais l'homme qui l'a aimée et qui a probablement été aimé d'elle.

Il est permis de croire, avec M. Doumic, que dans la réalité Raymond aurait épousé Suzanne. Dumas, pour nous faire plaisir sans doute, ou bien parce qu'il y avait en lui dès ce moment des instincts de justicier, en a décidé autrement. Que nous importe? ce n'est pas le dénouement, un peu trop ingénieux, qui est l'essentiel, c'est la pièce elle-même ; c'est l'action si claire, si serrée et si forte, qui met aux prises les trois caractères principaux. Je ne trouve pas, quoi qu'en dise Weiss, que cette unité et cette logique du drame soient achetées au prix de la sécheresse. Il est certain que Dumas n'a pu tout dire, et qu'en ce qui concerne les personnages de second plan il a dû se borner à indiquer ce qu'il n'avait pas le temps de développer. Mais Weiss lui cherche une mauvaise querelle, lorsqu'à propos de cette phrase que dit Marcelle à Olivier : « En voyant tous les jours où une femme peut arriver à la suite d'une première faute, j'ai appris à ne pas commettre cette faute, » il lui reproche de faire raisonner l'ingénue par a + b, faute de savoir rendre les nuances de ses sentiments.

Oui, sans doute, Dumas aurait pu multiplier les détails, peindre en pied des personnages qu'il n'a fait qu'esquisser, Mme de Santis, le marquis de Thonnerins, ou ce M. de Latour, ce chevalier d'industrie, dont on parle dans la pièce mais qu'on ne voit pas. Mais, outre que son œuvre y aurait perdu cette unité et cette progression rigoureuses par lesquelles elle s'empare si fortement de nous, en saurions-nous plus, au bout du compte, que sa comédie ne nous en apprend? Un personnage aussi profondément étudié que celui de Suzanne, avec ce que nous savons de son passé et ce que nous en devinons, avec l'esprit, le charme, la supériorité d'intelligence, qui lui ont assuré une sorte de royauté dans le demi-monde et qui lui donnent l'ambition d'en sortir, ne nous suffisent-ils pas pour reconstruire la société que l'auteur a voulu nous faire connaître? Quant aux leçons morales qu'on peut tirer de sa pièce, peut-on en souhaiter de plus instructives que la situation d'Olivier de Jalin, placé entre la nécessité de tromper un ami ou de dénoncer sa maîtresse; ou celle de Nanjac, prêt à tuer Olivier parce qu'il a été l'amant de la baronne d'Ange, et prêt à l'épouser elle-même par-dessus le marché?

L'ordre chronologique a son importance dans l'étude du théâtre de Dumas, mais l'ordre des idées en a davantage. La pièce qu'il faut étudier après *Le Demi-Monde*, c'est donc *Un Père Prodigue*, qui n'a été joué qu'en 1859, mais qui appartient à la première manière de Dumas, tandis que *Le Fils Naturel*, représenté un an auparavant, et dont les premiers actes avaient été écrits en 1853, témoigne d'une autre conception dramatique et inaugure en réalité une nouvelle série. On peut sans inconvénient laisser de côté *La Question d'Argent*, œuvre inférieure aux précédentes, et qui ne décèle ni un changement sensible, ni surtout un progrès dans le talent de l'auteur.

Un Père Prodigue réussit brillamment. Emile Montégut, très hostile à Dumas, le constate dans son compte rendu de *La Revue des Deux-Mondes*, et il avoue qu'il lui a fallu une habileté prodigieuse pour se tirer de tous les écueils du sujet. Pour nous, qui avons vu Dumas gagner des parties autrement difficiles, nous sommes moins frappés de sa hardiesse, et ce que nous admirons dans son œuvre, ce n'est pas exclusivement ni même principalement des qualités de métier. La pièce a réussi soit à l'origine, soit à la reprise, en 1880, mais elle ne vaut ni *Le Demi-Monde* ni *La Dame aux Camélias*. Elle n'est pas, comme ces deux chefs-d'œuvre, fondue d'un seul jet. Quelle que soit l'adresse de l'auteur, nous ne pouvons nous empêcher de voir que le vrai drame commence au troisième acte, que les deux premiers ne sont qu'une brillante entrée en matière, et que cependant ce sont ces deux actes qui donnent à la comédie sa valeur et son originalité. Il y a trop de Scribe dans les trois derniers : l'histoire des lettres de Mme de Prailles et celle du duel ne sont, on le sent bien, que des ficelles de théâtre, et servent à préparer le dénouement optimiste auquel l'auteur voulait aboutir. Le caractère même du père prodigue, le comte de la Rivonnière, intéressant d'un bout à l'autre, n'a plus dans la seconde partie de la pièce cette vérité criante qu'il avait dans la première.

Ah! si toute la comédie ressemblait au premier acte! Dumas raconta un jour à Sarcey comment ce premier acte, qui est long, quoiqu'il paraisse court, n'était qu'un résumé, un extrait d'un premier travail quatre ou cinq fois plus long, de scènes écrites sous la dictée de la réalité, qu'il avait ensuite élaguées pour ne plus conserver que ce qui était caractéristique et essentiel. « Ce qui fait, » disait Dumas, « qu'il y a de fiers dessous. » Cette méthode, nous le savons par une de ses Préfaces, ce n'est pas seulement dans cette pièce qu'il l'a employée, c'est dans toutes les comédies de mœurs de sa première période. Mais nulle part on ne voit mieux que dans *Un Père Prodigue* la réalité affleurer, en même temps qu'on sent la main du grand artiste qui glisse au lieu d'appuyer; nous sommes aussi près que possible de la vie; ce sont mille impressions fugitives, mille nuances imperceptibles, qui par leur succession nous donnent l'idée vraie d'un caractère. Montégut faisait à Dumas, à propos de cette pièce même, une singulière critique. Il lui reprochait de peindre des personnages si frappants de vérité que les comédiens qui en étaient chargés n'avaient pas à les interpréter, qu'ils n'avaient qu'à s'imprégner de leur rôle pour donner la sensation de la nature. Voyez, disait-il, le type de la courtisane économe, Albertine Delaborde; Mme Rose Chéri n'a pas eu à le « créer, » comme on disait jadis, mais à calquer servilement le modèle tracé par l'auteur. — Quant à moi, je souhaiterais aux poètes comiques de mériter souvent ce reproche. « Ménandre, et toi, nature, » disait l'épigramme antique, « lequel de vous deux a copié l'autre? » Ce mot avait toujours passé pour un éloge, et il pourrait s'appliquer au premier acte du *Père Prodigue*.

C'est par ce don d'observation directe et précise, associé à un instinct dramatique merveilleux, qu'il semblait avoir reçu en héritage, que Dumas a renouvelé le théâtre et a contribué plus que tout autre à créer la comédie de mœurs moderne. Les quatre pièces dont nous venons de parler témoignent, malgré des différences, d'une même inspiration fondamentale. Il nous reste à voir comment, en restant l'observateur et l'homme de métier que nous connaissons, il a fait dans le reste de son théâtre un usage très différent de ses qualités.

III

LES PIÈCES A THÈSE. PREMIÈRE SÉRIE : LA QUESTION DE LA FILLE-MÈRE ET DE L'ENFANT NATUREL.

C'est dans la Préface du *Fils Naturel* (Préface écrite en 1868) que Dumas a exposé, en assez mauvais style, les principes de sa *seconde manière*. Il ne s'agit pas, dit-il, de copier les classiques, mais de les continuer. « Ils ont appris à l'homme comment il est, ils nous ont réservé de lui apprendre comment il doit être... Ayons la bonne foi des écrivains du dix-septième siècle avec l'entente et les convergences de ceux du dix-huitième siècle, et *ce que nous voulons détruire sera détruit, et ce que nous voulons maintenir sera maintenu*. Imitons en cela Voltaire, pour qui le théâtre n'était qu'une tribune... Le théâtre n'est pas le but, c'est le moyen. L'homme moral est déterminé, l'homme social reste à faire... Inaugurons le théâtre utile, au risque d'entendre crier les apôtres de l'art pour l'art, trois mots absolument vides de sens. Toute littérature qui n'a pas en vue la perfectibilité, la moralisation, l'idéal, l'utile, en un mot, est une littérature rachitique et malsaine, née morte. La reproduction pure et simple des faits et des hommes est un travail de greffier et de photographe, et je défie qu'on me cite un seul écrivain consacré par le temps, qui n'ait pas eu pour dessein la plus-value humaine. »

La théorie du *théâtre utile*, ainsi soutenue par Dumas, ne paraît pas moins discutable que celle de *l'art pour l'art*, qu'il traite si cavalièrement. Mais, quand il s'agit non pas d'un critique, d'un théoricien de profession, mais d'un grand artiste, il importe assez peu que ses doctrines soient contestables ; l'essentiel c'est qu'il donne de belles œuvres. Les Préfaces de Dumas ont fait beaucoup de bruit en leur temps, et elles sont toujours intéressantes à lire ; mais il y a longtemps qu'elles seraient oubliées comme bien d'autres écrits de circonstance, si les comédies qu'elles expliquent ne les avaient fait survivre avec elles. Qui pense aujourd'hui aux brochures de M. de la Guéronnière ou d'Emile de Girardin, qui ont passionné la France il y a quarante ans ? S'il y a intérêt pour nous à connaître les idées de Dumas sur la famille et sur le mariage, ce n'est pas qu'elles soient très originales et très profondes, c'est parce qu'elles lui ont servi à écrire des œuvres comme *Le Fils Naturel* ou *Monsieur Alphonse*.

M. Doumic, dans son étude sur Alexandre Dumas, a remarqué avec raison l'importance particulière d'une de ses Préfaces, celle de *La Femme de Claude*, qui nous explique à merveille, avec l'origine de ses théories morales et sociales, la direction qu'a suivie son talent. Dumas répond à M. Cuvillier-Fleury, qui l'avait attaqué très vivement à propos de sa brochure : *L'Homme-Femme*. Il lui dit que son enfance d'abord, où il a vu souffrir sa mère, où il a cruellement souffert lui-même du fait de sa naissance illégitime, puis sa jeunesse, où il a reçu les confidences et vu couler les larmes de femmes que le monde condamne, lui ont laissé peu d'admiration pour des institutions sociales qui permettent tant de mal, et beaucoup de pitié pour les victimes, même coupables, de ces institutions. Aussi voyez comme, dès son premier drame, son attitude en face de la société est significative. Quelle différence avec celle d'Augier, par exemple, dans *Le Mariage d'Olympe!* Pour Augier, des institutions comme la famille et le mariage ont un caractère sacré : ce sont des dogmes qu'on ne discute pas. Dumas, qui passera sa vie à les discuter, a commencé de bonne heure, et j'ai essayé de montrer comment la grande scène entre Marguerite Gautier et M. Duval nous oblige déjà à nous poser des questions inquiétantes sur les conventions fondamentales, sur les droits et sur les devoirs de la société à laquelle nous appartenons.

C'est de morale sociale que traite le théâtre de

Dumas, et au lieu de disperser ses efforts, il les fait porter sur deux points principaux. Enfant naturel, et ayant souffert de l'être, il étudie d'abord la situation légale et sociale des enfants naturels et celle des filles-mères. Cette étude le conduit à une autre ; si la fille séduite et l'enfant né hors du mariage sont trop souvent victimes de nos préjugés, ce n'est pourtant pas à la société qu'il faut imputer la responsabilité principale de leur malheur. Le vrai coupable, c'est l'homme qui, après avoir séduit une femme, après l'avoir rendue mère, l'abandonne avec son enfant. L'excuse qu'on allègue en faveur de cette faute c'est la passion, c'est « l'amour avec toute sorte d'H, » comme disait Flaubert. Eh bien ! voyons donc ce qu'il est dans son fond, cet amour chanté par les poëtes, cet amour qui a fait dire de si belles choses et commettre tant de vilaines actions. Les trois quarts du temps, son vrai nom, c'est le désir, le désir égoïste et brutal. Dumas va donc le dépouiller de toute cette friperie sentimentale dont on le couvre, le regarder tout nu, tel qu'il est, et le disséquer sans pitié. Il nous montrera tantôt la femme à la veille de la chute, enveloppée par les manœuvres savantes du séducteur, tantôt le lendemain de la faute, humiliée et désespérée en voyant à qui elle a sacrifié son honneur et son repos. Ailleurs ce ne sera plus l'amant, mais le mari qui, par libertinage, par légèreté, déshonore le mariage et corrompt par son exemple l'honnête fille qu'il a épousée. Dans ces différents cas la conclusion est la même : ce qu'on appelle l'amour usurpe son nom ;

il n'y a d'amour vrai, solide, durable, que celui qui naît de la paternité et qui fonde la famille.

C'est donc le souvenir vivant d'une injustice sociale dont il avait été témoin et victime qui semble avoir déterminé la direction des idées de Dumas. La pitié pour les souffrances imméritées ou disproportionnées des êtres faibles, de la femme et de l'enfant, sont visibles dans deux de ses premières œuvres, *La Dame aux Camélias* et *Le Fils Naturel*, et aussi la révolte mal contenue contre la dureté de la loi, moins impitoyable encore que les hommes qui l'appliquent à leur profit. Qu'après avoir constaté les effets il ait éprouvé le besoin de remonter aux causes, que l'étude de la passion égoïste, de la séduction et de ses conséquences, qu'il a faite dans *Le Fils Naturel*, l'ait conduit à l'analyse impitoyable de l'amour qui est le sujet de *L'Ami des Femmes*, la chose me paraît au moins vraisemblable ; mais que telle ait été ou non la marche de ses idées, ce n'est qu'une question théorique, et ce qui doit nous préoccuper davantage, c'est de voir de quelles formes dramatiques ces idées se sont revêtues. Si en effet elles ont leur intérêt par elles-mêmes, comme le prouve l'étude que Paul Bourget en a faite, ce qui nous intéresse ici, ce que nous avons à étudier, c'est comment ces vues psychologiques ou morales, qui auraient pu servir de sujet de dissertation à un philosophe, sont devenues entre les mains de Dumas ce qu'il a appelé lui-même des *idées de théâtre*.

Ses pièces à thèse se classent, je l'ai dit, en deux séries. La première, qui s'ouvre par *Le Fils Naturel*, qui se continue par *Les Idées de Madame Aubray, Monsieur Alphonse, Denise*, a trait à la situation de la fille séduite et des enfants nés hors du mariage. Dans la seconde on peut faire entrer toutes les autres œuvres écrites après *Un Père Prodigue;* mais les plus saillantes sont *L'Ami des Femmes, Une Visite de Noces* et *Francillon*. Elles traitent de la nature de l'amour et de ses conflits avec le mariage, c'est-à-dire de l'adultère de la femme ou de celui du mari. Le plus simple est d'étudier ces deux séries de pièces l'une après l'autre; en groupant ainsi des œuvres dont l'inspiration générale est la même, on pourra plus aisément faire saisir les rapports qui les unissent et les idées essentielles qui s'en dégagent, tandis qu'en suivant l'ordre chronologique on se condamnerait à des redites et on n'aboutirait qu'à la confusion.

Le Fils Naturel n'est pas une des pièces les mieux composées de Dumas; on s'aperçoit très bien qu'elle n'a pas été faite d'un seul jet. Arrivé à la fin de son troisième acte, l'auteur a senti qu'il était dans une impasse; il en est sorti à force d'habileté, mais il a eu beau faire, ses deux derniers actes ne valent pas les trois premiers. Avec cela, c'est une des pièces les plus vivantes qu'il ait écrites. En 1858 elle avait eu des résistances à vaincre; elle réussit admirablement en 1878 lors de sa reprise à la Comédie Française, et en 1893 lorsqu'elle fut donnée à l'Odéon. C'est que, quoi qu'en ait dit Weiss, ce n'est pas une œuvre froide; elle est au contraire pleine de passion, mais d'une passion contenue, qui n'éclate que par intervalles. C'est une œuvre de colère et de pitié, dont l'effet est augmenté, au lieu d'être affaibli, par la contrainte que l'auteur s'est imposée, par le soin qu'il a pris de ne chercher le pathétique que dans la peinture simple et forte de la réalité.

Il y a dans la pièce une scène capitale, celle du deuxième acte, où le fils naturel demande compte à son père de sa conduite envers sa mère et envers lui. C'est pour cette scène que la pièce a été écrite, et c'est elle qui a décidé du succès. Or l'idée première n'en appartient pas à Dumas, elle se trouve dans la *Mélanide* de La Chaussée, jouée en 1741. Cependant M. Lanson, qui a fait ce rapprochement, ne conclut pas que Dumas soit un plagiaire; il montre au contraire qu'en empruntant à son devancier l'idée et le dessin général de la scène, il l'a renouvelée et faite sienne par l'esprit dans lequel il l'a écrite et la façon dont il l'a préparée. Ce que Dumas a voulu mettre en relief, c'est la responsabilité encourue par l'homme qui abandonne la fille séduite par lui et l'enfant né de cette faute. Au premier acte, cet abandon est de l'histoire ancienne, il date de vingt ans. Mais ce premier acte est précédé d'un prologue qui met les faits sous nos yeux. Nous sommes à Paris, dans la petite chambre où Clara Vignot vit entre sa vieille tante et le petit Jacques, un enfant de trois ans; elle a quitté son pays après la faute, et elle espère que son amant, M. Charles Sternay, la voyant si aimante, si courageuse, finira par l'épouser. Il vient la voir; la pauvre maison est en fête, et la bonne tante prépare déjà un bon petit dîner. Elles ont tort de se réjouir, Charles vient faire ses adieux à Clara, il se dit obligé de partir pour l'Amérique; la vérité, c'est qu'il va se marier, et qu'il n'a pas le courage d'avouer sa trahison. A peine est-il sorti qu'un hasard apprend la vérité à sa maîtresse. Elle ne sera jamais sa femme, et son enfant n'aura pas de père.

Weiss a loué avec raison le charme, la fraîcheur, l'émotion de ce tableau à la Sedaine, avec le choix heureux des détails familiers qui peignent les caractères ou la situation, avec le coup de théâtre si naturel et si poignant qui la termine. Ce prologue a un autre mérite; c'est celui de nous faire entrer tout de suite au cœur du sujet, de graver profondément dans notre esprit l'idée essentielle, celle qui va dominer le drame, la faute commise par le père en abandonnant son fils et en lui refusant son nom. C'est ce point particulier, et celui-là seulement, que Dumas a voulu mettre en lumière. On le lui a reproché. On a dit que, s'il voulait nous attendrir sur la situation de son héros Jacques Vignot, il aurait dû nous le montrer un peu moins heureux. Voilà, dit-on, un garçon à qui tout a réussi. Riche, bien doué, aimé, sûr d'un bel avenir, de quoi a-t-il à se plaindre? Bien des enfants légitimes envieraient son sort. Tout cela est vrai, mais pourquoi refuser à l'auteur de choisir la donnée qu'il juge la meilleure? Il est probable qu'il a prévu nos objections, et qu'il a eu ses raisons pour n'en pas tenir compte. S'il a écarté du chemin de Jacques tous les obstacles, s'il l'a représenté riche, aimé d'Hermine, bien accueilli de sa famille, c'est qu'il a voulu que le coup soudain qui va le frapper lui soit plus sensible. Jacques apprend en même temps qu'il est enfant naturel, que pour cette raison, pour cette raison seule, son mariage est impossible, et que l'auteur unique de son malheur, c'est son père, qui jadis l'a abandonné sans vouloir le reconnaître et qui maintenant lui refuse la main de sa nièce.

Ainsi est amenée la scène qui va mettre le père et le fils en face l'un de l'autre; et l'effet qu'elle produit ne tient pas seulement à l'art consommé avec lequel elle est conduite, mais à ce que l'auteur a su nous la faire désirer et nous faire prévoir en gros ce que ces deux hommes vont se dire. La mine est chargée, et nous attendons l'explosion. Les effets sont savamment gradués, et on ne sait ce qu'il faut le plus admirer, de la progression constante qui se sent d'un bout à l'autre de la scène, ou des revirements qui, au cours du dialogue, modifient et renouvellent la situation réciproque des deux interlocuteurs.

Au début, Sternay ne sait rien, sinon que Jacques a demandé la main de sa nièce, qu'il est tout disposé à lui accorder. Il parle d'Hermine, qu'il aime comme sa fille et qui sera son héritière, car il n'a pas d'enfants. « Vous n'avez pas d'enfants, Monsieur? — Non. — Vous n'en avez jamais eu? — Jamais. » Au moment où Sternay, un peu surpris, se demande où il veut en venir, Jacques lui apprend que sa mère a refusé son consentement au mariage. « Pourquoi? — Parce que, de même que vous n'avez pas d'enfants, ce qui peut s'expliquer, moi, je n'ai pas de père, ce qui ne s'explique pas. » Le ton de Jacques est pour nous aussi significatif que ses paroles ; mais il n'en est pas de même pour Sternay, que rien n'a préparé à cette révélation. En apprenant que Jacques est un enfant naturel, il n'a qu'une idée, en finir le plus vite possible avec un entretien désagréable. Comme sa mère, il refuse à Jacques la main d'Hermine, mais il enveloppe son refus de formules polies.

— Le mariage n'est pas seulement l'union de deux personnes, c'est l'alliance de deux familles ; il faut donc... — Que ces deux familles soient, sinon de même rang, du moins de même race ? — Oui, Monsieur. Vous m'avez demandé d'être franc, pardonnez-moi, je le suis. — Et nous allons voir jusqu'où ira cette franchise. Ma mère se nomme Clara Vignot. — Vous êtes le fils de Clara Vignot ? — Et le vôtre, par conséquent. — Monsieur ! — Si vous niez que vous êtes mon père, Monsieur, je me retire à l'instant même. — Je ne nie rien, Monsieur. — Alors, Monsieur, pourquoi n'avez-vous pas épousé ma mère ? pourquoi ne m'avez-vous pas donné votre nom ? — Je n'ai rien à vous dire. — Parce que ? — Parce que je ne puis rien réparer.

Comme cela est mené ! A chaque mot de Jacques, Sternay voit son passé se lever devant lui ; c'est sa faute d'il y a vingt ans qui est là vivante, menaçante, sous les traits de son fils, et qui l'oblige à répondre. Vous ne pouvez rien réparer, lui dit Jacques ; soit, mais vous devez m'expliquer votre conduite. Et, par un renversement des rôles qui à lui seul est une leçon éloquente, voilà le fils qui fait subir au père un véritable interrogatoire :

—Que faisait ma mère quand vous l'avez connue? — Elle travaillait. — Pour vivre?... Je ne sais rien de plus honorable. Quelqu'un avait-il le droit de dire quoi que ce fût sur elle? — Non. — Et vous l'aimiez? — Je l'aimais. — Vous vous êtes fait aimer d'elle en lui promettant de devenir son époux? — Quand je lui faisais cette promesse, je croyais pouvoir la tenir. — Pourquoi ne l'avez-vous pas tenue?

Sternay répond comme il peut, plaide les circonstances atténuantes, et finit par dire : « Soit, j'admets que j'ai eu tous les torts; qu'y puis-je faire maintenant ? — Ce que vous pouvez, lui répond Jacques, c'est faire pour moi ce que vous n'auriez pas fait pour un inconnu, m'accorder, quoique je sois un enfant naturel, la main de votre nièce. »

Sternay, fidèle à son caractère, objecte des difficultés d'ordre pratique, l'opposition de sa mère, l'opinion du monde ; il refuse.

Ainsi, dit Jacques, toute ma vie est brisée, mon avenir est perdu, mon cœur est condamné pour une faute qui n'est pas la mienne, qui est la vôtre, et dont vous rejetez toutes les conséquences sur moi avec la froide logique de l'égoïsme social. Mais prenez garde, Monsieur, vos déductions peuvent nous conduire au renversement des lois naturelles les plus sacrées. — Comment cela? — Qui me montrera l'endroit de votre raisonnement où la société finit, où la nature commence? Puisque le monde ne sait pas, puisqu'il ne doit pas savoir que je suis votre fils, il ne voit en nous que deux hommes étrangers l'un à l'autre. Eh bien! supposez que je suive la logique de ma situation comme vous suivez la logique de la vôtre, et que je vous demande raison, non plus comme un fils à son père, mais comme un homme à un homme, du déshonneur de ma mère, que me répondrez-vous?

Ceci pourrait être mieux écrit, j'en conviens, ce n'est pas la langue de Pascal ou de Voltaire, mais on ne s'en aperçoit guère au théâtre ni même à la lecture; on se laisse emporter par le mouvement dramatique, subjuguer par cette logique rigoureuse qui enchaîne les répliques aux répliques, et qui règle les moindres détails du dialogue dont elle a ordonné l'ensemble. Ce qui fait la valeur exceptionnelle de cette scène, c'est que l'auteur, chose toujours rare, y est allé jusqu'au fond de son sujet. La faute du père et ses conséquences prévues ou non, l'innocent payant pour le coupable sans que la loi s'y oppose ou que la société s'en indigne, voilà ce qu'il y avait à mettre en relief; on peut juger s'il y a réussi. Le reste de la pièce, le dernier acte surtout, n'est pas de cette force; mais dans les trois premiers, en particulier dans la scène du père et du fils, Dumas s'est montré un maître et le créateur d'un genre nouveau.

Les pièces qu'il donna dans les années suivantes : *Un Père Prodigue* et *L'Ami des Femmes*, sont d'une nature très différente; mais les idées qui s'étaient fait jour dans *Le Fils Naturel* n'ont pas cessé de lui être présentes, et on les retrouve dans deux ouvrages parus à peu d'intervalle l'un de l'autre, un roman, *L'Affaire Clémenceau*, et un drame, *Les Idées de Madame Aubray*. Dans *L'Affaire Clémenceau*, la première partie est de la même veine que le *Le Fils Naturel*, et nous savons, par le témoignage de Dumas lui-même, que cette partie du roman est de l'histoire, que c'est son enfance qu'il a racontée. Qu'on se figure le fils de Clara Vignot mis en pension à l'âge de huit ou dix ans, et subissant les tortures que des camarades cruels ou lâches lui infligent parce que le secret de sa naissance leur est connu. L'auteur ici ne soutient pas de thèse, il laisse les faits parler pour lui. Mais quoiqu'il se soit abstenu de flétrir le père qui a déserté son devoir, et qu'il n'ait attaqué directement ni la cruauté de la loi ni l'indifférence de la société, l'inspiration au fond est bien la même que dans *Le Fils Naturel*. Son récit est un acte d'accusation, et il provoque notre indignation en même temps que notre pitié.

Dans *Les Idées de Madame Aubray*, ce sont bien toujours les mêmes questions qui préoccupent Dumas, mais l'esprit dans lequel il les traite est tout nouveau. Jusqu'ici il a fait une œuvre de justice et de vengeance, et c'est surtout en dénonçant les coupables qu'il a plaidé la cause des innocents. Dans *Les Idées de Madame Aubray*, son point de vue est différent. Il ne se soucie plus de punir les fautes, mais de les prévenir ou de les réparer. Ce n'est pas dans la colère, dans la haine, si légitimes qu'elles soient, que nous trouverons un remède à nos maux, c'est dans l'amour et dans la charité. Voilà la leçon que Dumas veut faire sortir de sa pièce ; de là l'héroïne qu'il a choisie et dont le seul défaut, chose rare dans une comédie, est l'intempérance dans la vertu.

Les Idées de Madame Aubray ont été souvent rapprochées soit de la *Claudie* de George Sand, soit d'une autre pièce de Dumas, *Denise*, une des dernières qu'il ait fait jouer. Ce qu'il y a de commun entre les trois œuvres, très différentes par l'esprit et par l'exécution, c'est la partie extérieure et matérielle de la donnée. Une jeune fille a failli et a un enfant; après sa faute elle rencontre un homme qui, connaissant son passé, sachant que le père de son enfant vit encore, l'aime cependant assez pour l'épouser. Laissons de côté *Claudie*, et voyons comment dans *Denise* Dumas a compris son sujet. Le héros, André de Bardannes, est un homme de trente-cinq ans, qui ne doit compte à personne de ses actes. C'est de la bouche même de Denise qu'il apprend qu'elle a été la maîtresse d'un autre. Il l'aime ardemment, et la souffrance que son aveu vient de lui causer, au lieu de tuer sa passion, l'a exaspérée par la jalousie. Que va-t-il faire? Écoutera-t-il son orgueil ou son amour? Obéira-t-il à son cœur, qui lui dit que l'aveu héroïque de Denise est un rachat suffisant de son passé? ou bien immolera-t-il ses sentiments à un point d'honneur bien ou mal compris, surtout à l'opinion du monde et à la crainte du qu'en dira-t-on? On voit quel est l'intérêt du drame; il se joue tout entier dans ce cœur faible et passionné.

Il en va tout autrement dans *Les Idées de Madame Aubray*. Ce n'est pas au hasard que l'auteur a choisi le titre de sa pièce; c'est bien Madame Aubray qui en est l'héroïne, et ce sont bien ses idées qui sont en jeu. Ses idées et son caractère: car les deux ne font qu'un. Ce que Dumas a voulu peindre en elle, c'est une chrétienne d'esprit large, de cœur ardent, de convictions profondes, qui ne se contente pas de professer l'Évangile des lèvres, mais qui veut y conformer sa conduite et celle des autres. Challemel-Lacour, dans la remarquable étude qu'il donna à la *Revue des Deux-Mondes,* en 1867, a très finement et très justement défini Madame Aubray. Ce n'est, dit-il, ni une illuminée ni une dévote, « c'est une bonne femme et une femme vertueuse, mais avant tout c'est une femme. Elle se nourrit d'idées empruntées et vagues, moitié poésie, moitié religion, et l'on voit assez, à la manière dont elle les interprète, qu'il leur manque l'indispensable complément de la réflexion personnelle. Ces idées, où l'utopie philosophique se mêle aux souvenirs du catéchisme et aux chastes rêves d'un cœur trop tôt sevré d'amour, l'éblouissent ; faute d'en voir la raison et le contre-poids, elle les porte d'abord à l'extrême ; elle les propage et les applique sans discernement. » Exemple : son ami Barantin a été abominablement trompé par sa femme, qui a quitté un beau jour le domicile conjugal, lui laissant sur les bras une fille de quelques mois ; depuis quinze ans il n'a pas eu de ses nouvelles. Au bout de ce temps elle fait demander à son mari de la reprendre ; Madame Aubray se charge sans hésiter de la négociation, et elle s'étonne que Barantin refuse de l'écouter. Elle ne croit pas au mal, elle le lui dit en propres termes : « Il n'y a pas de coupables, il n'y a pas de méchants, il n'y a pas d'ingrats ; il y a des malades, des aveugles et des fous. » C'est dans ces principes qu'elle a élevé Lucienne, la fille de Barantin, et son propre fils Camille. Celui-ci est comme sa mère féru d'idées de régénération sociale. Interne à la Maternité, il a vu de près les souffrances des pauvres filles pour lesquelles le monde est impitoyable et dont il a eu pitié. « Elles auraient pu être si honnêtes, » dit-il en parlant d'elles, « et elles pourraient encore le redevenir, si on avait le courage de le vouloir. »

Eh bien ! supposons que ce jeune homme, tout plein de ces idées généreuses, rencontre et se mette à aimer, sans connaître son passé, une de ces pécheresses pour lesquelles il est si indulgent en théorie ; qu'adviendra-t-il au moment où il sera au courant de son histoire ? Il y a là une situation analogue à celle de *Denise*, mais avec des différences qui sautent aux yeux. Camille Aubray n'a pas trente-cinq ans, comme André de Bardannes, il en a vingt-quatre ; il n'a pas cette expérience de la vie qui met André en garde contre celle qu'il aime et contre son propre cœur. Ce n'est pas contre lui-même que Camille aura à lutter ; il est tout prêt à mettre ses idées en pratique et à épouser Jeannine malgré sa faute. Il est trop pur pour connaître cette jalousie de la chair qui torture André de Bardannes ; quant à l'opinion du monde il n'a pas l'habitude d'en prendre souci : la seule approbation qui lui importe est celle de sa mère. Mais c'est justement là que sera l'obstacle, et par conséquent le drame. Nous l'avons dit, Madame Aubray est indulgente pour les femmes déchues ; elle trouve fort bien qu'on les excuse, qu'on les relève, même qu'on les épouse. Oui, en théorie, quand il est question des autres. Mais voilà qu'il s'agit de son fils, l'âme de son âme, son fils, vivante image du mari aimé qu'elle a perdu. Quel changement alors! Elle n'est plus qu'une mère comme toutes les autres, elle crie, elle se révolte; est-ce pour un pareil mariage qu'elle avait élevé son enfant? Elle souffre d'abord de la souffrance de son fils, puis de sentir que c'est elle qui le fait souffrir, enfin de se voir en désaccord avec elle-même, de se voir contrainte à renier des idées qui étaient le fondement de sa vie, de se dire qu'elle a menti en les prêchant aux autres, puisqu'elle n'a pas le courage de les appliquer. Cette lutte d'une âme sincère, partagée entre des sentiments et des idées également respectables, ces angoisses d'une conscience qui cherche son devoir et qui ne le trouve plus, voilà ce qui est ici le véritable drame, et ce qui n'a aucun rapport avec le combat qu'André de Bardannes livre contre son cœur dans *Denise*.

Mais ceci n'est qu'un squelette, un *schéma* de la pièce; il reste à voir comment sur cette donnée Dumas a écrit une œuvre vraiment dramatique. Ce qui nous frappe d'abord, c'est le soin qu'il a pris de prolonger l'exposition beaucoup plus qu'il ne le fait d'ordinaire. C'est une comédie en quatre actes; or la *crise* ne commence qu'au milieu du troisième; et la scène essentielle, chose rare, est au dernier. Dumas a eu évidemment ses raisons pour construire sa pièce ainsi. Lesquelles? Il me semble qu'on peut les indiquer. S'il a consacré plus de la moitié de deux actes sur quatre à nous présenter les personnages, à nous faire comprendre leurs caractères, en particulier celui de Madame Aubray, à nous expliquer les rapports de ces personnages entre eux et leurs sentiments réciproques, c'est que ces préparations étaient indispensables pour nous faire accepter les scènes de la fin ; il fallait déblayer le terrain avant de livrer la bataille. D'autre part, il fallait, comme disent les vieux théoriciens dramatiques, que le dénouement suivît de près la péripétie, qu'entre la scène où nous sommes témoins des angoisses de Madame Aubray et celle où elle jette Jeannine dans les bras de son fils, nous n'eussions pas le temps de réfléchir. Nous ne discutons plus à ce moment-là ; nous sommes émus, et le dénouement hardi que l'auteur veut nous imposer, non seulement nous l'acceptons, mais nous le désirons. Qu'il en profite ; nous ne reprendrons notre sang-froid que lorsque la toile sera baissée.

C'est Madame Aubray qui est l'âme de la pièce ; c'est d'elle que tout part, c'est à elle que tout nous ramène. Cette intransigeance que son fils porte dans l'amour, cet idéalisme et ce dédain de la vie réelle qui éclatent dans sa résolution d'épouser Jeannine malgré sa faute, ces traits caractéristiques de sa nature, à qui les doit-il, si ce n'est à sa mère ? C'est elle-même qu'elle retrouve et qu'elle doit combattre en lui. D'autres personnages sont très étroitement rattachés au sien. La façon dont Jeannine fait sa connaissance, se trouve tout à coup introduite dans son intimité, sert à peindre son caractère. Un hasard de la vie des bains de mer les a mises en rapport. Avec une autre femme que Madame Aubray, les choses ne tireraient pas à conséquence; mais avec son tempérament d'apôtre elle ne peut s'en tenir là,

Elle s'intéresse à cette jeune femme qu'elle voit toujours seule avec son enfant ; elle l'interroge affectueusement, l'invite à venir la voir. Elle fait si bien que Jeannine a des scrupules et lui avoue sa véritable situation ; elle n'est pas veuve, comme le croit Madame Aubray, elle n'a jamais été mariée. La scène où elle lui fait sa confession a été vantée avec raison par Challemel-Lacour comme « un chef-d'œuvre d'art, de naturel savant, de délicatesse, d'émotion. » Mais ce qui nous intéresse surtout au point de vue dramatique, ce sont les sentiments qu'éprouve Madame Aubray en recevant cette confession de Jeannine. Une grande pitié, un ardent désir de la relever, cela va sans dire. Mais comment? Lui ouvrir sa maison, l'aider à vivre en travaillant, c'est bien ; mais il y aurait quelque chose de mieux, ce serait de la marier, de chercher un homme qui, sans lui demander compte de son passé, l'épouserait bravement et développerait en elle les nobles instincts qui sûrement ne lui manquent pas ; peut-être, en faisant le bien, cet homme trouverait-il le bonheur par surcroît.

Qu'une idéaliste incorrigible comme Mme Aubray caresse une telle chimère, cela se comprend ; mais ce qui achève de la peindre, c'est que dans sa pensée elle a déjà choisi l'homme auquel elle réserve le rôle de rédempteur, et ce n'est autre que Valmoreau, c'est-à-dire un franc mauvais sujet, aimable garçon, du reste, mais beaucoup plus habitué à compromettre les femmes qu'à les sauver. A quelques mots qu'il a dits assez étourdiment devant Mme Aubray, elle a compris que Jeannine l'intéressait, mais elle n'a pas vu ou voulu voir que c'était pour le mauvais motif. D'autre part, Jeannine lui a laissé comprendre qu'elle avait un amour au cœur, mais qu'elle se jugeait indigne de celui qu'elle aime et dont elle se sent aimée. Il n'en faut pas davantage à Mᵐᵉ Aubray. Elle n'a pas à demander le nom de cet homme : ce ne peut être que Valmoreau, et bravement, sans hésiter, elle va lui demander d'épouser Jeannine. La scène est charmante. Valmoreau ne sait pas d'abord où Mᵐᵉ Aubray veut en venir. Tout boulevardier qu'il est, il a subi comme tout le monde la séduction qu'elle exerce, cette contagion du bien qui semble se dégager de sa personne. Il a manifesté devant elle quelque intention de s'amender, de devenir sérieux ; mais elle en abuse, et il sent bien qu'elle le mène plus vite et plus loin qu'il ne veut aller. Plus il résiste, plus elle persévère, tour à tour insinuante ou presque impérieuse ; l'effroi de Valmoreau est de plus en plus comique, lorsqu'elle lui détaille peu à peu les articles de son programme, jusqu'à ce qu'enfin il sursaute en comprenant exactement ce qu'elle lui demande : épouser une fille séduite, l'enfant et le père étant vivants.

Quelque talent qu'il fallût pour écrire cette scène, le grand mérite de Dumas est d'en avoir conçu l'idée. C'est grâce à elle que le cinquième acte, d'un intérêt si poignant, produit tout son effet. Mᵐᵉ Aubray a proposé à Valmoreau d'épouser Jeannine et l'a blâmé d'hésiter ; un instant après, son fils lui offrira de faire ce mariage qu'elle conseillait tout à l'heure, et elle s'écriera : « Jamais ! » Etait-il possible de traduire sous une forme plus claire et plus dramatique l'égoïsme inconscient de ce cœur maternel ? Et lorsque Mme Aubray aura ainsi donné un démenti à ses théories, ce personnage de Valmoreau fournira encore à Dumas une scène très intéressante, et qui nous permet de pénétrer jusqu'au fond dans la conscience de son héroïne. Quand elle a refusé à son fils de lui laisser épouser Jeannine, Valmoreau, témoin de sa douleur, tout ému de ce qu'il voit et de ce qu'il entend, lui dit : « Tout à l'heure je n'ai pas voulu écouter vos conseils ; eh bien ! dites-moi encore d'épouser votre protégée, et je l'épouse. » Mais Mme Aubray a eu le temps de se reprendre ; elle est mécontente d'elle-même, étonnée de la contradiction qu'elle y découvre ; elle dit à Valmoreau ce qu'elle s'était déjà dit au fond du cœur, qu'elle n'avait pas le droit de disposer de lui, qu'elle aurait dû trouver, lorsqu'il s'agissait de lui, les mêmes arguments qui se sont présentés à elle quand il s'est agi de son fils. En s'humiliant ainsi, en confessant son égoïsme maternel, Mme Aubray reste bien elle-même, la noble et charmante femme d'une sincérité héroïque ; en avouant à Valmoreau qu'elle est profondément troublée de n'être pas la chrétienne qu'elle croyait être, elle nous laisse pressentir que sa résolution n'est pas définitive ; elle nous prépare au revirement qui va se produire, lorsqu'en entendant Jeannine se calomnier elle-même pour essayer de guérir Camille Aubray de son amour, elle criera à son fils : « Elle ment, épouse-là ! »

On voit que l'invention des personnages et celle de l'action s'unissent pour faire de ce drame un des plus originaux et des plus vivants qu'on ait écrits. C'est essentiellement une pièce à thèse ; mais le développement de la thèse se confond avec celui du caractère principal. L'auteur ne se contente pas de poser un cas de conscience, de se demander si l'on peut toujours mettre en pratique les théories les plus généreuses, si, comme le dit un des personnages, après avoir donné le conseil on peut donner l'exemple. Il fait mieux, il traduit cette opposition sous forme dramatique, en mettant Mme Aubray aux prises avec ce problème, et en nous montrant que dans une âme noble qui prend la vie et le devoir au sérieux, un conflit d'idées peut aboutir à une lutte tragique de sentiments. Nous sommes ici dans une région plus haute que celle où se débattent les questions posées par Dumas dans *Le Fils Naturel*; il s'agit de morale et de conscience, c'est-à-dire du fond des choses, et non des solutions passagères et variables données aux problèmes sociaux. En même temps, l'inspiration générale et la manière de l'auteur se sont transformées. Si, fort heureusement, il a gardé ces dons d'observation pénétrante et de dialogue incisif qui distinguent ses premières œuvres, il n'affecte plus cette logique dure et coupante qui était comme la marque de son talent ; ce justicier inflexible s'attendrit ; un souffle de charité évangélique semble avoir passé sur lui comme sur son héroïne.

Monsieur Alphonse, qui appartient à la même série,

est un drame d'inspiration mixte. On y retrouve cette pitié et cette indulgence si visibles dans *Les Idées de Madame Aubray*, en même temps que cet âpre ressentiment contre l'injustice sociale, ce besoin de châtier l'égoïsme et la lâcheté de l'homme, qui nous frappent en lisant *Le Fils Naturel* ou *L'Affaire Clémenceau*. Dumas a cherché de parti pris son sujet dans la réalité courante; c'est une de ces histoires banales comme nous pouvons en lire de temps à autre dans les faits divers. Un jeune monsieur quelconque, après avoir rendu mère la fille qu'il a séduite, la plante là, elle et son enfant. Ordinairement dans ces petits drames à trois personnages qui se jouent tous les jours à côté de nous, personne n'est traité suivant ses mérites. L'enfant, qui est innocent, est toujours victime; quant aux deux coupables, l'un, la mère, finit par le trottoir et l'hôpital; l'autre, c'est-à-dire le principal auteur de la faute, se marie et fait souche d'honnêtes gens. C'est naturellement au séducteur que Dumas s'en est pris; en mettant son nom en vedette, il a indiqué clairement son intention. Au moment où s'ouvre l'action, il y a douze ans que la faute a été commise. Raymonde a été la maîtresse d'Octave; leur fille, Adrienne, a été mise en nourrice à la campagne, et elle est restée depuis chez ses parents nourriciers, à Rueil, où sa mère va la voir aussi souvent qu'elle peut, son père une fois tous les deux ans, et en cachant son nom; c'est dans ces occasions-là qu'il prend celui de Monsieur Alphonse.

Si les choses suivaient leur cours ordinai 'ctave

se marierait, et laisserait la mère et l'enfant se débrouiller ; mais il n'y aurait pas de drame. Pour qu'il y en ait un, Dumas a imaginé deux circonstances : Raymonde a épousé le commandant de Montaiglin, et celui-ci a eu jadis sous ses ordres le père d'Octave, un brave marin, mort depuis ainsi que sa femme. Ici un postulat difficile à admettre, et qu'il faut admettre cependant ; autrement la pièce s'écroule. En épousant M. de Montaiglin, Raymonde ne lui a rien dit de son passé. Pourquoi? on le comprend aisément. Ce mariage inespéré lui assurait une situation, un avenir, la sécurité et la dignité de la vie. Si généreux, si indulgent que soit M. de Montaiglin, l'aurait-il été au point d'accepter le passé de Raymonde, d'associer son nom sans tache à celui d'une femme déchue? Elle ne l'a pas cru, et elle a gardé le silence. Dumas, dans sa Préface, a employé pour sa défense toutes les ressources de sa casuistique. Si, dit-il, avant d'épouser Montaiglin, elle est allée consulter un prêtre, ce prêtre ne lui a certainement pas conseillé d'avouer. Si elle a pris sa décision elle-même, le plus simple bon sens l'engageait à se taire. Ce que valent de pareils arguments, on le voit ; et Dumas en sent si bien la faiblesse, qu'après avoir plaidé *non coupable,* il finit par invoquer en faveur de Raymonde les circonstances atténuantes. Montaiglin, qui a dix-huit ans de plus qu'elle, n'a pas pensé qu'elle pût en l'épousant faire un mariage d'amour ; ils ont simplement, comme il le dit dans la pièce, « conclu une association défensive contre la vie. » Il n'a pas tout prévu sans doute, mais, dit Dumas, « il a entrevu certainement dans la vie de celle dont il faisait sa femme, un secret dont il a eu la délicatesse de ne pas lui demander la confidence. » D'ailleurs elle le rend heureux, elle lui est fidèle ; il y a plus, elle l'aime, et Octave n'existerait plus pour elle, si elle ne redoutait le mal qu'il peut lui faire. Tout cela est fort bien ; mais Dumas ne nous persuadera pas que Raymonde ait eu raison de tromper, sinon par ses paroles, du moins par son silence qui est un véritable mensonge, l'homme loyal et bon qui a eu confiance en elle. La véritable justification de Dumas n'est pas dans sa Préface, elle est dans son œuvre même ; cette donnée si discutable, il a su la faire passer à force de talent.

Depuis six ans que Raymonde est la femme de Montaiglin, son mari étant plus souvent à son bord qu'à Paris, elle a pu aller souvent voir sa fille ; mais le commandant vient de passer plusieurs mois auprès d'elle, et par prudence elle n'a pas osé aller à Rueil. Octave n'a pas souvent donné de ses nouvelles, juste assez pour que Montaiglin ne s'étonne pas d'une absence trop prolongée et n'en cherche pas la raison. Un matin il arrive, il demande à parler à Raymonde, qui tremble et pressent un danger. Voici ce qu'il vient lui proposer. Il va épouser Mme Guichard, ancienne servante d'auberge, plus âgée que lui, mais qui lui apporte cinquante mille francs de rente. Elle est horriblement jalouse, et si elle apprenait qu'Octave a un enfant, elle serait capable de rompre ; or il a des raisons très positives de tenir à ce mariage. Si on laisse Adrienne à Rueil, elle peut devenir un jour ou l'autre compromettante; il est, dit-il, décidé à l'expédier à une parente en Amérique, à moins que Madame de Montaiglin ne la prenne chez elle. La hardiesse même de cette combinaison en garantit le succès. Montaiglin ne soupçonnera jamais tant de cynisme et de bassesse. Il aime les enfants; il n'en a pas; Adrienne sera la bienvenue, et distraira Madame de Montaiglin pendant les longues absences de son mari.

Raymonde a commencé par refuser. Il lui répugne d'ajouter un nouveau mensonge, plus coupable encore, à celui qui lui inspire de justes remords; mais Octave est maître de la situation. Si Raymonde n'accepte pas, il est homme à exécuter sa menace, à la séparer pour jamais de sa fille. D'ailleurs, lui dit Octave, si vous hésitez, je m'adresserai à votre mari, qui ne me refusera certainement pas. Il a raison : Montaiglin ne fait aucune difficulté, et lorsque Adrienne arrive conduite par son père, il l'accueille à bras ouverts.

Dans la joie de revoir sa fille et de l'embrasser en cachette, Raymonde oublie un instant ce que la situation a de faux et de dangereux. Mais cette joie ne dure pas longtemps. Madame Guichard a guetté et suivi Octave sans qu'il s'en doutât; elle l'a vu emmener Adrienne et entrer avec elle chez Monsieur de Montaiglin. Qu'est-ce que cette enfant? Sa fille évidemment. Jalouse de lui dans le passé comme dans le présent, elle interroge Madame de Montaiglin, et n'en pouvant rien tirer, elle s'adresse à Octave lui-même. Il commence par mentir, mais elle insiste, et le force d'avouer du moins la moitié de la vérité : Adrienne est sa fille. La mère est-elle morte? vit-elle encore? Voilà ce qu'elle ne réussit pas à lui faire dire et ce qu'elle se promet de savoir. En attendant son parti est pris : elle va emmener Adrienne; elle n'épousera Octave qu'avec sa fille dans la maison. Si la mère vit, qu'elle vienne, elle trouvera à qui parler.

Cette résolution, si brusque, si imprévue qu'elle soit, est trop raisonnable après tout pour qu'on puisse y faire d'objections sérieuses. Quand Octave met Raymonde au courant, elle éclate d'abord, elle refuse ; mais comment persister dans ce refus qu'elle ne peut motiver, et qui risque de faire tout deviner à Mme Guichard et à Montaiglin? Sa tête se perd, elle en est à combiner avec Adrienne je ne sais quel projet de fuite, lorsqu'elle se retrouve en face de son mari. Nous sentons bien que c'est là la scène décisive. Epuisée par les émotions par lesquelles elle vient de passer en si peu de temps, accablée du dernier coup qui vient de la frapper, Raymonde aura-t-elle encore la force de garder son secret? Montaiglin remarque son trouble ; mais, ne pouvant en soupçonner la cause, il n'insiste pas, et se met à lui parler du départ d'Adrienne, de la résolution, très généreuse et très sage en somme, que Mme Guichard a prise de l'élever. Chacune de ses paroles perce le cœur de Raymonde ; cependant elle se contient d'abord, elle hasarde timidement quelques objections. Mais le sang-froid avec lequel son mari lui répond ne fait qu'exaspérer sa douleur; elle finit par éclater :

RAYMONDE (*malgré elle*). — Cet homme sera cause d'un malheur.
MONTAIGLIN. — Parce que?...
RAYMONDE. — Parce que cette enfant me disait là, à l'instant, qu'elle aimerait mieux mendier son pain, qu'elle aimerait mieux mourir que de vivre avec M. Alphonse, comme elle l'appelle, et cette étrangère. Les enfants ont des intuitions, des pressentiments; ils devinent même ce qu'ils ne comprennent pas. Vous le comprenez si bien que vous n'avez pas voulu parler de ces choses-là devant Adrienne. Elle est tendre, elle est affectueuse, elle n'a jamais eu avec qui s'épancher; elle a besoin de tendresse et de soins, elle sent qu'elle aura tout cela ici; une émotion violente peut la tuer. Pauvre petite! Voyez comme elle est pâle et frêle, et comme le malheur précoce a développé son intelligence et sa sensibilité! Songez donc ce que c'est que de n'avoir pas de parents, de vivre avec des paysans ignorants et grossiers, qui ne voyaient en elle qu'un salaire à gagner, et qui l'auraient vendue à cette femme qui espionnait son futur mari, si celui-ci n'avait eu l'idée de nous l'amener! Et ce misérable, plus vénal encore que ces mercenaires, la vend, son enfant, à cette créature; et vous, vous le meilleur des hommes, vous trouvez cela tout simple, et vous ne défendez pas contre lui ce petit être qui commençait à respirer, dont le cœur contracté depuis si longtemps commençait à s'ouvrir et à naître. Il n'y a donc pas de justice, ici-bas ni là-haut, pour empêcher de pareilles infamies!

Il n'est pas nécessaire d'entendre cette tirade au théâtre, il suffit de la lire pour en sentir l'intérêt dramatique et le pathétique profond. Pendant six ans Raymonde a caché la vérité à Montaiglin, et voilà qu'en une minute, sans qu'il l'interroge, sans qu'il la soupçonne, elle trahit elle-même son secret. Un sentiment plus fort qu'elle la domine; elle n'a pas résolu d'avouer, et chacune de ses paroles est un aveu; plus elle va, plus elle oublie tout ce qui n'est pas son amour et sa colère, et elle ne s'aperçoit pas de l'effet qu'elle produit sur son mari. Nous, au contraire, nous lisons à livre ouvert sur le visage de Montaiglin, et lorsque, mettant ses mains sur les épaules de sa femme, la regardant bien en face, il lui dit : « Raymonde ! c'est ta fille ; » si son cri nous émeut, c'est qu'il résume la douleur, la pitié, la stupeur, toutes les émotions rapides et poignantes qui lui étreignaient le cœur pendant qu'elle parlait.

Plus cette situation est belle et forte, plus il semblait difficile d'en sortir sans rester au-dessous de l'attente du public. Dumas s'en est tiré par un coup d'audace, d'audace apparente, car son vrai nom c'est logique, calcul, connaissance profonde du théâtre. Quand Montaiglin s'est écrié : « C'est ta fille ! » il ajoute, après un silence : « C'est bien, nous la garderons. » Tout de suite donc, je ne dis pas sans lutte intérieure, mais sans hésitation, il se décide à pardonner, et le reste de la scène n'est que le développement des idées qui le font agir. Solution paradoxale au premier abord, et qui, en 1874, étonna un peu les spectateurs du premier soir. C'est cependant la seule possible, la seule qui réponde aux sentiments que l'auteur a su nous inspirer. Oui, Raymonde a été coupable de tromper Montaiglin au moment où elle l'a épousé, et cette donnée nous choque. Mais, depuis le commencement de la pièce, nous la voyons à la fois si repentante et si malheureuse, son amour pour Montaiglin est si humble et si sincère, et surtout elle est frappée de coups si cruels, si redoublés dans son sentiment le plus profond, son amour maternel, que nous n'éprouvons plus pour elle qu'une immense pitié. Le pardon que Montaiglin lui accorde après sa confession involontaire, ce pardon invraisemblable et magnanime, nous l'avons prononcé avant lui.

Pétrir ainsi nos âmes à son gré, nous faire à notre insu vouloir ce qu'il veut, c'est là qu'est le véritable triomphe de l'auteur dramatique, et jamais Dumas ne l'a remporté plus complètement que dans cette admirable scène. Quoique le reste de la pièce ne soit pas indigne de cette première partie, quoique la scène de la reconnaissance de l'enfant par Montaiglin, forçant Octave à lui servir de témoin, soit une vraie trouvaille dramatique, et que le rôle de Mme Guichard, comique et attendrissant tour à tour, soit excellent d'un bout à l'autre, l'étude détaillée que nous avons faite des deux premiers actes peut nous dispenser d'insister sur les derniers. Elle suffit pour comprendre ce qui fait l'originalité de *Monsieur Alphonse*. C'est bien toujours, comme dans les autres pièces de la même série, une question morale et sociale à la fois qui se pose et qui donne au drame son intérêt profond. Mais nulle part l'auteur ne s'est davantage effacé. Plus de discussions théoriques ici ; c'est la vie elle-même qu'il nous présente en raccourci, des âmes humaines avec leur grandeur et leur faiblesse, et leurs fautes rachetées par leurs souffrances. Voilà le spectacle qu'il nous montre, en nous laissant ou en ayant l'air de nous laisser le soin de conclure. Il n'a mis dans aucune œuvre plus d'émotion et plus d'humanité vraie.

IV

LES PIÈCES A THÈSE. SECONDE SÉRIE : L'AMOUR ET LE MARIAGE.

Quand on embrasse l'œuvre de Dumas dans son ensemble, on est frappé de son unité; c'est bien la même inspiration qu'on retrouve au fond dans *Monsieur Alphonse* par exemple, et dans *L'Ami des Femmes* ou dans *Une Visite de Noces*. Mais si l'esprit est le même, la nature des questions posées par l'auteur et la manière dont il les pose sont assez différentes pour que cette seconde série de pièces mérite un chapitre à part. Ce chapitre pourrait être intitulé : *De la lutte des deux sexes dans le mariage et hors du mariage*. C'est un bien vieux sujet, et qui de tout temps a fourni aux poètes dramatiques et aux romanciers plus de la moitié de leurs œuvres ; mais Dumas l'a renouvelé par les idées générales, très personnelles, qu'il y a portées, et par le sentiment profond qu'il a de la vie moderne et de l'âme contemporaine.

Émile Montégut, rendant compte de *L'Ami des Femmes*, en 1864, disait : « Cette pièce est la moins fortement conçue que M. Dumas fils ait encore produite... Elle a cependant un intérêt auquel M. Dumas n'a pas songé : c'est qu'elle marque le dernier terme, les colonnes d'Hercule du voyage d'exploration qu'il a commencé il y a quelque chose comme quinze ans, et qu'elle est le dernier mot du genre d'observation qu'il a inauguré et mis en vogue. Nous nous en félicitons et pour nous et pour l'auteur lui-même; le voilà forcé désormais d'ouvrir un nouveau champ d'analyse et d'observation, le voilà contraint à cette métamorphose à laquelle tout artiste, tout poète, est condamné au moins une fois dans sa carrière sous peine de déchéance... » Ce jugement a de quoi nous déconcerter. Comment un critique de la valeur de Montégut ne s'est-il pas aperçu que cette métamorphose qu'il souhaitait commençait à s'accomplir, et que *L'Ami des Femmes* n'était pas la dernière pièce de la série qui va de *La Dame aux Camélias* au *Père Prodigue*, mais la première d'une série nouvelle, où la peinture des mœurs parisiennes, au lieu de se suffire à elle-même, ne servira plus que de cadre pour mettre en relief les idées chères à l'auteur?

Si, en transformant ainsi sa manière, en montrant qu'il y avait dans son talent des ressources variées et inattendues, Dumas devait achever de gagner l'estime des connaisseurs, d'autre part il jouait gros jeu, il risquait de dérouter le public, désormais familiarisé avec la hardiesse de ses peintures, mais nullement préparé aux théories aventureuses dont il allait l'entretenir. *L'Ami des Femmes* a fort bien réussi à la reprise en 1895, mais en 1864 ce fut un demi-échec. Paul de Saint-Victor, tout en rendant justice aux qualités brillantes de l'exécution, exprima avec beaucoup de vivacité l'impression de surprise désagréable et presque de répugnance, que la majorité des spectateurs avait ressentie. Dumas passa condamnation ; au lieu d'accuser le public de sottise pour n'avoir pas su le comprendre, il se dit que c'est lui qui avait eu tort de ne pas être assez clair ; et malgré l'avis de Taine qui goûtait vivement sa comédie, et qui lui conseillait de la laisser telle quelle, il la modifia en vue de rendre plus intelligible le caractère de son héros.

C'est sous cette forme nouvelle que la pièce se joue maintenant. Mais, malgré les éclaircissements et les atténuations, malgré les concessions qu'il a faites aux répugnances et aux scrupules des spectateurs, son œuvre n'en reste pas moins étrange, et le succès qu'elle a obtenu à la dernière reprise prouve que le goût du public a singulièrement évolué depuis trente ans. Autrefois chez une honnête femme il n'y avait que le salon d'ouvert aux visiteurs ; on n'entrait pas dans sa chambre, encore moins dans son alcôve. Nous avons changé tout cela, et les romanciers à la mode nous introduisent jusque dans le cabinet de toilette de leurs demi-vierges. Aussi les hardiesses de Dumas nous semblent-elles aujourd'hui très tempérées. D'autant qu'il évite la pornographie avec autant de soin que certains de nos contemporains en mettent à la rechercher. S'il lui arrive de parler physiologie dans sa Préface, ou même dans sa pièce, c'est cependant un problème de psychologie et de morale sociale qu'il a voulu traiter, en se servant des moyens que l'art dramatique lui offrait.

Son héroïne, Jane de Simerose, s'est séparée de son mari la nuit même de ses noces. M. de Simerose trop ardent, sa femme trop ignorante et trop chaste, voilà les seules causes d'un malentendu qui menace d'être irréparable. Le mari l'a aggravé en portant ailleurs, par simple dépit, l'hommage que sa femme refusait. La belle-mère s'en est mêlée, aimant sa fille d'un amour égoïste, et exagérant les torts de son gendre au lieu de les excuser. Que va-t-il advenir de cette jeune femme, ou plutôt de cette jeune fille, embarquée sans expérience et sans guide dans une aventure aussi périlleuse ? Cela n'est pas difficile à prévoir. Son histoire a fait du bruit ; les femmes la plaignent ou font semblant, les hommes s'apprêtent à la consoler. Un seul candidat a des chances, M. de Montègre, qui a compris qu'avec une femme de ce caractère, le seul moyen de réussir était de commencer par l'amour platonique. Il a fait des progrès rapides ; il la trouble déjà, on sent qu'il la dominera bientôt, et que Mme de Simerose, après s'être refusée à son mari, va tomber dans les bras d'un amant.

C'est à ce moment qu'intervient la Providence sous les traits de M. de Ryons. Ce M. de Ryons, qui agaçait si fort Paul de Saint-Victor, qui au contraire plaît tant à Paul Bourget, est un des personnages les plus caractéristiques de Dumas. On a dit, non sans raison, qu'il ressemblait beaucoup à Olivier de Jalin et à Dumas lui-même. Je répondrai, comme

Paul Bourget, qu'il n'en est pas moins intéressant pour cela. Cet « Ami des Femmes » ne se fait pas de grandes illusions sur elles. Il les traite « d'êtres illogiques, subalternes et malfaisants. » Il passe sa vie à les étudier comme d'autres étudient les papillons ou les coquillages, mais il sait que cette étude est plus dangereuse, et il a soin de se tenir « de l'autre côté de la grille. » Le résultat de ses nombreuses expériences est très simple. Il y a deux sortes de femmes : celles qui sont honnêtes, et celles qui ne le sont pas. Ceci est peu original. Mais la conclusion pratique qu'il en tire est plus intéressante. Celles qui ne sont pas honnêtes, il faut les consoler; celles qui le sont, il faut les garantir. Une femme à qui il expose ses théories lui dit : « Etes-vous Lovelace ou Don Quichotte? » Ni l'un ni l'autre, lui répond-il, et il a raison. Ce n'est ni un séducteur ni un apôtre, c'est un curieux. Il laisse généralement le monde aller son train, dont il s'amuse; mais il en a trop bien étudié le mécanisme pour n'avoir pas envie d'intervenir quelquefois, par amour de l'art et pour expérimenter ses théories.

L'aventure de Madame de Simerose lui en offre une excellente occasion. Il a une double raison de s'en mêler. Le mystère qu'il sent au fond de cette histoire pique sa curiosité, et il espère bien le tirer au clair; et puis il a percé à jour M. de Montègre; il voit très clairement où il veut en venir, et il se promet un plaisir d'artiste à contrecarrer ses desseins, à lui arracher la proie qu'il pense tenir déjà.

Les moyens qu'il emploie sont très étranges, pour nous, public, comme pour Mme de Simerose. Il a une façon de violer ses secrets, de forcer son intimité, de lui imposer son alliance contre M. de Montègre, qui mettent sa patience et la nôtre à l'épreuve. Mais si nous le trouvons un peu trop sûr de son fait, si sa perspicacité, dont il est trop fier, nous donne quelquefois sur les nerfs comme à Paul de Saint-Victor, il n'en est pas moins vrai que malgré les torts qu'il a dans la forme, il a raison dans le fond, et que nous finissons par nous ranger de son côté. La réconciliation qui s'opère grâce à lui à la fin de la pièce entre M. et Mme de Simerose, n'est pas seulement un dénouement logique, c'est celui que nous souhaitons.

Le personnage de Ryons, malgré toutes les critiques qu'on peut lui adresser, est celui qui donne à cette comédie son importance, qui en fait une œuvre à part. De Ryons est évidemment le porte-parole de l'auteur, qui a voulu nous dire le fond de sa pensée sur l'amour. C'est pour lui un beau nom qui couvre le plus souvent des sentiments médiocres et des actions assez vilaines. Il y a dans la pièce deux personnages d'amants. Montègre, jeune, beau, passionné, se figure qu'il aime Mme de Simerose. Cela signifie, au fond, qu'il veut en faire sa maîtresse ; il se soucie fort peu de son honneur et de son bonheur ; c'est l'égoïsme du mâle qui seul parle en lui, et qui le rend éloquent. L'autre, c'est des Targettes, le vieux beau, goutteux, rhumatisant, depuis vingt ans commensal des Leverdet, amant de la femme, parrain de la fille, faisant le bésigue du mari et pestant contre la cuisinière. La principale différence entre ces deux hommes, c'est que l'un a trente ans et que l'autre en a cinquante ; ils représentent à eux deux ce type de l'amant qui, chez les poètes, s'appelle Roméo ou Werther. Dumas et M. de Ryons le dépouillent de sa beauté idéale et d'emprunt ; ils le montrent tel qu'il est dans la vie réelle. Voilà pour les hommes. Quant aux femmes, elles s'appellent Mme Leverdet, c'est-à-dire le vice et la pruderie, Mlle Hackendorf, une poupée du grand monde, Balbine, une jeune dinde qui s'éprend du premier gandin venu. Mme de Simerose seule est intéressante ; mais si elle devient la maîtresse de Montègre (et il s'en faudra de peu), vaudra-t-elle beaucoup mieux que les autres au bout de quelques années? Ce n'est pas sa vertu qui la sauve, c'est le hasard, le hasard intelligemment dirigé par M. de Ryons. Et lui-même, le sage de la pièce, de quel prix il paye sa sagesse! Dans la première édition, M. Leverdet lui disait au cinquième acte : « Vous êtes décidément très fort. » — « Oui, mais je ne suis pas heureux. » A force de regarder à l'envers cette tapisserie du monde, à force d'analyser les motifs des actions humaines et de voir sous les grands mots les petits sentiments, il a perdu ses illusions, et par là même le plaisir de vivre, qui consiste à croire, à aimer, à agir. A quoi bon alors?

A quoi bon? c'est aussi le dernier mot de Lebonnard, un philosophe proche parent de M. de Ryons, à la fin d'*Une Visite de Noces*. Il a été le confident des amours de Mme de Morancé et de M. de Cygneroi. Au fond de cet amour, comme de bien d'autres, il y a un malentendu lamentable. Mme de Morancé a une nature sincère et passionnée ; Cygneroi est le premier venu, un homme du monde qui sait mettre sa cravate. Elle a cru en lui, elle a mis toute sa vie dans sa passion ; du côté de son amant, il n'y a eu que vanité et amour du plaisir. Il en a eu vite assez, et un beau jour, tranquillement, il a annoncé son mariage à sa maîtresse, qui a failli en mourir. Dix-huit mois se sont passés ; pendant qu'il voyageait avec sa femme, Mme de Morancé est devenue veuve sans qu'il l'ait su. Peu importe, d'ailleurs, car il n'aurait sûrement pas songé à l'épouser. Cygneroi est rentré à Paris, il fait ses visites de noces. Doit-il présenter sa femme à son ancienne maîtresse ? Il a beaucoup hésité, il en a causé avec son ami Lebonnard ; finalement il s'est décidé, et au moment où la scène s'ouvre, Mme de Morancé attend les jeunes mariés.

Lebonnard la voit toute émue ; sa blessure saigne encore. Il la calme, la rassure, car il croit avoir trouvé un moyen de la guérir radicalement. Ce qui émeut Mme de Morancé au moment de revoir son amant, c'est le souvenir des jours d'autrefois, de son amour à elle, des illusions qu'elle a eues sur lui, et qui ne sont peut-être pas aussi complètement dissipées qu'elle se l'imagine. Si on lui démontrait que cet homme est un pleutre, que son amour pour elle était tout semblable à celui qu'il aurait éprouvé pour une fille quelconque, elle souffrirait, sans doute, mais, une fois l'opération faite, tout serait dit. Connaissant son Cygneroi par cœur, Lebonnard ne doute pas du succès de la petite comédie qu'il a combinée, et où, sur ses instances, Mme de Morancé a consenti à jouer un rôle.

Cygneroi arrive avec sa femme. Après l'échange des propos habituels et des compliments d'usage, les deux amis restent seuls. « Eh bien ! » dit Lebonnard, « ça va comme sur des roulettes ? » Cygneroi convient qu'il s'était monté la tête pour rien, et que cette visite était la chose la plus simple du monde. Ils se mettent à causer, et Cygneroi épanche son cœur. Il en a par-dessus la tête des liaisons avec les femmes du monde, des fiacres aux stores baissés, des chambres d'hôtel, des servitudes, des humiliations de toute sorte, et tout cela pour quel résultat ? Pendant trois ans qu'il a été l'amant de Mme de Morancé, combien de fois ont-ils été « seuls, ce qui s'appelle seuls ? » Deux fois, une fois à Lyon, une fois au Havre. Car il fallait voyager pour en arriver là, se trouver dans un hôtel où on n'avait pas l'air de se connaître devant les autres voyageurs, et saisir la première occasion. Lebonnard laisse Cygneroi lui faire ses confidences, lui raconter comment il a « lâché » sa maîtresse pour se marier. Il lui a envoyé une lettre de faire part, il vient de lui faire sa visite de noces, sa femme et lui ont été bien reçus, tout est pour le mieux. — Ah ! les femmes ! les femmes ! s'écrie Lebonnard d'un ton qui donne beaucoup à penser à Cygneroi. Il interroge, il insiste, et il apprend qu'il n'a été ni le premier ni le seul amant de Mme de Morancé. Il a succédé à un bel Espagnol, il a été remplacé par un lord grotesque mais richissime; et c'est Lebonnard lui-même, son confident, qui a fait les intérim. Connaissant Mme de Morancé comme il la connaît, il semble que Cygneroi devrait être en garde contre ces prétendues révélations; mais la crédulité même avec laquelle il avale tout nous montre que Lebonnard ne s'est pas trompé sur lui ni sur la nature de l'amour que lui inspirait Mme de Morancé, et qui n'était au fond que désir mêlé de mépris.

Pour le moment, quels sont les vrais sentiments de Cygneroi? il est convaincu qu'il est profondément indigné; il ne veut pas rester une minute de plus dans la maison de cette femme. Elle les a invités à dîner; n'importe! il va lui écrire pour se dégager. Elle arrive sur ces entrefaites, et il lui demande compte de sa conduite. « Je sais tout, » lui dit-il, « Lebonnard m'a mis au courant. » Elle feint de s'indigner de cette trahison, puis, avec un cynisme qui, s'il était un autre homme, suffirait à l'avertir qu'elle ment, elle avoue tout ce qu'il lui reproche. Elle répond sans hésiter à l'interrogatoire dégradant pour tous deux qu'il lui fait subir; elle fait plus, elle lui donne, comme si elle se plaisait à se déshonorer elle-même, des détails qu'il ne lui demande pas. Et à mesure qu'elle dépoétise ainsi et qu'elle salit son passé, nous voyons poindre en Cygneroi, non pas seulement une curiosité malsaine des secrets qu'elle lui révèle, mais un sentiment voisin et plus honteux encore, un revenez-y d'amour ou plutôt de désir, un appétit de sensations inconnues, le besoin de posséder de nouveau, et tout de suite, ce corps qui lui paraît plus enviable depuis que d'autres l'ont souillé. Immédiatement, et sans rougir, il lui propose de la reprendre, de fuir avec elle, abandonnant sa jeune femme, comme il y a quelques mois il l'a abandonnée elle-même pour se marier. Et lorsqu'après une légère hésitation elle feint d'accepter, cette facilité, cette absence de scrupules ne l'étonne ni ne l'avertit qu'il fait fausse route et qu'il est tombé dans le piège qu'on lui a tendu.

Il faut donc que Lebonnard intervienne de nouveau, et qu'il achève l'expérience qu'il a entreprise pour notre édification et celle de Mme de Morancé. Tant que Cygneroi a cru qu'elle n'avait été qu'à lui, elle lui était indifférente ; elle a cessé de l'être lorsqu'il a appris qu'elle avait d'autres amants. Il n'est donc pas jaloux parce qu'il est amoureux, mais il est amoureux parce qu'il est jaloux, de la jalousie des sens, de la chair, dans ce qu'elle a de plus brutal. Donc, lorsque Lebonnard vient lui dire qu'il s'est moqué de lui, que les prétendus amants de Mme de Morancé sont de son invention, il commence par ne pas le croire, mais sur ses affirmations très nettes il réfléchit, il se calme, et le prétendu amour, c'est-à-dire le trouble des sens que lui avaient causé les révélations imprévues de tout à l'heure, se dissipe comme par enchantement. Comme Lebonnard a l'air surpris de ce revirement subit : « Es-tu bête ! lui dit-il ; mais, malheureux, si c'est pour vivre avec une honnête femme, je n'ai pas besoin de Mme de Morancé, j'ai la mienne. »

Là-dessus il s'esquive. Et Lebonnard conclut par le mot que je rappelais plus haut : « Ainsi, ça finit par la haine de la femme et le mépris de l'homme. A quoi bon alors ? »

Cette comédie peut se passer de commentaire, tant les choses parlent d'elles-mêmes, tant l'auteur a su éclairer d'une vive lumière ces dessous honteux de la nature humaine qu'il s'était proposé de nous montrer. Comme un physiologiste qui injecte un vaisseau pour le mieux étudier, il a isolé dans le cœur de son héros les ressorts de ses actes de telle façon que nous puissions en suivre le fonctionnement de minute en minute, et que les mouvements les plus secrets ne puissent pas nous en échapper. On a pu dire que l'hypothèse sur laquelle la comédie repose était en dehors de la vraisemblance ordinaire; que Lebonnard était un peu trop sûr de son fait, et que les expériences sur le cœur humain ne sont pas susceptibles de la même précision que celles d'un savant dans son laboratoire; qu'il est un peu étrange que Mme de Morancé accepte de jouer un rôle et le joue si bien dans la répugnante comédie imaginée pour la guérir. Tout cela est vrai, mais qu'importe? Un grand maître a seul pu concevoir un pareil sujet et l'exécuter avec cette hardiesse, cette précision, cette sûreté. Que ce sujet ait effarouché les spectateurs et les critiques en 1871, on le comprend. L'auteur a osé mettre sur la scène l'arrière-fond de l'homme, ce que nous n'aimons pas à voir en nous-mêmes, et ce que nous n'aimons pas davantage qu'on nous y montre. Car il ne faut pas s'y tromper : Cygneroi, c'est nous, en y ajoutant le grossissement nécessaire et la mise au point que le théâtre réclame. Or si La Rochefoucauld nous paraît déjà bien dur, si dur que de bonnes gens essayent de nier la vérité de ses maximes, que sera-ce d'un auteur dramatique qui nous dit tout haut, en public, ce que l'autre nous dit à l'oreille ?

Dumas a voulu éviter dans *Une Visite de Noces* les défauts qui avaient nui au succès de *L'Ami des Femmes* : la dispersion de l'action, le manque d'unité, l'abus des dissertations morales et philosophiques. Dans *Une Visite de Noces* l'action ne dure guère plus d'une heure ; il trouve le moyen de tout dire en trois scènes, correspondant aux trois moments de l'expérience à laquelle Lebonnard se livre sur son ami Cygneroi. Il est impossible de condenser plus de choses en moins de mots ; c'est, comme l'a dit Weiss, « de l'éthique absolue à 100° Gay-Lussac. » L'esprit de la pièce est d'ailleurs le même que celui de *L'Ami des Femmes*, esprit de cruauté et de pitié tout à la fois. Lebonnard et de Ryons sont des philosophes cyniques : ils aiment, comme Montaigne, à déshabiller l'homme, à étaler sa nudité ; ce sont des boulevardiers, à qui la vie de Paris n'a pas laissé beaucoup d'illusions sur leurs contemporains, et ce n'est pas au nom des principes, dont ils ne pourraient parler sans rire et sans faire rire, c'est au nom de l'expérience et de l'intérêt bien entendu, qu'ils leur font de la morale. Cette morale peut être risquée dans la forme, cela n'empêche pas qu'elle soit sérieuse et même sévère dans le fond. M. Jules Lemaître va jusqu'à soutenir que l'idée d'*Une Visite de Noces* est « chrétienne. » S'il veut dire par là que Dumas se plaît à nous montrer ce vilain fond de l'homme, ce *figmentum malum* dont parle Pascal, et qu'il nous apprend ainsi à nous défier de nous-mêmes, cela est parfaitement vrai. Cette sévérité pour la nature humaine n'est pas inconciliable avec la pitié, pitié pour ce qui est innocent, l'enfant, pour ce qui est faible, la femme. L'enfant, Dumas s'en est occupé dans *Le Fils Naturel* et dans *Monsieur Alphonse*; dans les pièces que nous étudions, c'est le sort de la femme qui l'intéresse, mais plus encore ce qu'il a appelé *l'homme-femme*, c'est-à-dire la famille, le groupe fondamental en dehors duquel il n'y a pas de dignité et de vrai bonheur pour l'individu, ni de salut pour la société.

La famille étant fondée sur le mariage, c'est le mariage lui-même, les conditions dans lesquelles il se conclut et se pratique, les crises, les drames auxquels il donne lieu, qui serviront de thème à l'auteur. Vieux sujet, nous l'avons dit, sujet éternel et nécessaire de tous les poètes comiques. Ce qui distingue Dumas de ses prédécesseurs, c'est l'esprit dans lequel il l'aborde. Ils y trouvaient un cadre commode pour peindre les vices et les ridicules ; Dumas essaie plutôt de mettre en relief ce qu'il y a de général, d'essentiel, de vital dans le sujet. Il croit qu'au-dessus des lois humaines il y a des lois naturelles ou divines qu'on ne viole pas impunément. Les malheurs et les fautes qu'on impute d'ordinaire au hasard ou aux circonstances, lui apparaissent comme l'effet nécessaire de la violation de ces lois. Tantôt c'est le législateur qui s'est trompé, lorsqu'en proclamant le mariage indissoluble et en voulant élever la nature humaine au-dessus d'elle-même, il l'a exposée à tomber au-dessous. Plus souvent ce sont les passions et les vices qui font échec aux institutions. Dans l'un et l'autre cas, c'est le côté social de la question qui préoccupe le plus Dumas ; les personnages qu'il met en scène servent surtout à illustrer la thèse qu'il veut soutenir.

Ainsi s'explique le caractère singulier que présentent plusieurs pièces de cette série. *La Princesse de Bagdad* est un véritable conte fantastique. La maison achetée par Nourvady pour Lionnette, avec le fameux coffret contenant un million en *or vierge*, c'est une invention digne des *Mille et une Nuits*. Les découvertes de Claude et de son élève Antonin dans *La Femme de Claude* ne sont pas moins merveilleuses. Qu'importent à l'auteur les règles de la vraisemblance? Ce sont ses rêves qu'il nous raconte, ses théories qu'il accommode tant bien que mal à la forme dramatique. Il ne s'agit pas ici de réalité, nous sommes en plein idéal. Que ces inventions de Dumas aient fait penser à celles où se plaisait son père, on le comprend ; qu'on relève dans la nature de leurs deux imaginations une certaine analogie, je le veux bien, à condition que l'on n'exagère rien et qu'on se rende compte que les différences l'emportent de beaucoup sur les ressemblances. Les exploits de d'Artagnan et les millions de Monte-Cristo amusaient le public, comme ils avaient amusé l'auteur, pour eux-mêmes; personne ne s'est avisé de chercher dans ces belles histoires des idées ou des symboles. Dumas fils au contraire, dans les drames de sa seconde manière, est toujours sur le bord du symbole, quand il ne s'y jette pas à corps perdu. Ses personnages, ce sont des idées qui marchent et qui parlent, et nous chercherions vainement leurs pareils autour de nous.

C'est d'autant plus curieux que, l'auteur ayant conservé ce don du dialogue dramatique qu'il a eu dès ses débuts, il fait illusion par moments et donne l'apparence de la réalité, de la vie, à ce qui y ressemble le moins. Il y a, au deuxième acte de *La Femme de Claude*, une admirable scène où Césarine essaie de reconquérir le cœur de son mari. Jamais Dumas n'a été plus maître de son instrument, jamais il n'a mieux su, par le jeu des répliques qui se croisent et s'entre-choquent, nous faire sentir et vibrer avec ses héros. Qu'on en juge par ce début :

CÉSARINE. — Il faut que je vous parle.

CLAUDE. — Je vous écoute.

CÉSARINE. — Si je vous disais que je vous aime, que me répondriez-vous?

CLAUDE. — Rien. Je me demanderais seulement quel nouveau mal vous comptez me faire. Pure curiosité, car vous ne pouvez plus me faire de mal.

CÉSARINE. — En admettant que je ne puisse vous faire du mal, moi, d'autres peuvent vous en faire, et beaucoup peut-être. Si pour gage de mon amour je vous aidais à conjurer le mal et à triompher de vos ennemis, au risque des plus grands dangers pour moi, croiriez-vous enfin que je vous aime?

CLAUDE. — Non.
CÉSARINE. — Quelle autre preuve voulez-vous?
CLAUDE. — Aucune.
CÉSARINE. — Je suis pourtant sincère, je vous le jure.
CLAUDE. — Sur quoi?
CÉSARINE. — Alors, vous que l'on cite comme un juste, presque comme un saint, vous ne croyez pas au repentir?
CLAUDE. — Si.
CÉSARINE. — Eh bien! je me repens.
CLAUDE. — Non, quand on se repent, on ne le dit pas avant de le prouver, on le prouve avant de le dire.

La suite n'est pas moins belle. Césarine essaie, tour à tour, et toujours en vain, de trouver un point sensible dans ce cœur qui jadis a été tout à elle. Elle rappelle à Claude le souvenir de ce grand amour, il lui répond que par deux fois elle l'a payé de trahison. Alors elle cherche à exciter sa pitié. J'ai été coupable, soit, mais par quelles souffrances j'ai expié mes fautes! Elle croit avoir réussi à l'émouvoir; elle s'aperçoit bientôt qu'elle s'est trompée. — Si vous ne m'aimez plus, c'est que vous en aimez une autre. — Oui, mais non comme vous croyez. J'ai fait mon sacrifice, je ne vis plus que pour mon œuvre. — Ne pouvez-vous m'y associer? — Vous! vous la vendriez!

Sans le savoir il a touché juste. Elle est effrayée d'abord, mais, voyant qu'il ne sait rien, elle passe de la supplication à la menace. — Tu ne veux pas m'aimer; prends garde à ma haine! — Allons donc, je savais bien que tu le trahirais! Et Claude, à son tour, lui pose son ultimatum : Aie des amants tant que tu voudras, peu m'importe; mais si tu touches à ceux que j'aime, ou à mon œuvre pour laquelle je vis, aussi vrai que Dieu existe, je te tue.

L'homme qui écrit cette scène n'avait certes rien perdu de son talent, mais, (il l'a reconnu lui-même dans la préface de l'*Etrangère*), les sujets qu'il avait traités jusqu'alors ne lui suffisaient plus, et il éprouvait le besoin de traduire sous forme dramatique les idées qui s'étaient emparées de lui, les aspirations morales et religieuses qui le hantaient, et auxquelles peut-être cette forme ne convenait pas. Si j'avais voulu, nous dit-il dans une note de l'Edition des Comédiens, dénaturer ma pensée et faire certaines concessions au public, je me serais peut-être fait applaudir. « Si j'avais mis l'action sous la première République ou dans une des républiques de Venise, de Gênes ou de Hollande ; si j'avais fait de Ruper un chef d'armée, d'Antonin son lieutenant, de Cantagnac un simple espion chargé de dérober le plan de campagne ; si j'avais fait de Ruper et de Rébecca, deux amoureux vulgaires, gémissant de ne pouvoir être unis ; si j'avais fait d'Antonin, un moment troublé par Césarine, le meurtrier de celle-ci, et s'il avait pu dire à son chef : « J'ai puni la coupable, vous pouvez maintenant épouser celle que vous aimez, moi je vais me faire tuer pour me punir à mon tour, » peut-être aurais-je obtenu un grand succès. Je dois avouer que je n'y ai pas songé. »

En d'autres termes, Dumas aurait pu récrire *Patrie*, de Sardou, avec des variantes ; mais, à tort ou raison, il a eu une ambition plus haute. « Je n'ai pas voulu, » dit-il, « faire ce qu'on appelle une pièce de théâtre ;

j'ai voulu tenter de dire, par le théâtre, quelque chose de particulier, d'intime et de profond. » Les scènes qu'il préfère dans son œuvre, celles qui expriment le mieux sa pensée, sont celles qui ont le moins le caractère dramatique, au sens propre du mot. Tel est le monologue du commencement du troisième acte, où Claude, en présence du ciel étoilé, interroge sa conscience et Dieu sur le parti qu'il doit prendre ; ou bien encore la scène du deuxième acte, pendant laquelle Rébecca parle à Claude et Césarine chante au piano. « Elle est, » dit Dumas, « d'un effet symphonique, pour me servir de l'expression de Gounod, que cette scène avait frappé. » Cet éloge ne renferme-t-il pas une critique ? de pareilles scènes ne peuvent, en effet, se passer de musique, tout au moins de la musique du vers ; la prose ici ne suffit plus, il faut que la poésie déploie ses ailes et nous emporte loin du monde réel, où l'on raisonne, dans les régions où l'on rêve et où l'on oublie.

La Femme de Claude a échoué, *L'Etrangère* a réussi. Et cependant il n'y a guère moins de symbole dans la seconde pièce que dans la première. Mistress Clarkson, l'Américaine mystérieuse, esclave de naissance, courtisane en apparence, vierge de fait, n'est pas plus que Césarine peinte d'après nature. Elle incarne cette revanche du « féminin » contre l'esclavage où l'homme l'a tenu depuis des siècles, cette invasion de l'Europe par les races exotiques et barbares qu'elle méprise ou qu'elle ignore, dont l'auteur nous avait parlé dans la Préface de *Monsieur Alphonse*. Le personnage de Septmonts, lui aussi, est conçu d'après des vues systématiques ; c'est Rémonin, le philosophe de la pièce, qui nous l'apprend : Septmonts n'est pas un homme, c'est « un vibrion, » et comme tel il est chargé « d'aller corrompre, dissoudre et détruire le reste du corps social. » Il est donc le collaborateur de l' « étrangère » dans l'œuvre de destruction providentielle qu'elle accomplit. Mais comme « la nature ne veut pas la mort, mais la vie, » à un moment donné le « vibrion » sera éliminé, c'est-à-dire que le duc de Septmonts sera tué en duel par M. Clarkson, tout comme Césarine était abattue par son mari d'un coup de fusil.

Au fond, la donnée de la pièce est très simple et très vieille ; c'est la lutte du bien et du mal, incarnés chacun dans un personnage principal, c'est-à-dire la donnée même de tous les mélodrames. Quand Sarcey appelle *L'Etrangère* un mélodrame, il a donc parfaitement raison, et il indique d'un mot à la fois ce qui fait l'infériorité relative de la pièce et ce qui en a assuré le succès. Il ajoute non moins judicieusement que c'est un mélodrame unique dans son genre ; car si Dumas en a pris à son aise avec la vraisemblance, s'il a osé écrire cette scène du troisième acte où la « vierge du mal » raconte à la duchesse de Septmonts stupéfaite ses aventures extraordinaires et son étrange Odyssée à travers l'Amérique et l'Europe, il y a dans son drame tout autre chose que ces inventions d'une cocasserie grandiose. Dans ce personnage symbolique de l' « étrangère, » tout n'est pas symbole et fantaisie ; Septmonts est un monstre, mais un monstre parfaitement vivant ; il n'a rien du traître classique, il est essentiellement moderne, il a les allures et le langage d'un homme de son temps. Il y a dans *L'Etrangère* assez de mélodrame tour à tour noir et amusant pour intéresser le gros public, assez d'observation exacte et de vérité spirituellement mise en scène pour que les raffinés puissent s'y plaire.

Dumas nous apprend, dans une note de l'Edition des Comédiens, que c'est au moment d'écrire *La Femme de Claude*, à laquelle il pensait depuis longtemps, qu'il conçut l'idée de *La Princesse Georges*. « Tous les dangers de l'œuvre que j'allais entreprendre se dressèrent devant moi, et mon sujet basculant pour ainsi dire, je me trouvai en face d'un drame auquel je n'avais pas songé jusqu'alors. Il m'apparaissait si complet, avec ses personnages, ses événements et sa moralité, que sur ce même papier qui devait servir à une autre conception, je l'écrivis tout d'une haleine, en trois semaines au plus. C'était une véritable contre-épreuve de mon idée première. Ce qui était dans un sens se présentait maintenant dans l'autre. Où l'homme était innocent sous le nom de Claude Ruper, il se manifestait coupable sous le nom de prince de Birac ; où la femme était odieuse, elle se montrait sympathique ; Rébecca, l'épouse spirituelle de Claude, devenait Sylvanie, la maîtresse adultère et vénale du prince, et celui-ci, sauvé par l'amour, échappait à la mort qui devait frapper Césarine, réfractaire à tous les amours qui peuvent sauver une femme. » Nous n'aurions certes pas deviné, si Dumas ne nous l'avait pas dit, que *La Prin-*

cesse *Georges* eût été ainsi conçue par contraste ; mais que ce fût une improvisation, cela pouvait se sentir, et les critiques l'ont senti. Elle en a le charme, la verve et la fougue, elle en a aussi les défauts. C'est l'ébauche d'un maître, mais ce n'est qu'une ébauche. Notons un point essentiel : ce n'est pas l'observation, c'est une idée systématique qui est le germe de l'œuvre. « J'avais, » dit Dumas, « à poser la question de l'homme adultère ... ; j'avais, tout en peignant les souffrances, les tentations et les luttes de la femme, à constater l'impuissance de la loi, de la famille et de la société devant ce fait quotidien, désastreux et banal... ; j'avais à montrer à l'honnête femme l'animal particulier qui vient rôder dans son ménage, la nuit, pour lui dérober son honneur et lui voler ses petits, et j'avais à lui donner un conseil, à cette honnête femme, celui, quoi qu'il arrive, de se respecter toujours, d'éviter le talion de l'alcôve, et d'acquérir un droit effrayant, celui de tuer, un droit divin, celui d'absoudre... »

Dans *La Princesse Georges* comme dans *La Femme de Claude*, l'auteur se proposait donc de développer une idée morale plutôt que de peindre des caractères ; aussi les personnages y sont-ils dessinés très sommairement. En réalité il n'y en a qu'un, celui de Séverine ; encore, suivant la remarque très juste de Jules Lemaître, est-ce une héroïne tragique, esquissée en quelques traits simples et vigoureux, plutôt qu'un caractère complet et nuancé. Ce qui en fait l'originalité et le charme, c'est ce mélange de droiture absolue, intransigeante, qui fait penser à la Pauline de Corneille, avec l'amour profond qui la domine, amour entier, sans réserve, du corps aussi bien que de l'âme, et qui rappelle Hermione et Roxane. Cette conception est-elle vraie? Résisterait-elle à l'analyse? Je ne sais, mais l'auteur ne nous laisse pas le temps de nous poser la question. L'action est d'une rapidité foudroyante; dès le début nous sommes en pleine crise. Séverine n'est pas un seul instant de sang-froid: son cœur saigne et palpite devant nous, et à coup sûr, quand Mlle Desclée jouait le rôle, nous palpitions aussi avec elle ; tout paraissait vivant et sincère, même les quelques phrases déclamatoires ou banales que Dumas a laissé échapper au cours de son improvisation.

La Princesse Georges n'est qu'une esquisse; c'est *Francillon* qui est le tableau achevé. Il y a entre les deux pièces une ressemblance générale de sujet et d'inspiration qui a frappé tout le monde. Les deux héroïnes ont un air de famille. « En deux mots, dit Jules Lemaître, Francillon, comtesse de Riverolles, est une princesse Georges qui se défend et qui se venge, et qui ne pardonne qu'après s'être vengée. » Mais, à côté des ressemblances, que de différences ! Dans la donnée d'abord. Celle de *La Princesse Georges* fait invinciblement songer à une tragédie; celle de *Francillon* pourrait, comme Sarcey l'a remarqué, servir à écrire un vaudeville. *La Princesse Georges* est sortie d'une idée *a priori*. Etant donné l'adultère du mari, l'adultère le moins déguisé, le plus odieux, quelle doit être la conduite de la femme? Doit-elle punir, se venger, ou pardonner? L'origine de *Fran-*

cillon est tout autre. Un soir, à l'Opéra, Dumas entend la femme d'un de ses amis dire à son mari le mot que Francillon dit au sien : « Le jour où j'aurai la certitude que tu as une maîtresse, une heure après, j'aurai un amant, et tu seras le premier à le savoir. » Et ce mot, comme Dumas le remarque, a pu être dit cent fois. C'est dans l'observation courante qu'il a pris la donnée de sa pièce.

Mais une donnée réduite à des termes si généraux ne signifie pas grand'chose ; l'essentiel est de savoir dans quel sens l'auteur va la développer. Supposons que la femme qui a menacé son mari de représailles, exécute sa menace ; la pièce tournera forcément au drame. On peut supposer au contraire que, comme dans la comédie de Dumas, la femme se borne à menacer, qu'elle veuille simplement donner une leçon à son mari. Mais comment s'y prendra-t-elle ? Par hypothèse, c'est elle qui est jalouse ; car la menace qu'elle fait à son mari n'est qu'un moyen d'empêcher ses infidélités. Or il faut qu'elle le rende jaloux à son tour, qu'il la croie capable d'avoir voulu se venger tout de bon. Quelles preuves, à la fois fausses et vraisemblables, faudra-t-il donc qu'elle lui donne d'une faute qu'elle n'a pas commise, et à laquelle il est nécessaire qu'il croie ? Enfin, nous, public, l'auteur devra-t-il nous mettre dans sa confidence, ou devrons-nous être dupes comme le mari ?

Cette dernière question n'est pas, comme il semble au premier abord, une pure question de métier, et Sarcey a très bien montré quelle en est l'imporlance. Scribe, nous dit-il, ou un auteur de son école, n'aurait pas hésité. Il nous aurait fait comprendre par un mot, par un jeu de scène, par un signe quelconque, que tout cela n'est qu'un jeu et que Francine de Riverolles est innocente de la faute dont elle s'accuse. Dumas, au contraire, a tenu à « nous mettre dedans. » Jusqu'à l'avant-dernière scène, nous ne devons pas plus que M. de Riverolles savoir à quoi nous en tenir. Pour vouloir qu'il en fût ainsi, l'auteur a eu d'excellentes raisons. S'il nous avait tout de suite mis au courant, nous n'aurions plus eu affaire, comme dit Sarcey, qu'à une donnée de vaudeville : l'effarement du mari, ses inquiétudes ridicules, son agitation dans le vide, ses efforts inutiles pour découvrir la vérité. C'est tout autre chose que Dumas se proposait de faire. C'est à son héroïne, à elle seule, qu'il veut nous intéresser. Cette jeune femme fine et fière, passionnément éprise d'un mari qui, après deux ans de mariage, la sacrifie à une Rosalie Michon, dans un transport d'indignation et de jalousie le menace des représailles que nous savons. Tiendra-t-elle sa parole? Ira-t-elle jusqu'au bout de son coup de tête? Voilà ce que nous voulons savoir, non pas par curiosité pure, mais à cause de l'intérêt profond que l'auteur a su nous inspirer pour elle. Plus nous désirons le savoir, plus il va s'efforcer de nous le cacher. Car cette angoisse que ressentent les autres personnages et que nous ressentons avec eux, en pensant que par bravade, dans une minute d'affolement et de désespoir, cette créature si fière et si charmante a pu se déshonorer et se perdre, ce sentiment d'inquiétude passionnée, c'est celui que Dumas a voulu nous faire éprouver ; c'est là qu'est l'âme et la vie de sa pièce.

Aussi a-t-il employé tout son art, pendant le premier acte, à préparer cette situation, et pendant les deux actes suivants à la faire durer. Mme Smith dit de Francine, au premier acte : « C'est un petit cheval de sang avec lequel il faut avoir la main légère. » C'est bien cela ; toujours prête à se cabrer, incapable d'une bassesse, soit, mais capable de toutes les imprudences et de toutes les folies, qui sait si elle ne mettra pas son point d'honneur à tenir l'étrange promesse qu'elle a faite à son mari ? Et puis l'auteur a su si habilement nous faire croire à la possibilité de sa faute, en familiarisant notre imagination avec les détails matériels, extérieurs, avec le cadre même de cette faute ! A la fin du premier acte nous voyons Francillon sortir seule et à pied ; elle demande à sa femme de chambre son manteau, sa toque de loutre et son voile. Lorsqu'au second acte elle fait le récit de son escapade à son mari, elle lui donne le numéro du fiacre qui l'a conduite, l'addition qu'elle a payée à la Maison d'Or. Qu'est-ce que tout cela prouve ? Qu'elle est allée au bal de l'Opéra et qu'elle a soupé au cabaret, rien de plus, et la question essentielle reste entière. On peut même dire que son insistance à se proclamer coupable est une présomption en faveur de son innocence. Mais avec elle nous finissons toujours par nous dire : Qui sait ? Elle a, (et c'est là le trait de génie), même en disant un mensonge, l'accent de la vérité. Qu'on lise la tirade par laquelle se termine sa confession : « J'avais une vengeance à exercer, j'avais un crime à commettre, il me fallait absolument un complice, j'ai pris celui que j'ai trouvé sous ma main, mais de façon qu'il ne pût jamais me dénoncer. Ce monsieur n'existe plus pour moi. Il a été ce qu'aurait pu être un flacon de laudanum ou un boisseau de charbon. Il n'y aura personne de mort, il n'y aura qu'un infidèle de plus et une honnête femme de moins... » Comment, en écoutant ces phrases sèches, saccadées, toutes pleines de ce dégoût mortel qui suit la faute et qui n'est même pas le remords, comment, en voyant les yeux fiévreux et mornes, l'attitude affaissée de cette femme, ne nous dirions-nous pas, comme M. de Riverolles, que l'on ne joue pas la comédie à ce point, et que ce dont elle s'accuse doit être vrai ?

Et il y a quelque chose de vrai en effet, c'est la tristesse, le découragement profond qui l'envahissent, quand elle voit où elle en est après deux ans de mariage, et à quelle vie elle doit s'attendre au lieu de celle qu'elle avait rêvée. Elle est restée une honnête femme, mais le sera-t-elle encore longtemps ? Son mari, qu'elle adorait hier, qui était un héros, un dieu pour elle, vient de lui apparaître, dans cette crise, tour à tour odieux ou grotesque. L'amour peut-il résister à une pareille épreuve ? Francine fera-t-elle comme son amie la baronne Smith, qui se contente d'être réveillée par son mari à deux heures du matin, quand il vient de souper avec des demoiselles ? Mais non ! elle n'est pas, comme la baronne, de la race des ménagères et des poules couveuses ; le mariage, pour elle, c'était le roman ; lorsqu'elle s'aperçoit qu'il faut y renoncer, et qu'elle voit sous son vrai jour le monde où elle doit vivre, l'existence probable qui lui est réservée, elle se désespère au lieu de se résigner. Lorsque Mme Smith lui parle raison, lui dit qu'elle se consolera en élevant son fils, elle lui répond : « A quoi bon ? je ne me sens plus la force de lutter contre les instincts et les hérédités d'une race, et d'empêcher le fils de tenir du père. Riche, gentilhomme, oisif, et d'ailleurs incapable de tout travail, bon pour les roturiers, à vingt ans mon fils aura déjà été l'amant des courtisanes les plus renommées de Paris, peut-être filles de celles qu'aura aimées son père ; à trente ans, il épousera une vierge pour voir ce que c'est, et quand il l'aura vu, il la rejettera en disant : Pareille aux autres ! Mon fils, mon fils, hélas ! ce sera un homme !... »

Ce qui donne à des passages comme celui-ci leur accent et leur valeur, ce n'est pas seulement la sincérité de l'émotion, c'est que, sous l'exagération naturelle de la passion, on y sent la vérité. Admettons que Francine, qui souffre, juge avec une âpreté excessive ce monde, le sien, où « les hommes sont en étoupe et les femmes en chiffon. » Le fait seul qu'il y naisse des femmes comme elle suffirait à démentir cette condamnation trop absolue. Il n'en est pas moins vrai que ce monde est profondément gâté. Une nature comme celle de Francine, droite, ardente, sincère, fait l'effet d'un anachronisme au milieu de ces gens-là ; elle les dérange, et son mari tout le premier. Qu'a-t-il à faire qu'elle vienne lui parler d'amour, pendant qu'il lit son journal en attendant d'aller retrouver sa maîtresse ? Il la trouve « insupportable, » et bien plus insupportable encore le lendemain, lorsqu'elle vient lui raconter son équipée de la veille. De jalousie véritable, de colère, point ; il ne pense qu'à ce qu'on dira au club, et aux ennuis que va lui donner, au scandale que va faire une séparation devenue inévitable. Pourquoi, au lieu de le menacer pour rire, Francine ne s'est-elle pas vengée sans bruit ? Au fond il s'en accommoderait bien mieux ; cela serait plus conforme aux usages de son monde. Dira-t-on que c'est faire tort à ce monde que de le juger par Lucien de Riverolles, qui, suivant un mot de son père, est « un simple serin ? » Mais d'abord Lucien n'est pas une exception ; c'est un type moyen de *clubman*; ses pareils sont légion, dit Dumas. Et puis ceux qui l'entourent valent-ils mieux que lui ? Son père est un vieux viveur égoïste qui ne se soucie de rien pourvu qu'il digère bien et qu'il trouve avec qui faire son whist. Carillac, jeune, noble, riche, épouse Mlle Michon, qui a été, au su de tout Paris, la maîtresse de tous ses amis.

Dans cette société, qui n'a plus ni principes ni traditions, mais seulement des préjugés et des habitudes, s'il se rencontre un homme plus intelligent que les autres, comme Stan, le raisonneur de la pièce, sa gaieté apparente couvre une tristesse lugubre ; la clairvoyance avec laquelle il se juge ne lui donne pas la force de réagir, et il sent qu'il mènera jusqu'au bout une existence absurde dont le seul terme logique est le suicide :

> Pour moi, dit-il à Lucien, je ne suis plus bien sûr depuis quelque temps que la terre ne tourne pas à l'envers, et que nous n'avons pas tous les pieds en l'air et la tête en bas. Il y a des moments, quand je reviens du cercle, la nuit surtout, où je me demande d'abord pourquoi j'y suis allé, et ensuite pourquoi j'en reviens, pourquoi, au lieu de rentrer chez moi, dans ma peluche bleue et mes faux objets d'art, je ne vais pas jusqu'au pont faire un plongeon dans la Seine. C'est là que j'aurais la tête en bas et les pieds en l'air; mais au moins ce serait pour la dernière fois. Cela vaudrait toujours mieux que d'épouser comme toi une honnête fille, pour la trahir et l'amener au désespoir ou à l'avilissement, ou de ne pas avoir d'autre idéal dans la vie comme Carillac que d'apporter à une coquine, sur un plat d'or, sa fortune, son honneur et son nom. Peut-être faut-il l'envier. Il croit encore à quelque chose. Il croit qu'elle se repent, et il croit qu'il aime. Peut-être finirai-je plus mal que lui. Rions donc, mon vieux. Hélas! nous ne pourrons bientôt plus rire, et nous ne saurons plus pleurer. Triste! Triste!

C'est dans ce rôle de Stan, et particulièrement dans ce passage, qu'est, suivant Dumas lui-même, la philosophie de cette pièce singulière, si variée, si brillante, si amusante, et en même temps si triste au fond, comme le sont parfois les œuvres des grands comiques. Les conclusions dépassent de beaucoup les prémisses, et l'auteur nous donne plus qu'il ne nous a promis. *Francillon*, en effet, ce n'est qu'un problème de casuistique conjugale, si on s'en tient à ce qui est le cadre, l'armature de la pièce; mais aucun exemple n'est plus propre que celui-ci à montrer quelle différence il y a entre la donnée extérieure d'une œuvre et ce qui en fait l'esprit, l'intérêt profond. Ici l'intérêt naît du contraste entre le caractère de l'héroïne et le monde où elle est née pour son malheur. Ce monde, elle ne l'a pas connu véritablement jusqu'alors, car l'amour lui mettait un bandeau sur les yeux ; au moment où ses illusions se dissipent, il lui semble que tout s'écroule en elle et autour d'elle. Voilà un des côtés du drame ; l'autre, c'est la peinture vivante, précise sans faux réalisme, en même temps que très suggestive et très profonde, de cette vie mondaine qui brille et qu'on envie, et dont nous ne savons si elle mérite plus de dédain ou de pitié. Voilà ce que l'auteur a su nous montrer sans déclamations ni tirades philosophiques, en ayant l'air de s'effacer devant ses personnages et de laisser la parole aux faits. Il n'y a pas dans son théâtre d'œuvre dont le fond soit plus riche, ni qui soit exécutée avec plus de sûreté et plus de légèreté de main.

V

CONCLUSION.

J'ai déjà eu l'occasion de le dire et je dois le répéter en finissant : l'unité d'inspiration est un des traits caractéristiques de Dumas. Je dis unité d'inspiration, non unité de doctrine. Dumas n'est pas un philosophe, mais un artiste, et Maxime Gaucher et Charles Bigot (*Revue bleue*, 1876) ont eu beau jeu à s'égayer de ses contradictions. Encore pourrait-on soutenir qu'elles sont plus apparentes que réelles. Si, après avoir prêché l'indulgence pour la femme, il a crié sur les toits : « Tue-la! » c'est que dans le premier cas il s'agissait de Marguerite Gautier ou de Jeannine, et dans le second de la femme de Claude, qui ne leur ressemble guère. Mais quand il serait vrai que ses théories ne sont pas toujours d'accord, il est certain que, d'un bout à l'autre de sa carrière, depuis *La Dame aux Camélias* jusqu'à *Francillon*, c'est dans le même ordre d'idées que se meut son esprit, et que son œuvre est une enquête approfondie sur la nature de la femme, sur son rôle dans la famille et dans la société, sur la condition que lui font les lois et les mœurs.

De là un second reproche qu'on lui adresse. On dit : Ce sont toujours les mêmes sujets qu'il traite, les mêmes questions qu'il ressasse. N'y a-t-il d'intéressant que les filles-mères, les enfants naturels, les femmes mariées qui ont jeté ou qui vont jeter leur bonnet par dessus les moulins ? Cela tourne à la manie, à l'obsession. Combien le répertoire d'Augier est plus varié! Après *Le Gendre de M. Poirier* il a écrit *Le Mariage d'Olympe*; il est à la fois l'auteur des *Effrontés* et de *Madame Caverlet*. — Soit! Je n'y contredis nullement, et il ne me paraît pas nécessaire de rabaisser l'un des deux écrivains pour exalter l'autre. Cette observation que font les adversaires de Dumas, je n'en conteste pas la justesse, je remarque seulement qu'on pourrait adresser des critiques du même genre à Racine et à Marivaux, et qu'il n'est pas malaisé d'y répondre. En admettant même que Dumas se soit enfermé, comme on le dit, dans un cercle assez limité de sujets, qu'importe, s'il a su trouver une variété réelle dans cette monotonie apparente? C'est justement lorsqu'il traite pour la seconde fois un sujet qu'il a déjà essayé sous une première forme, lorsqu'après *Les Idées de M*^{me} *Aubray* il écrit *Denise*, et *Francillon* après *La Princesse Georges*, que Dumas donne la preuve la plus irrécusable de sa fécondité d'invention. Camille Aubray, comme André de Bardannes, épouse une fille-mère; dans les deux cas l'auteur a su nous faire désirer ce mariage; la donnée des deux pièces, réduite à ses termes essentiels, est la même : y a-t-il le moindre rapport entre les deux ouvrages tels qu'ils ont été exécutés ? Or, en matière d'art dramatique, ce qu'on appelle une idée n'a pas de sens, à moins qu'on n'entende par là une idée portant sa forme avec elle, et contenant en germe toutes les particularités d'action et de caractères qui seules en feront une œuvre vivante.

Dumas n'avait donc pas besoin de parcourir tout le champ des passions humaines pour montrer qu'il avait le don de l'invention; il a trouvé assez de richesses dans le domaine restreint qu'il a exploité. Nul plus que lui n'a créé de ces *moules dramatiques* dont Sarcey aime à parler. Nul ne s'est moins endormi sur ses succès, et ne s'est plus souvent renouvelé au cours de sa carrière. *La Dame aux Camélias*, avec son mélange de demi-romantisme dans la conception et de réalisme dans l'exécution et surtout dans le cadre, ne ressemblait à rien de ce qu'on avait vu. Qui donc, avant *Le Fils Naturel*, avait songé à montrer au théâtre, comme Balzac l'avait fait dans le roman, qu'il y a des drames en germe dans tel article du code ? *L'Ami des Femmes*, cette comédie si hardie et si neuve, toute en dissertations psychologiques et en digressions brillantes, ne faisait certes pas prévoir *Le Supplice d'une Femme*, où la sobriété du dialogue répond à la concentration puissante et à la rapidité de l'action. Que dire d'*Une Visite de Noces*, cette œuvre étrange, unique, où l'auteur a reculé les limites des audaces qui semblaient permises, et fait accepter au public des vérités plus cruelles que celles qu'ont cru inventer plus tard les auteurs du Théâtre Libre ?

Parmi des tentatives d'art si variées, Dumas conserve une manière qui lui est propre, mais qu'il est plus facile de sentir et de reconnaître que de définir. Si l'on procède par énumération, si l'on étudie l'une après l'autre les qualités qui le distinguent, originalité des conceptions, précision et relief dans la peinture des caractères, vigueur et esprit du dialogue, on s'aperçoit bien vite qu'on n'aboutit qu'à des à peu près, qu'on laisse échapper l'essentiel, et que l'analyse la plus consciencieuse ne peut remplacer la synthèse que nous cherchons. Peut-être, au lieu d'étudier le talent de Dumas dans ses applications, vaut-il mieux le prendre à sa source, et voir, soit d'après ce que ses œuvres nous apprennent, soit par les confidences qu'il nous a faites, ce qu'était son tempérament dramatique et quelle a été sa méthode de travail.

Deux choses sont indispensables pour réussir au théâtre : l'instinct dramatique et la connaissance du métier. Mais, si ces deux conditions sont nécessaires, elles ne sont pas suffisantes. Paul Bourget, dans son étude sur Dumas, fait remarquer avec raison, que dire de lui qu'il avait l'instinct, le don naturel, c'est ne pas dire grand'chose ; car ce don, cent autres écrivains l'ont eu comme lui, qui n'ont jamais écrit de chefs-d'œuvre ; et d'autre part il est trop évident qu'on n'écrit pas des chefs-d'œuvre dramatiques sans avoir le don du théâtre. Pour ce qui est de la connaissance et de la possession du métier, c'est une autre affaire, et il y a des hommes de grand talent, comme Meilhac, qui n'ont jamais pu l'acquérir complètement, ou bien qui ne s'en sont pas souciés. Dumas au contraire a été dès le début un maître ouvrier, et c'est cette sûreté de main impeccable qui lui a permis de tant oser avec succès. Mais ce qui le distingue parmi ceux de ses prédécesseurs et de ses contemporains qui ont su le métier en perfection, c'est qu'il a toujours mis son habileté au service de l'idée qu'il voulait rendre ; c'est qu'il a toujours pris son art au sérieux. Ce qu'il reproche à Scribe, dans cette préface du *Père Prodigue* qui fit tant de bruit en son temps, ce n'est pas ce que lui reproche la jeune école, de savoir son métier et de composer ses pièces à merveille ; c'est d'avoir eu, avec tant de talent, si peu d'ambition, et de s'être borné à jongler avec des situations, à amuser son public, sans que de cet amusement passager il lui restât une réflexion sérieuse, une émotion vraie. Lorsque Dumas, dans la Préface du *Fils Naturel*, soutenait la théorie contestable du *théâtre utile*, c'était surtout par réaction contre Scribe et son école, qui ne voyaient dans le théâtre qu'un simple jeu et dans une pièce à écrire qu'une partie d'échecs à gagner. Il estimait, au contraire, qu'un auteur doit se mettre tout entier dans ce qu'il fait, qu'il ne doit s'adresser au public que pour lui communiquer des sentiments sincères et des idées qui en vaillent la peine.

Tous les critiques ont remarqué que la logique et l'unité de composition sont chez lui des qualités maîtresses ; mais encore faut-il préciser le sens de cet éloge, si l'on veut qu'il soit juste et qu'il ait son prix. Les comédies de Scribe et les drames de Dumas père sont des modèles de construction dramatique, qui ont, eux aussi, leur unité et leur logique ; Dumas les avait étudiés, mais, même quand il leur emprunte leurs procédés, l'effet qu'ils produisent chez lui est tout différent, parce que son talent est d'un autre ordre, et que son point de départ n'est pas le même. Lorsque Scribe écrit *La Chanoinesse* ou Dumas père *La Tour de Nesle*, le travail de composition auquel ils se livrent est tout extérieur et mécanique : ils ajustent les incidents de l'action et les sentiments des personnages comme un horloger les pièces d'une montre ; ils savent par instinct ou par expérience que telle situation, telle scène, tel mot doit produire la surprise, la gaîté, la terreur, l'attendrissement. Peu leur importe que le fond de leur pièce soit un conte à dormir debout, qu'il n'y ait ni vérité dans les caractères, ni vraisemblance dans les événements, pourvu qu'au moment de la représentation le public s'y laisse prendre. Dumas fils a une ambition plus haute et une tout autre méthode. Ce qu'il a dit d'essentiel sur sa manière de composer est résumé dans la Préface d'*Héloïse Paranquet*, sous forme de conseils qu'il donne à ses jeunes confrères : « Je leur recommande un procédé dont je me suis toujours trouvé très bien, qui consiste à ne jamais faire faire à aucun de leurs personnages ce qu'ils n'auraient pas fait eux-mêmes s'ils se trouvaient à leur place, et de se mettre toujours à leur place, tout le temps qu'ils écrivent... Vivez tous vos personnages, quels qu'ils soient, c'est le meilleur moyen de leur donner la vie. »

Évidemment cette méthode est moins commode que celle de Scribe ; une comédie écrite suivant ces principes suppose un long travail d'incubation ; elle suppose aussi que l'auteur attache de l'importance au choix de ses sujets, ou plutôt qu'il ne les choisit pas, qu'ils s'imposent à lui, car ils étaient déjà en germe dans ses préoccupations, dans ses pensées habituelles, auxquelles ils viennent donner une forme précise et vivante. Précise et vivante ! Elle ne l'est pas tout de suite, et entre la première conception, plus ou moins vague et informe, et l'œuvre définitive, se place le travail qui, pour Dumas, est l'essentiel et qu'il a appelé le travail des *dessous*. Il nous a donné, dans la préface de *Monsieur Alphonse*, un exemple de la manière dont il comprend cette partie de sa tâche. Qu'est-ce au juste que M. Alphonse, le triste héros de la pièce? Comment a-t-il séduit Raymonde? Quand, pourquoi, comment l'a-t-il abandonnée? Pourquoi Raymonde n'a-t-elle pas gardé son enfant avec elle? Comment se sont nouées les relations entre elle et Montaiglin? Comment cet homme de quarante-deux ans a-t-il songé à épouser une jeune femme? Raymonde l'aimait-elle, ou l'a-t-elle épousé par calcul? Si elle est désintéressée et honnête, pourquoi l'a-t-elle trompé en lui cachant son passé? Voilà une partie des questions que Dumas s'est posées avant d'écrire sa pièce; voilà le roman qu'il a dû construire dans sa tête, et qui est à son drame ce que les fondations sont à un édifice; on ne les voit pas, mais sans elles tout s'écroulerait. C'est parce qu'il a ainsi exploré le terrain, c'est parce qu'il connaît les obstacles qu'il doit surmonter pour arriver au but fixé d'avance, que Dumas peut marcher à coup sûr : ses audaces apparentes sont calculées, et c'est pour cela aussi que ses bonnes pièces nous laissent une si puissante impression de réalité.

Remarquez que par la conception des sujets il est à cent lieues du réalisme. L'histoire de Raymonde et du commandant Montaiglin n'est pas de celles qui se passent tous les jours dans la vie courante, pas plus que celle de Mme Aubray ou de Denise. Quant aux caractères, ce sont eux qui nous permettent le mieux de contrôler ce que Dumas nous a dit de sa méthode et de comprendre l'idée qu'il se fait de son art. Les critiques qui le considèrent comme un réaliste et ceux qui y voient tout le contraire ont des arguments également bons à faire valoir. Dès *La Dame aux Camélias*, on trouve chez Dumas de quoi justifier les deux opinions. Nous savons, par son propre aveu, que la première partie de son drame a été vécue, et vécue par lui; que Saint-Gaudens, copié d'après nature, s'était reconnu dans son portrait; que Prudence, l'amie de Marguerite, était une certaine Clémence Prat, modiste, demeurant boulevard de la Madeleine, cité Vindé, porte à porte avec Marie Duplessis. Voilà bien les documents humains, chers à l'école réaliste. Mais le caractère principal, celui de Marguerite Gautier, a été singulièrement transformé. Ce roman de Marguerite avec Armand, que Marie Duplessis avait plusieurs fois ébauché sans le pousser plus loin que les premières pages, Dumas veut lui donner son développement complet, y compris le seul dénouement possible, la mort de l'héroïne. Il faut donc que ces velléités d'amour deviennent un amour véritable, capable de sacrifice, et que de la courtisane que nous voyons au commencement se dégage par degrés, purifiée par la souffrance, la Marguerite du cinquième acte. Nous trouvons donc dans ce premier drame, d'autant plus significatif que l'auteur l'a écrit de verve et sans aucun souci des théories, la double tendance qui caractérise son théâtre d'un bout à l'autre : un sentiment très vif, une notation très précise de la réalité actuelle, beaucoup de « modernisme, » pour parler le patois de nos jours, et en même temps la subordination constante de la réalité à l'idée qui a inspiré l'œuvre et qui l'anime tout entière, depuis la première scène jusqu'au dénouement.

On pourrait aisément suivre, en étudiant les personnages de son théâtre, cette double direction de son talent. Quelques-uns sont peints avec tant de précision et de relief que nous ne pouvons nous empêcher de croire, à tort peut-être, que ce sont des croquis faits d'après nature : Taupin, dans *Diane de Lys*; dans *Un Père Prodigue*, Albertine et son digne acolyte M. de Tournas, « le tapeur, » qui épouse ses écus au dénouement, ou encore cette inoubliable figure de Joseph, le valet de chambre de M. de la Rivonnière; dans *L'Ami des Femmes*, le ménage à trois Leverdet-Des Targettes, qui eut tant de succès à la reprise de 1895, et qui fit dire que Dumas avait inventé le Théâtre Libre vingt-cinq ans à l'avance. Mais on remarquera que ce sont là des figures secondaires et épisodiques; les personnages principaux sont peints d'une manière assez différente. Et cela se comprend. Dans un caractère comme celui d'Albertine Delaborde il n'y a qu'un trait saillant : l'esprit sec et positif, l'avarice sordide, la dureté impitoyable de ce Gobseck en jupons, qui fait la fête comme un employé va à son bureau. C'est un portrait curieux, frappant, mais relativement facile à faire. Combien plus malaisée à représenter la baronne d'Ange, personnage éminemment complexe, chez qui nous devons sentir tout à la fois l'ancienne fille ramassée par M. de Thonnerins sur le pavé de Bordeaux, et la femme assez spirituelle pour tenir tête à Jalin, assez distinguée pour faire illusion à

Nanjac, calculatrice, passionnée à froid, incapable de se compromettre en amour, mais capable de se perdre par vengeance, impudemment menteuse et admirant la sincérité chez les autres, mélange de bassesse et de supériorité d'intelligence, le tout au service d'une volonté indomptable ! Cette femme-là a-t-elle existé, ou est-elle sortie de l'imagination de l'auteur ? Je n'en sais rien, et peu m'importe ; si elle ne produit pas la même impression de réalité qu'Albertine, elle est vraie d'une vérité plus générale et plus haute, comparable à celle des types de la comédie classique.

D'autres personnages, chez Dumas, s'éloignent bien davantage de la réalité ordinaire, soit par leur nature, soit par leur situation. Challemel-Lacour, en parlant des *Idées de Madame Aubray*, où se trouvent précisément deux de ces personnages-là, Mme Aubray et Jeannine, constate qu'ils sont à la fois très exceptionnels et très vivants. « On ne peut, » dit-il, « leur refuser cette logique intérieure, âme de toute existence, qui se traduit en détails innombrables, et dont l'expression multiple rend l'individu impossible à définir : l'art, à ce point de perfection, est un magicien qui simule la nature et qui prête une vie vraisemblable même à ce qui n'a jamais été. » C'est la justesse même. Mme Aubray est une figure idéale ; par ses théories, et surtout par la volonté qu'elle a d'y conformer sa conduite, elle est en dehors et au-dessus du monde qui l'entoure. L'art de l'auteur est d'avoir montré en elle, tout à la fois une chrétienne mystique, une sainte, et une femme, avec son charme, ses faiblesses d'esprit et de cœur. Tout en lui conservant son auréole, il a su la ramener à des proportions humaines, nous la faire comprendre et nous la faire aimer. Jeannine, c'est une des créations les plus hardies de Dumas, si l'on songe aux données du problème qu'il s'était posé. Devenue à seize ans, par misère, non par amour, la maîtresse d'un homme qui, après l'avoir rendue mère, l'a abandonnée pour se marier, elle continue à vivre de ses bienfaits ; c'est cette femme que Mme Aubray doit laisser épouser à son fils au dénouement : voilà ce qu'en quatre actes et en deux heures l'auteur doit nous faire accepter. Comment ? par quel mélange de poésie et de réalisme ? C'est ce que Challemel-Lacour a dit admirablement : « Sauf les douceurs de la maternité, elle n'a connu que des joies tristes ; elle ignore l'amour aussi bien que le plaisir, et le jour où l'amour s'éveillera en elle, la révélation sera aussi complète, la lumière aussi nouvelle et aussi pure que celle qui éclate dans le sein immaculé d'une jeune fille. La singularité, le mystère étrange de cette figure, c'est que, dans une situation où elle se sait marquée du stigmate de l'infamie, elle a conservé l'intégrité de l'âme. La dégradation a laissé subsister en elle la pudeur ; elle est souillée, mais elle n'est pas flétrie ; et puisque le mal n'existe pas encore pour elle, elle peut être appelée dans la stricte acception du mot : innocente. »

Ce qui fait la vérité des caractères de ce genre, c'est, comme le dit Challemel-Lacour, cette « logique intérieure » que nous sentons en eux ; l'auteur les a créés de toutes pièces, mais non pas arbitrairement; et si par mégarde il avait laissé échapper une fausse note, nous nous en apercevrions tout de suite, comme s'il s'agissait des personnages que nous connaissons le mieux et que nous coudoyons tous les jours.

Dans les pièces comme *Les Idées de Mme Aubray* ou bien comme *Francillon*, il est impossible de distinguer entre la composition de la pièce elle-même et celle des rôles principaux; tout cela a été conçu ensemble : les personnages se sont présentés à l'auteur comme l'incarnation nécessaire de l'idée dramatique qu'il voulait rendre. On voit, en étudiant le théâtre de Dumas, comme en lisant celui de Racine, combien est vaine la question imaginée par les scolastiques littéraires de nos jours, savoir si ce sont les situations qui doivent faire les caractères, ou les caractères qui doivent faire les situations. La combinaison dramatique sur laquelle *Francillon* est fondée suppose un caractère tel que celui de Francine de Riverolles; autrement, je l'ai dit et répété, ce ne serait qu'une donnée de vaudeville; ce qui en fait une situation si curieuse et si poignante, c'est que l'héroïne, tout en s'accusant d'une faute imaginaire, souffre comme si cette faute était réelle, et que les angoisses qu'elle inflige aux autres ont leur contre-coup dans son propre cœur.

Cette unité profonde, qui fait penser aux œuvres des grands maîtres, est ce qui assure à Dumas une place à part parmi les auteurs dramatiques contemporains. Les comparer avec lui serait superflu et puéril ; une étude critique n'est pas un palmarès. Il ne me paraît pas plus utile de chercher quel rang la postérité lui assignera. Ce qui est certain, c'est que parmi nos grands écrivains de théâtre aucun n'a possédé à un plus haut degré le don de donner à ses idées une forme proprement dramatique ; aucun n'a su avec un art plus consommé nous faire accepter des conceptions plus audacieuses, ni tenir plus complètement, pendant que nous écoutons ses pièces, nos cœurs et nos esprits dans sa main.

TABLE

Le théâtre de George Sand. 1

   I. — La méthode dramatique chez George Sand. . . . 1
   II. — Applications de la méthode. 19
   III. — Conclusion. 51

Le théâtre de Musset. 65

   I. — Musset et le romantisme. 65
   II. — Lorenzaccio. 72
   III. — Les comédies de Musset. 85
   IV. — Le génie dramatique dans Musset. 111

Le théâtre d'Octave Feuillet. 133

   I. — Les années d'apprentissage. — Le métier et l'art
      dans le théâtre de Feuillet. 133
   II. — Les sujets et les caractères. 154
   III. — Les idées et la morale. 176

Le théâtre d'Emile Augier. 189

   I. — Pièces de début. — La comédie morale. — La
      peinture des mœurs. 189
   II. — Comédies réalistes. — Comédies sociales. . . . 211
   III. — Les dernières pièces. 235
   IV. — Conclusion. 247

LE THÉATRE DE DUMAS FILS. 259

I. — L'œuvre de Dumas et la critique. 259
II. — Les premières pièces de Dumas. 282
III. — Les pièces à thèse. Première série : La question de la fille-mère et de l'enfant naturel. 308
IV. — Les pièces à thèse. Seconde série : L'amour et le mariage. 333
V. — Conclusion. 368

TOULOUSE. — IMP. A. CHAUVIN ET FILS, RUE DES SALENQUES, 28.

Librairie HACHETTE et C¹ᵉ, boulevard Saint-Germain, 79, à Paris.

BIBLIOTHÈQUE VARIÉE, IN-16, 3 FR. 50 LE VOLUME, BROCHÉ
Études sur les littératures française et étrangères

ALBERT (Paul) : *La poésie*; 9ᵉ édit. 1 vol.
— *La prose*; 8ᵉ édition. 1 vol.
— *La littérature française, des origines à la fin du XVIᵉ siècle*; 8ᵉ édition. 1 vol.
— *La littérature française au XVIIᵉ siècle*; 9ᵉ édition. 1 vol.
— *La littérature française au XVIIIᵉ siècle*; 8ᵉ édition. 1 vol.
— *La littérature française au XIXᵉ siècle; les origines du romantisme*; 6ᵉ édit. 2 vol.
— *Variétés morales et littéraires*. 1 vol.
— *Poètes et poésies*; 3ᵉ édition. 1 vol.
BERTRAND (J.), de l'Académie française : *Éloges académiques*. 1 vol.
BERTRAND (L.) : *La fin du classicisme et le retour à l'antique*. 1 vol.
BOSSERT (A.) : *La littérature allemande au moyen âge et aux origines de l'épopée germanique*; 3ᵉ édition. 1 vol.
— *Goethe et Schiller*; 4ᵉ édition. 1 vol.
— *Goethe, ses précurseurs et ses contemporains*; 3ᵉ édition. 1 vol.
BRUNETIÈRE, de l'Académie française : *Études critiques sur l'histoire de la littérature française*. 5 vol.
Ouvrage couronné par l'Académie française.
— *L'évolution des genres dans l'histoire de la littérature*. 1 vol.
— *L'évolution de la poésie lyrique en France au XIXᵉ siècle*; 2ᵉ édit. 2 vol.
— *Les époques du théâtre français*. 1 vol.
CARO : *La fin du XVIIIᵉ siècle : études et portraits*; 2ᵉ édition. 2 vol.
— *Mélanges et portraits*. 2 vol.
— *Poètes et romanciers*. 1 vol.
— *Variétés littéraires*. 1 vol.
DELTOUR : *Les ennemis de Racine au XVIIᵉ siècle*; 5ᵉ édition. 1 vol.
Ouvrage couronné par l'Académie française.
DESPOIS (E.) : *Le théâtre français sous Louis XIV*; 5ᵉ édition. 1 vol.
FILON (Aug.) : *Mérimée et ses amis*. 1 vol.
GAUTHIEZ (P.) : *L'Italie du XVIᵉ siècle. L'Arétin (1492-1556)*. 1 vol.
GRÉARD (Oct.), de l'Académie française : *Edmond Scherer*; 2ᵉ édit. 1 vol.
— *Prévost-Paradol*; 2ᵉ édit. 1 vol.
LA BRIÈRE (L. de) : *Madame de Sévigné en Bretagne*; 2ᵉ édition. 1 vol.
Ouvrage couronné par l'Académie française.
LAROUMET (G.), de l'Institut : *Marivaux, sa vie et ses œuvres*; nouvelle édition. 1 vol.
Ouvrage couronné par l'Académie française.
— *La comédie de Molière*; 4ᵉ édition. 1 vol.
— *Études d'histoire et de critique dramatiques*. 1 vol.
— *Études de littérature et d'art*. 4 vol.
— *L'art et l'État en France*. 1 vol.
— *Petits portraits et notes d'art*. 1 vol.
LE BRETON: *Le roman au XVIIᵉ siècle*. 1 vol.
LENIENT : *La satire en France au moyen âge*; 4ᵉ édition. 1 vol.
Ouvrage couronné par l'Académie française.
— *La satire en France au XVIᵉ siècle*; 3ᵉ édition. 2 vol.

LENIENT (suite) : *La comédie en France au XVIIIᵉ siècle*. 2 vol.
— *La poésie patriotique en France au moyen âge et dans les temps modernes*. 2 v.
LICHTENBERGER : *Étude sur les poésies lyriques de Goethe*; 2ᵉ édition. 1 vol.
Ouvrage couronné par l'Académie française.
MÉZIÈRES (A.), de l'Académie française : *Pétrarque*. 1 vol.
— *Shakespeare, ses œuvres et ses critiques*; 5ᵉ édit. 1 vol.
— *Prédécesseurs et contemporains de Shakespeare*; 4ᵉ édition. 1 vol.
— *Contemporains et successeurs de Shakespeare*; 3ᵉ édition. 1 vol.
Ouvrages couronnés par l'Académie française.
— *En France : XVIIIᵉ et XIXᵉ siècles*; 2ᵉ éd. 1 vol.
— *Hors de France : Italie, Espagne, Angleterre, Grèce moderne*; 2ᵉ éd. 1 vol.
— *Vie de Mirabeau*. 1 vol.
— *Goethe, les œuvres expliquées*. 2 vol.
— *Morts et Vivants*. 1 vol.
MONTÉGUT (E.) : *Poètes et artistes de l'Italie*. 1 vol.
— *Types littéraires et fantaisies esthétiques*. 1 vol.
— *Essais sur la littérature anglaise*. 1 vol.
— *Nos morts contemporains*. 2 vol.
— *Les écrivains modernes de l'Angleterre*. 3 vol.
— *Livres et âmes des pays d'Orient*. 1 vol.
— *Choses du Nord et du Midi*. 1 vol.
— *Mélanges critiques*. 1 vol.
— *Dramaturges et romanciers*. 1 vol.
— *Heures de lecture d'un critique*. 1 vol.
— *Esquisses littéraires*. 1 vol.
PARIS (G.), de l'Académie française : *La poésie du moyen âge* (1ʳᵉ et 2ᵉ séries). 2 v.
PELLISSIER : *Le mouvement littéraire au XIXᵉ siècle*; 4ᵉ édit. 1 vol.
POMAIROLS (de) : *Lamartine*. 1 vol.
PRÉVOST-PARADOL : *Études sur les moralistes français*; 8ᵉ édition. 1 vol.
RICARDOU (A.) : *La critique littéraire*. 1 vol.
RITTER (E.) : *La famille et la jeunesse de J.-J. Rousseau*. 1 vol.
Ouvrage couronné par l'Académie française.
SAINTE-BEUVE : *Port-Royal*; 5ᵉ éd. 7 vol.
STAPFER (P.) : *Molière et Shakespeare*.
Ouvrage couronné par l'Académie française.
— *Des réputations littéraires*. 1 vol.
— *La famille et les amis de Montaigne*. 1 vol.
TAINE (H.), de l'Académie française : *Histoire de la littérature anglaise*; 9ᵉ éd. 5 vol.
— *La Fontaine et ses fables*; 13ᵉ édit. 1 vol.
— *Essais de critique et d'histoire*; 7ᵉ édit.
— *Nouveaux Essais de critique et d'histoire*; 6ᵉ édit. 1 vol.
— *Derniers essais de critique et d'histoire*.
TEXTE (J.) : *J.-J. Rousseau et les origines du cosmopolitisme littéraire*. 1 vol.
Ouvrage couronné par l'Académie française.
WALLON, de l'Institut : *Éloges académiques*. 2 vol.